KLAUS SCHAMBERGER • ICH BITTE UM MILDE XIII

1. Auflage 2000

Layout und Technik: Klaus Zeilein
Umschlag: Günter Rezab
Anzeigengestaltung: Günter Rezab
Druck: W. Tümmels, Nürnberg

Klaus Schamberger

Ich bitte um Milde

Band XIII

Schonungslose Tatsachenberichte, sogenannte Humoresken, Enthüllungen, hammerartige Erzählungen, teilweise auch im 8-Uhr-Blatt/ Abendzeitung erschienen

Anzeigenentwurf und Gestaltung von Günter Rezab
Technische Direktion: Klaus Zeilein
erschienen im Sigena-Verlag
Klaus Schamberger
90530 Wendelstein bei Nürnberg
Kastanienstraße 6

Der Vorstadt-Wachtel

In vielen Stadtvierteln ernennen sich Wichtelmänner zur Unterstreichung ihrer Wichtigkeit zu heimlichen Hütern von Recht und Ordnung. Auch Herr Ernst S. hat sich in seinem Viertel durch private Überwachungen große Anerkennung erworben. Mehrfach ist er nachts schon voll abgewatscht worden. Unermüdlich hat er aber erneut einen schweren Umweltskandal aufgedeckt. Er ist jetzt vor dem Amtsgericht ausgelotet worden. „Der Moo, dou", sagt der Ernst bei der Verhandlung, „hodd an den Samsdooch – momend, dou hobbi mer's aafgschriem – um 11 Uhr 39 am Gehschdeich sei Auto gwaschn." Es hat sich um den Helmut R. gehandelt, der damals auch beim Herannahen des beliebten Hilfs-Sheriffs nicht aufgehört hatte, seinen Kleinwagen mit dem Gartenschlauch abzuspritzen." „Wos den-

nern Sie dou!", herrscht der Ernst den Autowäscher an. „Iich", antwortete der Helmut und spritzte dabei den Ernst aus Versehen von oben bis unten ab, „wos iich dennen dou? Iich denne mei Auto gießn, dass wächsd. Vielleichd werds mid der Zeid a Mazeedes." „Erschdns is des verbuudn", gluckerte der Straßen-Kapo unter dem Wasserstrahl zurück, "„und zweidns zeich iich Ihnen aa nu weecher Körberverledzung oo, dass Sie's wissn dennen!" „Wenn iich Ihnen suu ooschauer dennen dou", persiflierte der Ernst die Dienstsprache vom Helmut ein bisschen, „kommer obber an Ihrn Körber nedd vill verledzn. Sie hom ja dou direggd an Ihrn Bauch einen Banzer droohänger, dou kummsd goor ned durch middn Garddnschlauch." Worauf der Ernst brüllte: „Ihner wer iich edzer glei einen Banzer geben dennen, gell! Name, Adresse!" Der Helmut fragte den Chef der Hilfswasserpolizei, ob er dann wenigstens hier am Gehsteig noch einwachsen und einen Insektenentferner auftragen dürfe. Als kein Einwand kam, sagte der Helmut, schon mit der geöffneten Wachspoliertube im Anschlag: „Du brauchersd aa aweng es Wachsn, nou dääd si dei Wambn besser iibern ganzn Körber verdeiln." Dann schmierte er ihm das Autowachs auf den haarfreien Gniedlaskopf, auf dem fassungslos staunenden Gesicht drückte er ein Viertelpfund Insektenentferner aus. „Nou genger die Muggn nedd an dich hii", erklärte er dem Ernst, „dou is grood asuu a Scheißkerl schdarg gefährded." Da brüllt der gut eingewachste Ernst: „Sie dennen edzer des Zeich serfordd endfernen!"
„Kein Broblem", sprach der Helmut, „des dennen mir aff der Schdell erledichn." Und spritzte den Ernst mit dem Hochdruckreiniger ab. Trotz der Einwände, dass alles auf Wunsch vom Ernst geschehen sei, wurde der Helmut zu einer Geldstrafe von 800 Mark verurteilt. Was der Herr Straßenmiliz-General sofort nach dem Urteil in seinem Berichtsheftchen unter der Rubrik „Abgeschlossene Fälle" notierte. „Sie hom'S schäi", sagte dabei der Helmut zu ihm, „Sie braung dahamm kann Abordd. Wall des schdäid beschdimmd aa in Ihrn Bichla drinner, dass Rimbviecher aff die Schdrass scheißn derfn dennen." Schon wieder hatte der Ernst einen neuen Fall.

Die Wunderquelle

Sehr zur Freude zahlreicher Wirte sind Ablasshäuschen und Befreiungshallen in der Stadt weitgehend der Spritzhacke zum Opfer gefallen und so gut wie ausgestorben. So besteht das Hauptgeschäft in manchen Wirtshäusern oft nur aus dem kleinen Geschäft. Ein Gast tritt mit ganz vorsichtigen Schritten, dicken Ohren und den ersten Presswehen in der Hose ein, fragt kurz und gequält „Wou issn der Abordd?“ und verlässt nach vollbrachter Verrichtung das Gasthaus schon wieder.

„Mein Umsadz“, sagte jetzt der als Zeuge vor das Amtsgericht geladene Gastwirt Werner F., „kennd iich in Zukumbfd aa vonnern Dullnraamer ba der Glääranlooch ermiddln loun.“ Auf Kundschaft, die nicht zum Biertrinken, sondern lediglich zum Gegenteil bei ihm erscheint, könne er gern verzichten.

Zu den vom Werner so geliebten Abort-Schnorrern gehört auch Herr Felix K., ab Mitternacht oft einer der ergiebigsten Springbrunnen der Nacht. Er war wegen Erregung öffentlichen Ärgernisses angeklagt. „Iieh hob eine Beschdäädichung vom Doggder“, verteidigte er sich vor Gericht, „dass mid meiner Blasn wos nedd schdimmd. Däi is suu a Art Sickergruum, Herr Richter. Iieh konn fuchzeha Seidla am

Schdügg drinkn ohne dassi fei a aanzigs mool am Abord mouß. Obber a boor Schdund schbeeder driggds nou affaamol gewaldich. Dou häld nou des Bier kanner mehr aaf."
An jenem Abend sollen es zwischen zehn und zwölf Seidlein gewesen sein, von deren Überdruck der Felix beim Heimtaumeln blitzartig überfallen worden ist. „Iich renn nei in des Werzhaus", erinnerte er sich, „mach scho mei Huusn aaf und frooch mid ledzder Grafd, wou dou der Abord is, dou baggd mi der Werd am Groong und sachd zu mir, iich soll mei Bier gfälligsd dou rausloun, wou is gsuffn hob. Und scho woor i widder draußn. Nou hobbi mi in meiner Nood hald an die nexde Wand hiigschdelld."
Lag es am Überdruck, lag es an den vielen Bieren, man weiß es nicht. Jedenfalls hatte der Felix die efeuberankten Blumenkästen, die den kleinen Biergarten vor dem Gasthaus markierten, mit einer widerstandsfähigen und wasserdichten Hauswand verwechselt. Dahinter saßen damals zwei ins Gespräch vertiefte Gäste, als es zu plätschern begann.
„Zeerschd", sagte einer von ihnen aus, „hobbi gmaand, a Wolgnbruch. Obber der kummd ja masdns vo oomer und nedd vo der Seidn." Wie dieser Herr am Rücken bis auf die Haut durchnässt war, sprach er aufgeregt von einem Wunder. Eine Quelle, die aus der Efeu-Wand unaufhörlich sprudelte! Dann war es für ihn zunächst wahrscheinlich auch die Stimme eines irgendwie höheren Wesens, das sich aus der Efeuhecke vernehmen ließ: „Des heerd ja goornemmer aaf! Iich maan grood, iich bin a Gaul!"
An die fünf Minuten lang soll der Abwasserhahn in der Efeuhecke gelaufen sein, bis es langsam nachließ und ein „Allmächd hodd des edzer goud dou!" vom Versiegen der Quelle kündete. Danach hat der von den frisch geduschten Gästen alarmierte Wirt den Felix auf der Toilette eingesperrt und die Polizei gerufen.
Wegen Unsittlichkeit am Vorgartenschlauch und Einweichens von zwei unschuldigen Wirtshausgästen wurde der Felix zu einer Geldstrafe von 1800 Mark verurteilt. „Iich hob", sagte der Angeklagte nach dem Urteil, „scho immer wissn wolln, wos a Quellensteuer is. Edzer wassis."

Schafkopf in der Hochzeitsnacht

Neben Traumhochzeiten, die ja gern und lang von einigen Hof-Dampfplauderern im Fernsehen übertragen werden, gibt es auch Eheschließungen mit einem eher alptraumartigen Verlauf. Das Hochzeits-Drama des auch oft blaublütigen Muggenhofer Schafkopfkönigs Edi und seiner Reservekönigin des Herzens Uschi III. endete jetzt mit einer feierlichen Übersiedlung des Katastrophenprinzgemahls in den Strafvollzugspalast in der Mannertstraße.

Bei jeder fränkischen Hochzeit, verteidigte sich jetzt der Edi vor Gericht, sei es ein uralter Brauch, ja sogar Pflicht, daß gegen Mitternacht, wenn die Langeweile der Feierlichkeiten ihren Siedepunkt erreicht hätte, die Braut entführt werde. Es ist das Signal für die Gäste, daß sie endlich gehen und daheim weiterschlafen können. Dieser uralte fränkische Hochzeitsbrauch sei ihm bekannt, erwiderte der Richter, neu sei für ihn aber, daß der Bräutigam entführt wird. „Ja wos willdsn dou machn", sagte der Edi, „wenn di äff aamol drei Kumbl mid aller Gwald inner Audo neischubsn und dervoofoohrn. Edzer mid dera Gleichberechdigung wird hald manchmol aa der Bräudigam endführd, gell."

Die drei Kumpel waren die in vielen Nächten zusammengeschweißten Kartelbrüder vom Edi. Sie fuhren in ihre nicht weit vom Hochzeitslokal entfernte Wirtschaft, ließen Biere, Schnäpse, Geldschüsselchen und Schafkopfkarten auffahren und versanken sodann wie immer am Samstag in die tiefen Geheimnisse des Vorstadt-Adels und seine Repräsentanten, wie etwa dem Herz König, dem Eichel Ober oder der Schelln Sau. „Iich hob der vielleichd einen Lauf g'habd",

schilderte der Edi dem hohen Gericht seine Hochzeitsnacht, „dassd gsachd hosd, des gibds doch goornedd! Iich hob der die Drümbf ner suu rei g'huum. Sugoor an Du hobbi scho gwunner. In mein Schissala sin an die Fuchzg Mark gween. Und genau in den Schbill, wou iich vier Ober nacheranander aafheeb und scho gmaand hob, edzer kummd a Sie – in den Momend baggd mi anner vo hindn am Groong, zäichd mi houch und sachd, iich soll miidgäih. Falls is vergessn hob, hodder nu gsachd, iich hob haid Hochzeid."
Bei dem Störenfried handelte es sich um den Schwiegervater vom Edi, der unverkennbar die Bedeutung der Hochzeit seiner einzigen Tochter höher einschätzte als einen schönen, sehr beschaulich verlaufenden Schafkopfabend. „Mid mir kommer über alles reedn", fuhr der Edi vor Gericht fort, „obber wemmer anner bam Karddln neigaggerd, nou werri bolliddisch. Und nou hobbi zu mein Schwiechervadder gsachd, wenner zwaa Minuddn Zeid hodd, nou soller mi in dera Zeid ewendwell aweng am Oorsch leggn." Ins Gesicht geschlagen habe er ihn aber nicht. „Kennd hexdns sei", vermutete der Edi, „dassi bam Aafzäing mid die Karddln ausverseeng an den sei Noosn hiikummer bin."
Der Brautvater mußte in dieser Nacht nach dem ruckartigen Aufziehen mit den Schafkopfkarten mit einem Nasenbeinbruch in die Klinik gebracht werden, die verhältnismäßig kurze Ehe konnte erst einige Wochen später geschieden werden, und der Edi, der wegen ähnlicher Kartelunfälle schon vorbestraft war, verbringt im Namen des Volkes seine Flitter-, beziehungsweise Gitterwochen drei Monate lang in der Mannertstraße.
Er solle in diesen drei Monaten, gab ihm der Richter noch mit auf den Weg, über den Satz nachdenken „Was Gott zusammengefügt hat, soll der Mensch nicht scheiden". „Dou brauch i", antwortete der Schafkopf König Edi, „nedd lang nouchdenkn. Der Satz schdimmd hunderdbrozendich. Meine drei Kumbl und iich sin von Godd zusammengefüüchd, dou mischd si in Zukumbfd kein Mensch mehr nei." So verbindet sich die Tradition vieler europäischer Königshäuser innig mit dem Gedankengut in fränkischen Wirtshäusern.

Wie die Bier-Patrouille einmal einen Sack verhaftet hat

Neue Gesetze der Regierung erfordern entsprechend neue Maßnahmen der Bevölkerung. Nach der Einführung der gesetzlichen Mineralwasserpflicht für Straßenverkehrsteilnehmer und der verschärften Beobachtung der 0,5 Promillegrenze legen militante Bierdimpfl in ihrer früheren Heimwerkerstatt riesige Vorratslager von Alkohol in allen Formen und Härtegraden an und picheln allein daheim. Politiker beschäftigen Heerscharen von abstinenten Chauffeuren, wodurch jetzt auch wieder, neben der Zahl der schweren Trunkenheitsfahrten, die Arbeitslosenquote deutlich gesenkt werden konnte.
Der Mehrbereichstrinker Walter K., der zwischen Prosecco und Marloffsteiner Beerenwein kaum einen Tranquilizer ausschlägt, kann sich weder einen livrierten Chauffeur leisten, noch seufzt er sich gern mutterseelenallein daheim im Kartoffelkeller einen Gewaltpreller an. Er behilft sich gegen die Spiritus-Novelle der neuen Leber-Regierung mit Tarnen und Täuschen im Straßenverkehr.
Jetzt ist er wegen betrügerischen Sackhüpfens vor Gericht gestanden. „Ja mein Gott“, wandte er sich in der Verhandlung an höhere Mächte, „mir hom zer dridd baran Freind bam Dabeziern g‘holfn. Dou kennds scho sei, daß aus den

Dabezierer-Leim aweng gifdiche Dämpfe aufgschdieng sin, wou mer benebeld werd, gell.“ Einer amtlichen Blutprobe zufolge dürfte der Dampf vom Walter aber nicht aus Tapetenleim, sondern aus einigen Eimern Hefeweizen bestanden haben.

Er ist nach dem Tapezieren mit dem Auto heimgefahren, auf der Ladefläche seines Kombis haben sich zwei Plastiksäcke mit den abgeschabten Tapetenresten befunden, die der Walter entsorgen hätte sollen. Nur ein paar hundert Meter von seiner Wohnung entfernt ist plötzlich vor seinen Augen ein leuchtender Komet aufgetaucht mit der rot blinkenden Aufschrift „Polizei, bitte folgen“.

„Der Moo hodd ordnungsgemäß oog‘haldn“, erinnerte sich der Chef der Bier-Patrouille, „und wäi mer dann ins Audo neigschaud hom, woor ka Mensch drinner.“ Die Beamten schauten unter das Auto, inspizierten den Innenraum mit einer Taschenlampe und öffneten die Hintertür. Dort lagen lediglich zwei Plastiksäcke mit Tapetenresten.

Die Streifenwagenbesatzung observierte daraufhin die Nebenstraßen, Hauseingänge und das Buschwerk in einer nahen Anlage. „Nou simmer widder zu den Audo zrigg“, sagte einer der Polizisten vor Gericht, „und nou woor blouß nu a aanzicher Blasdigsagg dou.“

Der andere Plastiksack hüpfte gerade känguruhartig über die Straße und lehnte sich wie zufällig an eine dort auf die frühmorgendliche Müllabfuhr wartende Blaue Tonne. „Wäi mer den Moo“, gab der Polizist zu Protokoll, „aus den Sack rauszuung hom, isser aa nu frech worn. Ob er hammgrabbld, hodder gsachd, aff die Händ läffd odder innern Sack hamm hupfd, des gäid uns goornix oo. Wenns reengd, hubfd er öfders innern Blasdiggsagg hamm.“

Für den inneren Wolkenbruch hatten sich bei Herrn Walter K. nach der Blutprobe 2,4 Promille ergeben. Sein Führerschein nimmt jetzt eine zwölfmonatige Auszeit, zuzüglich einer Mehrgetränkesteuer von 6000 Mark. „Nou hubfi hald edzer“, sagte der Walter, „immer vom Werzhaus im Sagg hamm. Obber wäi iich unser Regierung kenn, werds ball a Sagghubf- und Spring-Gesedz geem und a Mehrpferd-Schdeuer.“

Aus der Welt der Männer:

Standing Klovations

Endlich ist es also einem Team unerschrockener Wasserphall-Forscher gelungen, das Kardinalproblem unserer Zeit, die Geißel der Menschheit am Schopf zu packen: Das verheerende, heizungskörperzersetzende, frauenverachtende, brutal spratzelnde Stehbrunsen. Mit Recht ist männlichen Untermietern das in höchstem Maß rücksichtslose Aufrecht-Abstrahlen in die Abortschüssel unter Androhung härtester Strafen untersagt worden. Und auch hierorts lebt gottseidank die Existenz-Frage überhaupt wieder auf: Das fast ausschließlich vom Mann praktizierte Wasserlassen in mehr oder weniger aufrechter Position – wohin soll es noch führen?
Zu katastrophalen Überflutungen, zum Urin, beziehungsweise Ruin unserer Kultur, zu Unterspülungen von Badezimmerdecken und Wänden, zu Augenleiden, Hornhautverätzungen, zur epidemieartigen Ausbreitung des sogenannten Gelben Stars. Wer schon einmal ohne Schutzbrille an der Notdurft-Rinne eines Bierzeltes neben einem mit fünf Maß behafteten Hochstehschiffer gestanden ist, weiß, wovon wir klagen.
Ganz zu schweigen vom emanzipatorischen Kapitel des Stehbrunser-Problems. Kann sich die Frau von Heute vielleicht an die nächstbeste Hausecke, an einen Alleebaum, an den Kotflügel ihres Jaguars hinstellen und im Stehen Lulu machen? Sie kann es nicht. Aus dem Nürnberg der zwanziger Jahre ist lediglich jene legendäre Dame namens Bruns-Kundl überliefert, ein Fräulein Kunigunde also, das sich mit versonnen lächelnder Unschuldsmiene, wie vollkommen harnlos wirkend, auf dem Hauptmarkt im Gehen und Stehen ihres Überdrucks entledigt hat. Sie war eine Vorkämpferin des heute von der Soziologie endlich wieder geforderten gleichberechtigten Pinkelns, hat aber das Übel von der

verkehrten Seite angepackt. Sie hätte absitzen und durch laute Zurufe die sie stets umringenden Männer zum Nachmachen auffordern sollen. So wie es jetzt mit großem Nachhall auch wieder geschieht und einen großen Teil der stehenden Bevölkerung sehr nachdenklich macht.
Unterdrücken wir Schnerpfelheiner mit unserem Sturzbach-Ritual nicht ständig die Frau? Weisen wir ihr in der nach unten offenen Trichter-Skala nicht stets den zweiten Platz zu? Erhöhen wir uns nicht selbst und werden dadurch doch eines Tages auf den Donnerbalken erniedrigt? Blasen-Fragen über Blasen-Fragen, die kein Ende nehmen. Aber noch ist es Zeit zur Umkehr, zum Niederkauern, zum geräuschlosen, rückschlagfreien Bieseln.
Natürlich muss es, ehe es zur vollkommenen Gleichberechtigung kommt, Zwischenlösungen geben. Etwa das gemeinsame Hallentraining am guten alten Nachttopf, das Übergangs-Strullen unterm Wirtshaustisch am Spazierstecken entlang oder das Anflanschen eines Gardena-Schlauchanschlusses, der unsere Abwässer zunächst in den Hosenstulp ableitet, von wo sie fast nebenwirkungsfrei verdunsten können. Danach werden wir vielleicht in die Vorphase des vollendeten Sitzprinzlers treten, indem wir mit einer Rumpfbeuge vorwärts nach Art der hundesteuer-pflichtigen Dreipunktstrahler an einer nicht allzu sehr frequentieren Straßenlaterne oder in einem stillen Hauseingang im Knien das Bein heben. Erst dann ist der Mann, das stehende Uringeheuer, reif für das Endstadium, wenn er schwallgedämpft am Abortdeckel kauert und endlich mit seiner Pipi Langstrumpf gleichberechtigt ist.
Dann heißt es natürlich auch Abschied nehmen vom Hosentürchen, es sei denn, der eine oder andere verwendet es im Bedarfsfall als Lüftungsschlitz. Auch freuen wir uns dann schon auf den erhabenen Anblick, wenn auf der vereinigten Frauen- und Männer-Toilette im Wirtshaus zehn Männer nebeneinander majestätisch in die Pissbecken geklemmt sind, während ihres kleinen Geschäftes, Little Pissiness genannt, verträumt mit den Beinen bambeln und nach der Klofrau winseln, dass sie sie wieder raushievt. Hoch lebe die Seichberechtigung!

Aus der Welt der Tierunzucht:

Der Gostenhofer Bullterror

Ähnlich wie Panzer, Baseballschläger, Stahlruten, Ochsenziemer, Pistolen, Schnellfeuergewehre, oder die UZI gehört auch der Putzi, unser Kampfhund, der schwanzwedelnde Knochenhäcksler, ins Stadtbild. Ein Gemeinwesen wie Nürnberg, Fürth oder Erlangen ohne Pitbull, Bullterrier oder sonst eine lebende Guillotine wäre wie eine Suppe ohne Salzsäure. Also eine matte und völlig abgelaschte Sache.

Wie oft etwa latschen wir verhärmt am Kanal, an der Pegnitz entlang oder über den Luitpoldhain und hätten keinerlei Freude an unserem düsteren Dasein, würde nicht plötzlich vor uns ein freundlicher Zuhälter oder Hartgeldlottl mit seinem lieblichen Vierpeiner vor uns auftauchen und uns mit den Worten „Bagg nern, Gerch, den Schlurcher“ zur Behandlung für sein Luitpoldschwein freigeben. „Der doud nix, der will blouß aweng schbilln“, spricht der Gebieter dieser gelungenen Mischung aus Presslufthammerhai und Esel sodann beruhigend, während wir bereits zehn Meter hoch im äußersten Wipfel einer nahen Eiche kauern, schrill lachen und natürlich auch bloß ein bisschen spielen wollen. Allerdings vorläufig nicht mit dieser knurrenden Dreschmaschine namens Gerch. Wer schon einmal ohne Füße und ohne Arme seinen Spaziergang fortsetzen hat wollen, weiß warum.

Aber durch die Symbiose zwischen Mensch und Menschenfresser kommt meist wieder Bewegung in uns auf, Freude am schnellen Davonrennen und Angstschweiß. Schwitzen ist – sagt jeder Arzt – äußerst gesund.

Auch sollen wir uns immer vor Augen halten, dass so ein American Staffordshire, Mastiff oder Gostenhofer Bullterror sich ja nicht irgendwie selber gebildet hat, sondern

eine Schöpfung des an Erfindungsgeist so überaus reichen Menschen ist. Unser Kampfhund dient also der sportlichen Bewegung, der Mobilität und Marktfreiheit, der Heimarbeit, dem zerstreuenden Schöpferlens spielen und der natürlichen Auslese schwächerer, einem messerscharfen, mit der Kraft eines Schraubstocks gepaarten Gebisses nicht gewachsener Spaziergänger.
Und nur weil jetzt ein paar vorwitzige Geschoßhündchen unter Umständen ein Bisschen zu weit gegangen sind, soll der Teutsche Kampfpanzerhund, das getreue Abbild seines Herrn, verboten werden! Eine solche vorschnelle Entscheidung schreit zum Himmel. Also erstens einmal sind sie, wie jetzt eine Hundepsychologin versichert hat, vollkommen ungefährlich. Man muss nur ruhig und gefasst sein, wenn sie einen durch den Stadtpark jagen und bereits den halben Arsch apportiert haben, und man darf ihnen keinesfalls stechend in die Augen schauen, sonst fühlen sie sich herausgefordert und greifen sofort an. Da trifft es sich gut, dass die wenigsten vor Hunden panisch flüchtenden Menschen am Arsch oder sonstwo am Rücken über einen stechenden Blick verfügen.
Und zweitens sind wir Gottseidank als Volk der Denker und Züchter bekannt und werden auf das Kampfhundverbot mit noch wirksameren Züchtungen schnell reagieren. Schon hören wir von des Pudels Atomkern, vom Rocker Spaniel, vom Groll- oder Krawallmops, vom Granatenpinscher, vom Bieranya, einer geräuschlos betäubenden Kreuzung aus Biergartenhund und Amazonasfischchen, oder von der selbstzündenden Kamikatze. Wenn die Entschlüsselung der Gene weiter so erfolgreich fortschreitet, holen wir uns bei unserem Bodentruppenzüchter vielleicht schon bald einen Kampf-Torockel-Welpen ab, eine Mischung aus Tornado, Krokodil und Dackel. Die übrigen Deppen, die in ihrem Arsenal daheim dann immer noch kein Kampfhaustier halten, müssen einen Waffelschein beantragen. Damit der Arzt beim Zusammenflicken ungefähr eine Vorstellung hat, wie ihr Gesicht vor dem Spielen mit einem vierbeinigen Kriegskameraden einmal ausgeschaut hat. Den letzten beißen die Menschen.

Aus der Welt des Flachpasses:

Rudi bum, bum

Schöne alte Geschichten mit Grünspan auf den Buchstaben fangen meistens mit den drei berühmten Worten an „Es war einmal". Es war einmal eine Wiese in der Nürnberger Ost-Vorstadt mit einem schmalen Trampelpfad mittendurch, mit Hunderttausend Schafbemberla drin, Maulwurfhügeln und dann und wann mit einer taufrischen Odelspur.
Immer, bei Wind und Wetter, bei Hagel, Donner, Blitz, in der Abenddämmerung, in den großen Ferien bereits kurz nach Sonnenaufgang im Morgengrauen ist das Mögeldorfer Kuhblumen-Wembley von den örtlichen Schwanzkisten namens Schmidts Bember, Granaten-Rudi, Weidner, Satzinger, Glenn Stempel Müller, Emmert, genannt der Schnarchzapfen, Marmeladbrot-Manfred, Muffers, der Brillngobl, Kunstmann, der Boxer, oder Schlafhauben-Staudinger besetzt gewesen.
Je nach Mannschaftsstärke, die wiederum von Hausarresten, Schelln, Zwangs-Shopping oder anderen höchstelterlichen Erziehungsmaßnahmen abhängig gewesen ist, haben diese Mögeldorfer Prärie-Pygmäen Kellerfenstern gespielt, Schwarzweiß auf ein Tor oder vier gegen vier mit fliegendem Keeper, drei Ecken ein Elfmeter.
Die Bewunderung für die im hohen Gras manchmal kaum sichtbaren Ballartisten ist im Viertel sehr groß gewesen. Ist die einem heutigen Fußball nur sehr entfernt ähnelnde, halbplatte Hiidsche mit dem beim Köpfen häufig schmerzhaften Schnerpfel beim Gollwitzer im Garten gelandet, war das Spiel beendet. Der Gollwitzer hat das Spielgerät sofort eingezogen und das letzte Restchen Luft rausgelassen. Desgleichen hat Spielabbruch gedroht, wenn der Kleinbauer Städtler mit seinen zwei Ochsen und dem schon erwähnten Odelwagen am Horizont aufgetaucht ist. Darüber hinaus ist es auch sehr unklug gewesen, den Schmidts Bember als Flaschenkopf, Pflaumenaugust oder als blinde Ballgur, ein Wort, das unter Umständen vom egozentrischen Gieren

nach dem Ball stammt, abzuqualifizieren. Dieser Herr Bember hat sich dann nämlich das mehr oder weniger runde Leder unter den Arm geklemmt, geschrien „Ihr Blüdnschdrasszibfl kennd mi edzer amol aweng am Oorsch leggn!" und ist heimgegangen in sein schönes Elternhaus am Ginsterweg. Zwischen Ginsterweg und Blütenstraße war eine deutliche Standesgrenze, die Fußballbesitzer sind jenseits der Demarkationslinie am Ginsterweg beheimatet gewesen.
Die dann noch verbliebenen Barfuß-Player mit ihren Künstlernamen wie Morlock, Glomb, Baumann, Schaffer oder Schade haben dann mit einem alten Tennisball, mit einem zusammengeschnürten Kleiderbündel oder mit dem Rumpf eines alten Teddybären weitergespielt.
Beim Tackling ist man oft zehn Meter durch die Schafscheiße gerutscht und hat von oben bis unten ausgeschaut wie ein für den Schmausenmountain-Kriegszug frisch gestrichener Lebberi-Indianer. Freistöße und Elfmeter sind im Zuge etwa halbstündiger, letztlich im Kinderfaustrecht verankerten Diskussionen souverän entschieden worden. Die elektronische Anzeigentafel hat der kleine Bruder vom Granaten-Rudi gebildet, der auf einer nahen Eiche gesessen ist und immer wie elektrisiert gebrüllt hat „Blavo, Blavo! Rudi bum-bum macht!"
Was diese Geschichte aus der Abteilung „Es war einmal" eigentlich sagen will, ist folgendes: Die Herren Schwanzkisten von seinerzeit sind heute noch nicht ganz sechzig Jahre alt, manche auch schon ein bisschen drüber, befinden sich teilweise in Krampfadernbehandlung, laufen die hundert Meter in 10,0 – Minuten, nicht Sekunden, ihre in feine XXL-Tücher gehüllten Bierfässer, respektive Wampn haben nicht selten Bodenhaftung und nach einem Zwei-Meter-Spurt dröhnt es ihnen aus dem Hals, wie wenn dort statt Bronchien Rumba-Rasseln gewachsen wären. Aber mit ihrem Ballgefühl in allen Zehen und dem Morlock im Herzen hätten sie am letzten Montag die Deutsche Frustball-Katastrophalmannschaft mindestens zweistellig abgekoffert, wenn nicht sogar dreistellig. Wurscht, ob mit dem Bember seinem Lederfußball, mit einem Kleiderknäul oder dem Rumpf eines alten Teddy-Bären. Das Walte Schafscheiße!

Der Existenzgründer im Wurstsalat

Bekanntlich setzt sich unser Leben aus zwei schwerwiegenden Erkenntnissen des berühmten Philosophen Adolf Arisdoofeles zusammen: Zeit ist Geld und Mobilität ist Lebensqualität. Ein Opfer dieser in langen, zwetschgenschnapsgeschwängerten Nächten erdachten Hochgeschwindigkeitslehre ist jetzt der Existenzgründer Rudi B. geworden. Er hat mit seiner kleinen Firma „Erledigungen aller Art GmbH und Co KG" schon dreimal Konkurs gemacht, viel Zeit gespart und sich dadurch für die Mobilität ein aus einer Garage selbstgeklautes Fahrrad anschaffen können.
Mit diesem Fahrrad hat er kleine Botengänge, Einkäufe und Besorgungen für nicht so mobile Mitmenschen durchführen wollen. Bereits nach drei Monaten hat der Rudi den ersten Auftrag in der Tasche, beziehungsweise am Gepäckständer gehabt: 250 Gramm Gelbwurst vom Metzger zu einer Gelbwurst-Endverbraucherin transportieren. Die von Rudi B. heimgesuchte Metzgerei hat danach ausgeschaut, wie wenn

in ihr eine Wurstsalatbombe explodiert wäre. „Däi Frau, für däi wou iich eikaffd hob“, äußerte sich der Rudi vor Gericht, „hädd mer hald es Drinkgeld erschd nachn Eikaafn geem solln.“ So aber ist der rasende Radler nicht nur mit dem Trinkgeld, sondern mit dem ganzen Fünfzigmarkschein vorab in einen kleinen Stehausschank geradelt und hat dort einige Kräuterliköre zu sich genommen. Die Zeit ist ihm gewissermaßen im Hals zerronnen.

Mitten im zeitunabhängigen Glücksgefühl sind dem Rudi B. dann plötzlich wieder seine heiligen Geschäftsprinzipien wie ein Blitz durch den von den Nebeln des Sechsämters eingehüllten Kopfes geschossen – Zeit ist Geld, Mobilität ist Lebensqualität. Wie bei einer Tour de Trance hat er sich mit den Worten „Allmächd, die Gelbworschd!“ den Befehl zu seinem mobilen Einsatzkommando gegeben und ist mit seinem Rad die Straße hinuntergeschossen, direkt auf die Metzgerei zu. „Iich hädd“, erinnerte sich die Metzgermeisterin, „iich hädd die Diir vo unsern Ladn nedd offnschdäih loun solln.“ „Iich sich den Moo nu“, fuhr sie fort, „wäi er in ziemlichn Zickzack des Berchla roogrumbld kummd. Und iich denk mer nu, wenn er edzer nedd glei die Brems neihaud, nou schdäid er ba uns im Ladn drinner. Und in den Aungbligg hodds scho an Drimmer Schlooch dou.“ Der Rudi ist durch die offene Metzgereitür geradelt, hat auf der Türschwelle zu einem atemberaubenden Salto angesetzt und ist durch das Glas der Wursttheke durchgekracht. Nach einigen Minuten Bewußtlosigkeit ist er vollkommen orientierungslos durch einen frischen Fleischsalat, Berge von Leberkäs, Göttinger, Rohwurst, Pressack und gekochtem Schinken gekrabbelt und hat, mit einem Ring Stadtwurst als Siegestrophäe um den Hals, in einer Art Bauernseufzer gebeten: „A halbs Bfund Gelbworschd gräicherdi biddschenn.“

Wegen Veruntreuung der fünfzig Mark, Fahrraddiebstahl und Zertrümmern einer gläsernen Verkaufstheke ist der mobile Existenzgründer Rudi B. zu einer Geldstrafe von 2000 Mark verurteilt worden. Und seine obskure Firma soll er sich in Zukunft gefälligst an den Hut stecken. „Machn'S hald“, riet ihm die Metzgermeisterin nach dem Urteil, „a Reisebüro aaf - Direggdflüche in die Salami.“

Jochen, das Autobahngespenst

Seit der Haupterwerbs-Lebenskünstler Jochen M. gelesen hat, daß das Schwarzfahren in öffentlichen Verkehrsmitteln schon bald mit drakonischen Strafen bedacht werden soll, träumt er nachts immer vom Tod durch Erhängen an der Oberleitung und meidet Züge, S-Bahnen und Busse wie der Gewohnheitstrinker das alkoholfreie Bier. Meistens versucht er seitdem seinen Drang nach Mobilität durch kleine Reisen per Anhalter zu stillen. Oft steht er für eine kurze Fahrt in die Fränkische Schweiz drei Tage an der Autobahnauffahrt, wo ihn außer der Polizei zur Feststellung der Personalien kaum jemand mitnimmt. Der Ausflug nach Hersbruck hat erwartungsgemäß auch nicht in den lieblichen Hügeln des Pegnitztales geendet, sondern in den weniger lieblichen Aktenbergen des Amtsgerichts.
An einem Samstag nachmittag ist der Jochen am Parkplatz eines Bau- und Gartenmarktes gestanden und hat sich für seine Reise das Auto des Hobby-Großgärtners Max B. ausgesucht, mit Anhänger sowie mit der Nummer Lau. Lau wie das laue Lüftchen, wie Lauf, wie Nürnberger Land, wo sich auch Hersbruck, das Ziel seines Fernwehs befindet. „Wäi der Moo zu sein Audo mid der Laffer Audonummer kummer is", äußerte sich der Max vor Gericht, „hobbin ganz höflich gfrouchd, obber mi nach Herschbrugg miidnehmer kennd. Nou sachd der ung'hoblde Mensch zu mir, dasser sei Audo den Fräih erschd gschdaubgsauchd hodd, und iich soll zu Fouß gäih. A bissla a frische Luft kennd mer ba mein schdrenger Geruch nix schoodn. Und wäi er nou in sein Mazeedes drinner g'hoggd is, hobbi mi hald in sein Anhänger neigleechd."

Dort zwischen mehreren Säcken Schnellkomposter, Guano-Dünger, Hühnermist, Blaukorn, einem Gartenschlauch und 20 Thujahecken-Setzlingen war kaum mehr Platz für einen blinden Passagier. Und es hat gottserbärmlich gezogen. „Wäi des alles bassierd is“, sagte der Jochen dem Richter, „konn iich mir aa nedd ergläärn. Iich hob mer aff den Anhänger nerblouß a bissla Bladz gmachd. Und wos iibern Kubf drüberzuung, dassi vo den Fahrdwind ka Bindehaudenzündung gräich. Des woor alles.“
Für die hinter dem Anhänger fahrenden Verkehrsteilnehmer war das allerdings noch lange nicht alles. „Als erschdes“, erinnerte sich ein Zeuge, „hob iich an Garddnschlauch aff der Audobahn lieng seeng. Dou hobbi grood nu ausweing kenner. Nou sin affaamol middn aff der rechdn Schbur irchndwelche Bflanzn gschdandn, alle boor Meder anne, und nou a boor aafbladzde Sack mid Erdn. Iich hob erschd gmaand, edzer schnabbns dodal iiber und wolln aff der neier Audobahn a glanns Wäldla oobflanzn. In den Aungbligg sich iich an Anhänger vuur mir, wou a Gschbensd draff rumgrabbld und mid glanne Baim schmeißd.“
Das Gespenst war der Jochen, der nach der Entsorgung der störenden Heckenpflanzen dann noch den Guano-Dünger auf die Autobahn entleert und sich zum Schutz gegen den bitterkalten Fahrtwind den Düngersack über Kopf und Körper gestülpt hatte. Als er es sich, windfest eingehüllt, im Anhänger auf den letzten noch verbliebenen Säcken mit Komposterde bequem gemacht hatte, mußte der Jochen aber auch schon wieder aussteigen. Eine Polizeistreife hatte den Mercedes mit dem Maul- und Mistwurf im Anhänger gestoppt.
Wegen versuchter Renaturierung und Düngung der Autobahn, Verkehrsgefährdung und Schwarzfahren im Anhänger wurde der Jochen zu vier Monaten mit Bewährung und einer Geldstrafe von 800 Mark verurteilt. „Und wer“, fragte der schwer geschädigte Gärtner Max B. danach, „wer zoohld mern edzer mei Kombosd-Erde, die Heckenbflänzla und den Dünger?“ „Wennsd mi amol widder miid nach Herschbrugg nimmsd“, antwortete ihm der Jochen, „nou kemmers midnander aff der Audobahn zammkehrn.“

Der Herr der Finsternis

Es ist schon sehr lange her, da war es nachts finster und am Tag meistens einigermaßen hell. Da man inzwischen aber überhaupt nicht mehr weiß, wo man vor lauter Energieüberschuß mit seinen Armleuchtern überall Licht ins Dunkel der Welt bringen soll, sind selbst die winzigsten Dörfer rund um eine Großstadt von der ersten Abenddämmerung an in eine schwere Helligkeit getaucht. Diese schaltet der schwer geblendete Hausbesitzer Hermann S. gelegentlich aus und ist wegen seines eigenwilligen Energiesparprogramms jetzt vor Gericht gestanden.

„Dreißg Joohr lang“, teilte er dem hohen Gericht mit, „hodd ba uns vuurn Haus am Dooch die Sunner gschiener und nachds häigsdns amol aweng der Mond. Bis uns edzer die Gemeinde däi bläide Ladern hiigschdelld hodd.“ Diese Straßenlaterne erfüllt ihren Zweck nach Meinung vom Hermann so gut wie überhaupt nicht, denn sie scheint nicht für die Bierseligen und Beladenen auf die Straße, sondern genau in sein Schlafzimmer.

Nach dem Aufstellen des gleißend hellen Bettstatt-Flutlichts hatte der Hermann drei Tage nicht schlafen können. „Nou hobbi“, sagte er, „ba der Gemeinde oogruufn, daß endweder mei Haisla fimbf Meder verrudschn solln odder däi Ladern. Nou hodd der Moo zu mir gsachd, iich soll nedd suu bläid derheerreedn und hodd aafgleechd.“ Woraus der Hermann schloß, daß er sich selber helfen muß.

Wieder einmal wälzte er sich eine halbe Nacht lang schlaflos im Bett, vergrub seinen Kopf unterm Kissen oder unter der Gummiwärmflasche, probierte es mit mehreren Bieren, bis er früh gegen drei Uhr zum Besenstiel griff. Ein kurzer Stoß aus dem Fenster, Bädsch – und die Laterne war ausgeschaltet.

Warum er, wunderte sich der Richter, nicht einfach abends den Rolladen heruntergelassen hätte. „Erschdns gäid Ihner des nix oo“, ließ der Hermann wissen, „zweidns gräich i ba an rooglouner Rolloo die Bladzangsd und driddns hobbi ibberhabbs kanne Rolloo.“
Einen Tag später war die Straßenlaterne repariert, nachts griff der Hermann wieder zu seinem Besenstiel-Schalter und zerdepperte den Glaszylinder. Diesesmal kam der Reparatur-Trupp der Gemeinde schon am frühen Morgen. „Dou haud immer suu a Doldi die Lambn zamm“, schrie der scheinheilige Hermann den Arbeitern zu, „dou mäißder amol nachds aweng aafbassn, dasser des Rimbviech derwischd!“ Und zu sich selber sagte er: „Schau mer amol, wer's länger aushäld. Ihr Deppn middn Rebbariern odder iich mid mein Besnschdiel.“ Nachts war die Laterne wieder kaputt, früh erschienen die Elektriker.
Zwei Wochen lang dauerte der spannende Wettbewerb zwischen dem Bautrupp und dem Besenstiel-Stocherer, da verloren die Gemeindearbeiter offenbar die Nerven und weigerten sich, die Sisyphusarbeit zu verrichten. Dann leistete sich nach Meinung des Gerichts der Hermann seine größte Unverschämtheit. „Iich glaab, ihr schbinnd aweng!“ meldete er sich telefonisch im Rathaus, „edzer wou iich mich an däi Lambn langsam gwöhnd hob, brennds scho seid zwaa Dooch nemmer! Für wos zoohl nern iich meine Schdeuern?! Schaud blouß, daß anns serfordd vobbeischaud! A schduugfinsdere Nachd – wou gibds denn suwos!"
Noch vor Einbruch der Dunkelheit war die Laterne repariert. Und zur Mitternacht herrschte schon wieder Finsternis. Dabei war aber ein Rathaus-Bediensteter Wache gestanden und hatte den Hermann bei seiner nächtlichen Glühbirnenernte beobachtet.
Wegen Verdunklung der Nacht wurde der lichtscheue Hermann zu einer Geldstrafe von 3500 Mark verurteilt. „Vielleichd“, äußerte er sich nach der Verhandlung im Gespräch mit einem Vertreter der Gemeindeverwaltung, „vielleichd kennd mer si suu einichn, daß an däi Scheiß Ladern wäi an jede andere Lambn aa a Lichdschalder hiimondierd werd. Nou schebberds nemmer suu laud, wennis oomds ausmach.“

Mit dem Schwanz durch die Sauerbratensoß

Nashörner, Watussi-Rinder, Schabracken-Tapire oder das australische Riesen-Schuppenhuhn sind für den passionierten Tierfreund niedliche, fast vermenschlichte Wesen, so lange sich zwischen ihm und dem Objekt der Zuneigung ein Wassergraben, eine Wand aus Panzerglas oder ein undurchknapperbarer Maschendrahtzaun befindet. Ungestraft kann man in dem Fall etwa mit einem Löwen auch einmal wie mit seinesgleichen verkehren und dem König der Wüste, beziehungsweise des Käfigs, mitteilen „No Hansi, alder Doldi, wos schausdn suu bläid? Haid gibds ka Hamham, wennsd nedd Männla maggsd, du Aff!“ Solche Äußerungen belegen, wodurch sich der Mensch vom Tier unterscheidet, nämlich durch seine natürliche Intelligenz.

Im Fall der Begegnung eines Homo sapiens mit einem Tier in einigermaßen freier Niederwildbahn tritt die menschliche Intelligenz aber oft etwas in den Hintergrund, wie das Beispiel des Gasthausbesuches vom Katzenfuttervertreter Otto M. aufzeigt. Er hat sich am Amtsgericht mit Schrecken daran erinnert, wie er vor einem Sauerbraten mit Kloß gesessen ist und sich zu ihm der im 23. Semester befindliche Philosophiestudent Walter K. gesellt hat. Dauernd hat der mit etwas im Inneren seiner flauschigen Kampfbomberjacke gesprochen. Das Etwas hat offenbar mit Vornamen Willi geheißen. „Gleich gräigsd a Mambfilein Willi“, hat

der Walter in seine Jacke hineingeplauddert, „iich beschdell an Gloß mid Soß. Und a Schliggla vo mein Bier gräichd mei Willi aa. Obber schäi brav sei, gell. Sunsd gibds anne affs Göschla".
„Zeerschd", äußerte sich der damals im Wirtshaus gegenübersitzende Otto jetzt vor Gericht. „Zeerschd hobbi gmaand, der Moo is a weng durchernander, dasser dou in sei Jackn neiblauderd. Obber aff aamol beweechd sich wos under sein Jäckla, nou hodds aweng bfiffn und in den Momend schaud dem a Drimmer Radz ausn Groong raus. Iich hob gmaand, iich gräich an Herzimbfaggd!" In Panik verschanzte sich der Otto hinter einer Dame am Nebentisch und brüllte: „Hilfe! A Radz in Werzhaus! Ja simmer denn in der Kanalisazion odder im Diergarddn! Denner'S serfordd den Radz naus!"
Die Schreie beeindruckten die zahme Ratte namens Willi überhaupt nicht. Sie huschte ein bißchen am Tisch auf und ab, ließ ihren langen Schwanz majestätisch durch die Sauerbratensoß am Otto seinen verlassenen Teller schlängeln und schnupperte interessiert am Kloß. „Der Radz, däi Dreegsau", brüllte der Otto, „edzer frissder mei Gniedla! Ja hilfd mer denn kanner geecher des Raubdier!" „Der doud doch nix", sagte das Herrchen der Ratte, „der will blouß schbilln. Gäih her Willi, der Moo hodd Angsd vuur dir."
In dem Moment nahm der Otto aber schon seine ganze Tierliebe und ein Häuflein Mut zusammen, ergriff ein am Tisch stehendes Bierglas und schmiss es mit Wucht auf den Ratzen Willi. Getroffen hatte er aber den Walter. „Des Glas", verteidigte sich der Otto, „hädd scho den Radzn droffn. Obber des hinderlisdiche Viech hodd si duggd, und nou is iiber ihn driibergfluung."
Herr Otto M. wurde wegen Körperverletzung zu einer Geldstrafe von 900 Mark verurteilt. Die Urteilsbegründung, erläuterte der Richter, gehe ihm schriftlich zu. „Obber an die richdiche Adress", mahnte der Otto an. „Wall", fuhr er dann mit einem Blick auf die sich wieder bewegende Jacke vom Walter K. fort, „wall seid die Radzn ba uns ins Werzhaus derfn, binni umzuung – Kanalisazion under der Färddder Schdrass, dridder Gullydeckl links."

Aus der Welt der Natur:

Hier spricht die Pegnitz

Einer der vielleicht fünfundzwanzigtausend ersten Spatenstiche allein in dieser Woche hat bekanntlich der sogenannten Renaturierung des mittelfränkischen Einstromlandes unterhalb der Insel Schütt gegolten. Unmittelbar nach dem großen Jubel, daß unsere Bengerz jetzt auf einer Strecke von 3,5 Kilometern für nur acht Millionen Mark wieder das wird, was sie vor verschiedenen Betonierungen und Begradigungen schon einmal war – nämlich eine Art Fluß – haben wir am Ledererersteg in unser berühmtes Trüb- und Rinnsal ein bißchen hineingeschaut. Wir sind mit der Pegnitz ins Gespräch gekommen, und sie hat uns eine kleine Geschichte erzählt.

„Vielleicht hundert oder zweihundert Millionen Jahre lang oder immer", hat sie sich beim Vorbeirauschen unterm Ledererersteg zurückerinnert, „bin ich irgendwo in der Hersbrucker Schweiz vom Himmel runtergefallen, durch Höhlen und Täler geschwommen, an Herbstzeitlosen, Wiesenschaumkraut und Steckalaswäldern vorbei, fei bis ins blaue Meer. Und vom blauen Meer als kleine weiße Dampfwolke nauf in den Himmel geschwebt. Dort droben kann man dann mit einem Linien-Westwind Stand By wieder in die Hersbrucker Schweiz zurücksegeln, wird durch die hier vorkommenden vielen Gniedla und Schweinebraten schwer und schwerer, fällt vom Himmel, und die Rundreise geht von vorn an.

Es waren langweilige Millionen Jahre. Bis dann endlich an meinem Ufer so zweibeinige Wesen aufgetaucht sind mit Reißbrettern vorm Hirn und kleinen karierten Planquadraten im Kubf und einer Visitenkarte, die diese Wesen als Dipl. oder Depl. Ing., genau kann ich mich nicht mehr erinnern, ausgewiesen haben. Diese oft auch mit Rechenschiebern und spitzigen Bleistiften bewaffneten Erscheinungen haben

scheint's auch eine große Sehnsucht nach einem Flug übers blaue Meer, also nach dem Aggregatzustand Dampf gehabt. Seitdem nenne ich sie gemäß ihrer Sehnsucht Dampfplauderer oder Windbeutel. Auch haben ihnen kerzengerade Linien von A nach B oder betonierte Flußläufe von Nürnberg nach Fürth sehr gut gefallen, und ich bin nach den Grundsätzen der Machbarkeit und in einem bestimmten Einfaltswinkel ein bißchen zurechtgebogen, begradigt und voll ausbetoniert worden. Mir war es wurscht. Ich fließe so oder so, und ein Dipl. Ing. ist für mich wie ein Molekül oder gar ein Quark von einem Wasserdampf.
Seitdem sind ein paar Jahrzehnte wie das Milliardstel eines Forellenschnalzerers vergangen, wieder andere Depl. oder Dipl. Ing. sind an meinem Ufer erschienen und haben in ihrem Umgestaltungsdampf sofort gemerkt, daß ich auf einmal irgendwie keine Kurven, keinerlei liebliche Mäander oder Biegungen habe. Dipl. Ing. und Erdenbeweger sind Blitzmerker. Und jetzt, hör ich, kriege ich also wieder formvollendet ausgetüftelte Kurven mit Wiesen dran, auf denen Herbstzeitlose wachsen, der Beton wird abmontiert, die zweibeinigen Windbeutel baggern mir ein vollkommen neues Bett. Dadurch daß ich ja auch die meiste Zeit droben in der Luft über dem blauen Meer schwebe, weiß ich jetzt schon über meine Zukunft ein bißchen Bescheid. Es ist also unumstößlich der Tag nicht fern, wo wieder neue zweibeinige Hansdämpfe an meinem soeben fertig renaturierten Biegungen entlang schreiten, und es ihnen wie Schuppen von den Augen auf ihre Raumordnungsverfahren fällt, daß ich ein krummes, wenig zweckdienliches, flüssiges bis überflüssiges Gebilde bin. Erneut werde ich gemäß einem Stadtratsbeschluß begradigt, mit Stahlwänden eingeschweißt, von Trümmer Brücken überspannt, mit Wolkenkratzern vollgepflanzt. Man soll meine neuen Bewohner aber nicht so fest verankern. Denn schon die nächste Generation von Dipl. Dampf. Ing. wird sich vielleicht dunkel dran erinnern, was ein Fluß ist, und mich wieder ausgraben wollen. So haben diese zweibeinigen Schaufelbagger an meinem Ufer immer was zu tun, ihre Zeit, ihr Geld, ihre Gedanken, ihre Werke vergehen wie im Flug. Während ich einfach nur immer vor mich hin fließe."

Aus der Welt der Arbeit:

Die ärmste Sau, der Manager

Was bilden sich manche Herrschaften bei uns im mittelfränkischen Arbeiter- und Power-Paradies eigentlich ein?! Bloß weil ein paar Fabrikhallen irgendwo in der Südstadt aus Sicherheitsgründen zugesperrt und die darin befindlichen Arbeitsplätze sozialverträglich gleich um die Ecke rum nach Schweden, Panama, Berlin, Hongkong verlegt werden, ziehen wildgewordene Kommunistenhorden durch die Stadt und verunglimpfen einige Manager auf beschämende Weise. Dass sie Job-Kühler sind und alte Krampfbolln, dass sie ein Gedächtnis haben wie ein Flächentarifpartner und einen Windbeutel als Gewissen. Sogar auf die Straße wollen jetzt einige sonst fett und faul auf Fließbändern spazierenfahrende Handlanger des internationalen Müßiggangs gehen und Schilder rumschleppen, auf denen sie wahrscheinlich wieder das sich aufopfernde Management auf das Gröbste verunglimpfen. Wenn sie nur sonst so fleißig wären!
Gleichzeitig weiß aber ein Manager in den Stunden und Tagen seiner tiefsten Erniedrigung nicht mehr ein und aus. Ausgemergelt und entkräftet durch die frühmorgendlichen Golfstunden auf der Driving-Range, vollkommen niedergeschlagen durch einige Glas Champagner, gegen die Attacken der Terrorgruppen draußen nur durch einen Sektkübel am Kopf notdürftig geschützt, werden sie durch die Verantwortung tief in ihren altenglischen Ledersessel hineingedrückt. Aber tapfer stellen sie sich an ihren Arbeitsplätzen in dem schon kurz erwähnten Berlin, Schweden, Hongkong,

Panama den Problemen und blicken sorgenvoll, aber doch heroisch nach Nürnberg. Gramgebeugt fragen sie sich sodann: Welches Werk befreien wir heute von der unmenschlichen Fronarbeit, die dort herrscht, und führen es glorreich einer neuen Bestimmung zu als Schrebergartensiedlung, als Steinbruch, Wachstumsrattenfarm, als Trainingsgelände für Planierraupen, Abrissbirnen und Schaufelbagger.
Indes blödelt der Lebemann von der Schuckert-Schickeria, der gewissenlose ADtranz-Überstundenmillionär auf der Straße rum, schmeißt nach Belieben seinen Babberdeggl hin, meldet sich sodann frohgemut im Personalbüro der Firma Jagoda GmbH und GoKGeh für einen neuen Job als Nebenerwerbs-Made in Germany an oder liegt sorgenfrei im sozialen Netz, das ihm unser Brioni-Bundeskanzler gerade aus dem hochwertigen Faden Morgana strickt, und schert sich einen feuchten Dreck um das Schicksal seiner Manager.
Diese Manager aber haut es jetzt rum wie noch nie. Bang stellen sie sich in ihrer kleinen Austragsvilla die Frage: Wo kriegen wir nächste Woche geschwind ein Schmiergeld her, wieviel sind 20 Millionen Mark jährliche Sozialhilfe in Dollar, was macht meine Segelyacht in der Ägäis, was ist eigentlich eine sogenannte Steuerpflicht? Mit Stoßgebeten wie „Keep Leisleri“, „Dax nobiscum!“ oder mit dem Spruch aller jener, die auf Verantwortung sch..., darf man nicht schreiben, also pfeifen „Alle Räder stehen still, wenn mein starker Darm es will“ halten sie sich wenigstens seelisch über Wasser. Der Aussitzrat, der Vorstandsvorschwitzende, der Shareholder und sein Value – alle sitzen sie voll in der Bredouille, und ausgerechnet jetzt kurz vor Weihnachten, wo dann die Gemahlin daheim sich die Augen ausweinen kann nach einem Dritt-Ferrari oder sonst einer kleinen Spende zur Linderung der größten Not. Also sollen wir mit dem Beschimpfen und Verspotten der höheren Konzernwesen einhalten und sie lieber in unsere Fürbitten einschließen, dass es ihnen bald wieder ein bisschen besser geht. Zeit für ausführliche Fürbitten steht jedem, dem es jetzt seinen lästigen Arbeitsplatz wegpfeift, ja in reichem Maß zur Verfügung.

Aus der Welt des Wirtshauses:

Blümchen, komm halt wieder!

Das mittelfränkische Wirtshaus, der letzte Zufluchtsort für einsame Herzen, trockene Hälse und verhärtete Lebern, war vom Aussterben bedroht, aber jetzt geht es schon wieder schluckaufwärts. Die Besorgnis erregende Wirtshausflucht geht ihrem Ende zu. Denn es findet zur Zeit der längst fällige Generationenwechsel im Bedienungsgewerbe statt. Wer hat denn da noch sein heimisches Sofa verlassen wollen, wenn am Stammtisch ein hundertzehnjähriger Mumbfler mit der stolzen Bezeichnung Oberkellner um ihn herumgeschlichen ist, schon auf einen leichten Augenaufschlag ein Bier auf den Tisch hingescheppert und unter schwerem Schnaufen eine saure Lunge serviert hat, wie wenn es seine eigene wäre? Die alten Ober, die traditionellen Kellnerinnen vom Frollein Blümchen bis zur Frau Anni befinden sich im Ruhestand oder am Rochusfriedhof, und endlich weht in den Pino-Grigio-Palästen ein frischer Wind. Kindlein umschwirren uns betörend, die gestern noch ihren Teddy-Bären in den Schlaf gekrächzt haben und heute schon ein Pils zapfen können. Innerhalb von zwei Stunden.

Mit der drastischen Verjüngung des Personals macht der Gang ins Gasthaus endlich wieder richtig Spaß. Hat einem vielleicht der frühere Ober-Opa wortlos einen Zettel mit der Rechnungssumme hingelegt, so wird man jetzt von einer Nachwuchsbedienung interaktiv in das Erstellen der zu zahlenden Gesamtsumme mit einbezogen. Fröhlich fragt sie uns, was wir gehabt haben, rennt mit den Worten „An glann Momend!" davon, um uns eineinhalb Stunden später zu fragen, was wir gehabt haben. In erster Linie haben wir eineinhalb Stunden Sehnsucht nach ihr gehabt, dann einen Sushi Müllerin Art, drei Silvaner, den Tropfen zu 8,60 DM, einen Caipirinha und zum Dessert eine Erdbeere an Scheibenhonig. Ob wir zufällig wissen, was das kosten könnte?
Wir wissen es nicht und müssen es aus der Speisekarte herausfiltrieren. Sodann blickt unsere Bedienung wie entrückt, mit geschlossenen Augen in die Weite der Wirtschaft, murmelt Beschwörungsformeln, die so klingen wie „Fimbf und achd sin ungefähr fuchzehn, schreibe fümbf, merke eins, hull iich mir ann runder…".
Stolz präsentiert sie uns dann einige Resultate, von denen wir jenes mit 3465,13 DM zunächst ablehnen, aber auch nicht glauben können, dass wir beim vierten Resultat in Höhe von 3,46 DM auf unseren Zwanzger noch 98 Mark rauskriegen.
Wer aber meint, dass nach einer beiderseits geschätzten Höhe und der Einigung auf das arithmetische Mittel ein Wirtshausbesuch beendet ist, der war noch nie in einem Heutigen-Lokal. Plötzlich zwitschert das Handy der Bedienung und sie spricht in ihren Taschenrechner ein sanftes „Hallo" hinein, bis sie merkt, dass der Taschenrechner über keinerlei D1-Netz verfügt, greift behend zum Hosen-Phone und säuselt „Hi Kevin, bin schon on the road!" Und eine neue Barbie-Puppe bemüht sich um unser Wohlergehen mit der Frage, was wir wollen, sie hätte gerade 15 Bloody Mary übrig. Wobei sie uns eine Mary wasserfallartig ins Hemmerd schüttet und dafür 15,50 DM erheben möchte. Wir aber erheben unser Glas, falls wir eines haben und trinken auf das Wohl der alten, in den Ruhestand rationalisierten Mumbfl-Kellner.

Der Raub der Pfifferlinge

Gemäß der Verfassung gehören der Wald, das Unterholz, die Seeufer, die Flüsse und unter Umständen auch die Kanalisation dem Volk. Bei der Besitzfrage der im volkseigenen Wald stehenden Pfiffer hat sich jetzt vor dem Amtsgericht das interessante Problem erhoben, wem im einzelnen aus diesem Volk das Eigentum zum Beispiel auf überschlägig ein Pfund Gelberla zusteht. „Dou braung mer goornedd lang rumverhandeln“, äußerte sich der Frührentner Günter K. auf der Anklagebank, „wall, wou iich däi Gelberla gfundn hob – des is seid zwanzg Joohr mei Waldlichdung. Also genger däi Bfiffer andere Laid an Dreeg oo.“
Dieser Günter hätte damals, als er den Fund bei seiner Pilzpirsch entdeckte, nicht lange zögern und sofort zum Taschenmesser greifen sollen. Als ausgewiesener Kenner von Pfifferlingen hat er aber geahnt, daß sie in den nächsten Tagen vielleicht noch ein bißchen wachsen. Er wollte das fränkische Gold erst eine Woche später ernten. „Also hobbi um däi Bfiffer“, erklärte er dem Vorsitzenden, „erschd amol im Kreis rum lauder Fichdnäsd neigschdeggd, dassis a Wochn

schbeeder widder find. Und an die Äsd hobbi meine ledzdn Dembo Daschndicher hiig'hängd."

Die teilweise gebrauchten Taschentücher wiegten sich von weitem sichtbar im Wind und hätten dem Günter eine Woche später signalisieren sollen: Hier warten sehnsüchtig deine Pfifferlinge auf dich, daß du sie sauber abschneidest, im Plastikbeutel heimträgst und dort mit fünf Eiern, Röstkartoffeln, Pfeffer, Salz, einem Kopfsalat und zwei Bier ein Abendessen zubereitest, das man im Wirtshaus nicht unter DM 35 erhält.

Aber Tempo-Taschentücher hören nur selten auf die Wünsche ihres Herrn, sie sind ein Rumzug wie leichte Mädchen. In diesem Fall haben sie nämlich auch einem Herrn Walter F. am Samstagnachmittag einigermaßen weiß leuchtend zugewunken. „Iich hob mer erschd dengd", sagte der Walter aus, „wos für a Dreegsau hodd nern dou middn im Wald seine Daschndicher wechgschmissn. Und nou sich iich die Gelberla! Hobbi nerdirli glei mei Underhemmerd roo und hobs neigwiggld. Iiber a Bfund Gelberla, däi läßd mer doch nedd schdäih!"

Der unglückliche Zufall wollte es aber, daß an diesem Tag am anderen Ende der Lichtung schon der wahre Pfifferling-Besitzer Günter wartete. Der hielt einen Tannenzapfen revolvermäßig in der Hand und brüllte den Walter an: „Hände hoch odder es gnalld!" Dann nahm der Günter den Walter vorläufig fest, beschlagnamte die Pilze und fesselte ihn mit seinem Fahrradschloß an einen Baum. „Nou hodder mer", sagte der Walter, „nu links und rechds anne am Baggn naafg'haud und nocherdla isser mid sein Fahrrad forddgfoohrn." Spaziergänger haben ihn eine Stunde später befreit, der Günter konnte aufgrund der exakten Beschreibung in der Südstadt mit den Pfifferlingen sichergestellt werden.

Er wurde wegen Nötigung, Körperverletzung und Pfiffer-Raub zu drei Monaten mit Bewährung und 1200 Mark verurteilt. „Gäih verdroong mer si widder", reichte der Günter danach seinem Widersacher überraschend die Hand, „iich wass nu a Bfiffer-Blädzla, des verrood i nerblouß dir." „Wachsn dou aa Gelberla?", fragte der Walter freudig. „Naa", antwortete der Günter, „Gnollnblädderbilz."

Ein Schlüsselerlebnis

Die immer noch weit verbreitete Schelln- und Backpfeifen-Pädagogik lehrt den Erziehungsberechtigten unter anderem, daß Denkzettel nicht schriftlich, sondern handgreiflich verfaßt werden müssen. So hat auch Frau Lisa L. ihrem Lebensgefährten Günther K. gegenüber eines Nachts andere Saiten aufgezogen. Ihr letzter Warnschuß vor dem Bug vom Günther ist nach hinten losgegangen – wegen falscher Beschuldigung und grober Irreführung eines Sonderkommandos stand sie vor Gericht.

Immer wieder, äußerte sich die Lisa auf der Anklagebank, habe sie ihrem an einer schweren Durstallergie leidenden Freund eingeschärft, er solle auf seine Löschzüge die Hausschlüssel mitnehmen. „Wenn ba Ihner", schilderte sie dem Richter ihre einsamen Nächte, „fräih ummer vierer a halbe Schdund lang die Glockn laid, wall der Depp seine Schlissl vergessn hodd, und wennsd nedd aafmaggsd, nou hauder es Fensder nei – dou mecherdi Sie amol seeng! Mindesdens aamol in der Wochn hobbi in Glaser kummer loun mäin."

Wie der Günther wieder einmal morgens sein Klagelied durch die Vorstadt gebrüllt hat „Bläide Luschn mach aaf, sunsd hau i es Fensder nei!“ hat die Lisa nicht in der Glaserei angerufen, sondern bei der Polizei. „Serfordd an Mannschafdswoong vorbeischiggn“, flüsterte sie ins Telefon, „iich hob schwer bewaffnede Einbrecher in der Wohnung!“
Durch einen glücklichen Umstand fügte es sich, daß der Günther – als er wieder mit einem Pflasterstein das Schlafzimmerfenster eingeschlagen hatte – gerade mit der einen Hälfte seines Körpers in der Wohnung, mit der anderen Hälfte noch im Freien bambelte, und im gleichen Augenblick der Streifenwagen vorfuhr. „Allmächd naa!“, rief der Günther, wie ihn die Beamten an die Hauswand stellten, „nix dou! Iich bin dou dahamm. Iieh hob blouß meine Schlissl vergessn.“ Dann wandte er sich verzweifelt an die aus dem Schlafzimmerfenster linsende Lisa: „Gäih, Waggala, sooch die Bolli, daß iich dou wohn!“
„Des is ja es Allergräißsde“, ließ sich da die Lisa vernehmen, „ba mir eibrechn wolln und dann aa nu soong, dasser dou dahamm is!“ Etwas leiser vertraute sie einem der Polizisten dann noch an: „Edzer kenn i den Verbrecher widder. Der hodds scho amol browierd ba mir. Iich glaab, des is anner vo dera Gullydeckl-Bande.“
Auch die verzweifelten Versuche vom Günther, das Innere der Wohnung zu schildern, verwies die Lisa ins Reich der Schutzbehauptungen. „Iich glaab, der schbinnd“, sagte sie. Auf die Bitte, aus der Küchentischschublade die Papiere für den Beweis seiner Identität zuholen, antwortete die Lisa: „Iich hob kann Kichndisch, iich kenn den Moo nedd.“ Eine Nacht und einen halben Tag verbrachte der Chef der Fensterknacker-Bande in Haft, bis die Lisa einräumte, daß es doch ihr Günther sei und sie ihn in der Nacht wahrscheinlich nicht erkannte hatte.
Wegen ihrer strengen Erziehungsmaßnahmen wurde sie zu einer Geldstrafe von 6000 Mark und drei Monaten zur Bewährung verurteilt. Und dem Günther riet der Richter noch, in Zukunft seine Schlüssel mitzunehmen. „Däi hodds mer abgnummer“, sagte er, „iich wohn edzer im Haubdbahnhuuf. Der werd nachds nedd abgschberrd.“

Papierkrieg um die blaue Tonne

Seit Papier nicht mehr verbrannt, runtergespült, weggeschmissen oder als Verpackung für g'wedelte Hering verwendet, sondern gemäß dem Bundes-Abfall- und Gebrauchtpapierentsorgungsgesetz ordnungsgemäß recycelt wird, gibt es manchmal Engpässe an den Blauen Tonnen.
Manche Papierfreunde drängen sich nämlich um diese Container und reißen sich förmlich um alte Zeitungen, Prospekte, Kataloge, um sie anschließend zu verbrennen, runterzuspülen, wegzuschmeißen oder g'wedelte Heringe in sie einzuwickeln.
Frau Elfi K. ist jetzt auch wegen des Bundes-Abfall- und Gebrauchtpapierentsorgungsgesetzes vor Gericht gestanden. Bei ihr war der Fall um und in die Blaue Tonne etwas tiefer gelagert.
Die Elfi hat an einem sehr frühen Montagmorgen die städtische Entleerung ihrer Papiertonne infolge Tiefschlaf versäumt. Beim Anblick der entsorgten Tonne vom Nachbarhaus hat sie im Schutz der Morgendämmerung, nur mit einem sehr zarten Nachthemd bekleidet, begonnen, ihr Altpapier geschwind in den nachbarlichen Container umzufüllen.
„Und aff aamol“, äußerte sie sich vor Gericht, „schdäid die Nachbarin vuur mir. Eine grobe Frau, konn iich Ihner soong,

Herr Richter. Däi brilld miich oo, ob iich halbnaggerde Wildsau miich ibberhabbs nedd schiniern dou, daß iich innern Aufzuuch wäi in einen Bonno-Film aff der Schdraß schdäih. Und ihr blaue Donne, hodds nou nu gschriea, däi gäid miich schamlose Kouh an Scheißdreeg oo. Hodds fei wordwörddlich gsachd, Herr Richter. Und nou hodds mer an Schubserer geem, und iich bin middi Baaner nach oomer in der blauen Donne drinnergleeng."

Die Nachbarin Helene W. bestritt diese Darstellung entschieden. „Iich faß doch' ka Frau oo", wehrte sich die Helene, „däi wou fasd naggerd aff der Schdraß rumrennd. Des woor ganz andersch. Däi hodd gmergd, daß beobachd werd, wäis grood ihrn Babierabfall ba mir neischmeißd, und nou is gschwind in die Donne neigrabbld." Dort unten in der Tonne habe sie dann die Elfi in der gebotenen Höflichkeit zur Rede gestellt. „Und aff aamol", schilderte die Helene den Verlauf des 1. Nürnberger Papiertonnen-Gesprächs, „kummd däi rausgschossn und haud mir einen Drimmer Kaddalooch vull affn Kubf naaf, dassi um ein Hoor an Schädelbruch g'habd hädd."

„Dassi nedd lach", mischte sich die Elfi sofort ein, „des woor ka Kaddalooch, des woor a ganz dünner Broschbeggd, mid den hobbi die Muggn verdreim wolln, wou in dera ihrn Dreegkübl rumgfluung sin." „Ja fraali, Muggn und a ganz dünner Broschbeggd", konterte die Helene, „des woor hunderdbrozendich der Quelle-Kaddalooch vom ledzdn Joohr. Und der hodd a Gwichd, Herr Richter. Des glabsd! Mir hädds ball in Kubf wechgrissn. Und Muggn hom mir aa kanne in unserer Babierdonne. Däi werd jeedsmool sauber ausgwaschn. Wos mer vo dera Frau dou nedd soong konn. Woorscheins hodd däi die Muggn erschd neigloggd."

Der Herr Amtsgerichtsrat unterband die immer intimer werdende Unterhaltung, zog sich kurz zur Beratung zurück und sprach Frau Elfi K. schließlich vom Vorwurf des Tonnenkampfes mit schweren Katalogen frei.

„Es nexd mool", sagte die Helene, „wenn die Nachbari widder naggerd in unser blaue Donne neigrabbld, nou mach i in Deggl zou und hogg mi suu lang draff, bis die Siddnbolizei kummd."

Immer, wenn das Auto brennt

Auch die Einbrecher- und Diebstahl-Innung muss mit der Zeit gehen. Denn wo Abortfenster aus Panzerglas, Bewegungsmelder, Türspione, Alarmanlagen, Rolladenriegel oder singende Wohnzimmer-Tresore aus einem trauten Heim einen Hochsicherheits-Trakt machen, ist ein ordnungsgemäßer Bruch herkömmlicher Machart von vornherein zum Scheitern verurteilt.

So hat es der früher für seine bergsteigerischen Fähigkeiten berühmte Fassaden-Climber Ludwig S. jetzt schon mehrfach mit der Handy-Methode probiert.

Er hat in einer gut mit Autos zugeparkten Straße Adressen und Telefonnummern ausgekundschaftet, hat im Treppenhaus jeweils ein Stockwerk über der Wohnung des Opfers angerufen und in sein mobiles Telefon hineinalarmiert: „Dou is die Feierwehr. Schnell roo aff die Schdrass, Ihr Audo brennd!"

In zwei Fällen hat er sodann in aller Ruhe die in Panik verlassene Wohnung ausräumen können. Erst im dritten Handy-Überfall ist man dem Ludwig auf die Schliche gekommen.

Jetzt ist die Handy-Methode vor dem Amtsgericht verhandelt worden. In diesem Fall hätte das Auto des aktiven Naturschützers Otto W. brennen sollen. „Mir hoggn grood bam Oomdessn", berichtete der Otto vor Gericht, „wassi nu genau, Schdobfer mid Soja hodds geem. In den Momend laid es Dellefon. Und nou hobbi zu meiner Frau gsachd, des Scheiß Dellefon laid mer goud, nach achder doud mer

nimmer ooruufn. Des heerd scho widder aaf aa, edzer werd gessn."
Zwei Minuten später läutete es aber schon wieder. „Nou hobbi", erinnerte sich der Zeuge, „die Dellefongloggn leiser gschdelld und hob mi widder zum Essn hiig'hoggd."
Im Treppenhaus kauerte der Ludwig und flüsterte zu sich selber: „Doldi, gäih hald edzer endlich hii an dei Dellefon. dei Audo brennd doch, du Depp!" Endlich, nach ungefähr einer Stunde, erhörte der Otto im dritten Stock das heimliche Läuten, ging zum Telefon und meldete sich höflich, wie es hier der Brauch ist, mit den einschmeichelnden Worten „Ja, wos issn?"
Aufgeregt meldete sich der Ludwig mit seinem Alarm-Trick: „Dou is die Feierwehr! Kummer'S schnell roo aff die Schdrass, Ihr Audo brennd!" „Iich glaab, Ihner brennd der Kiddl", antwortete der Otto und legte wieder auf.
Keine zwei Minuten später schellte erneut das Telefon, wieder war die Feuerwehr dran, das Auto wäre inzwischen fast bis zur Unkenntlichkeit verkohlt, nur das Nummernschild könne man gerade noch erkennen und es wäre erkennungsdienstlich eindeutig das von Herrn Otto W.
Inzwischen hatte das Ehepaar K. im vierten Stock aufgeregte Worte vor ihrer Wohnungstür vernommen, hatte den Femseher leiser gestellt und gelauscht. Alle zwei Minuten ungefähr hörten sie, wie jemand immer lauter draußen brüllte „Sie Rimbviech! Ihr Audo brennd! Dou is die Feierwehr! Alles serfordd aff die Schdrass noo!"
Auf der Straße brannte aber weit und breit kein Auto, eine Viertelstunde später kam die Polizei und schnappte sich den im Treppenhaus kauernden Ludwig, wie er gerade wieder in sein Handy hineinflehte, dass drunten auf der Straße das Auto vom Otto wie Zunder brennt.
„Anns verschdäih iich nedd", sagte der Ludwig, als er wegen der Handy-Einbrüche zu neun Monaten Einbuchtung verurteilt war, „warum der Moo bam ledzdn mool nedd aff die Schdrass zu sein Audo noogrennd is. Däi zwaa vuurher homs doch aa gmachd." „Des konn i Ihner scho soong", vertraute ihm der Otto an, „wall iich ka Audo hob. Sie häddn soong mäin, dass mei Fahrrad brennd."

PrivatVorsorge
mit Sparkassenfonds

Aus der Welt der Selbstverteidigung:

In Frieden Krieg führen

Neulich vor der Lorenzkirche. Es steht dort ein einsamer, vermutlich ungewaschener, in keiner Weise parfümierter und auch nicht vom Herrenausstatter Brioni eingekleideter Krauterer Mahnwache mit einem Schild in der Hand „Frieden schaffen ohne Waffen". Er ist, so hat er in seinen Hängebart hineingemurmelt. Nebenerwerbspazifist und lebt am liebsten im Frieden.

So weit sind wir also schon! Pazifisten, also militante Nichtkämpfer, stehen in einer öffentlichen Nürnberger Fußmarschiererzone rum und bombardieren uns mit ihren Nächstenliebestiraden! Statt daß man ihnen endlich das Mundwerk legt. Ein paar Greueltaten tief drunten am Balkan, ein paar verspätete Silvesterraketen, ein bißchen Versteckerlens von Bodenträppchen – und schon tauchen da und dort, vornehmlich an Kirchenportalen, diese Herrschaften auf und faseln was vom Frieden auf Erden.

Dabei sind sich alle unsere Politiker einig, daß der Pazifist als solcher ein Weichei ist, ein feuchter Feudel und Laschmann vom Stamm der Waschlappen, der früh sein Kleiemüsli schlappert, von Müßiggang und Stütze lebt, und wenn man ihm im Zuge der Argumentation mit anderen Mitteln kurz einmal die Waffel poliert, bittet er untertänigst auch noch um einen Tritt in den Hintern. Bergpredigt oder Masochismus im Endstadium, wer weiß es genau?!

Als ob es nicht schon langt, daß unsere einstige Weltwaffenschmiede Nürnberg seit einigen Jahren keine Garni-

sonstadt mehr ist, keinerlei Kasernen, Truppenübungsplätze oder Panzerstraßen ihr eigen nennt. Sonst hätten wir es diesen Friedensheinern schon zeigen können, wie schön und erhaben es ist, wenn einige Bataillone MG-schwenkend und mit dem Panzerlied auf den Lippen durchs Städtlein zum Wandertag über Schweinau, Langwasser, Ochenbruck nach Belgrad ziehen und es einnehmen.
Manch einer von uns würde dann nach seiner Rückkehr mit höchsten staatlichen Ehren überhäuft und in den ewigen Granit eines Kriegerdenkmals eingemeißelt werden. Bekanntlich ist es süß und ehrenvoll, fürs Vaterland zu sterben. Abnippeln müssen wir alle einmal, dann schon lieber süß und ehrenvoll. Wer schon einmal auf dem Feld der Ehre seinen letzten Zuckerer gemacht hat, weiß, wie süß und ehrenvoll oft ein von einer Handgranate sauber abgetrennter Kopf sein kann. Vor allem, wenn er einem nicht gehört hat.
Von dieser Süße und hohen Ehre hat der Friedensgobel mit seinem Pazifismus im Gniedlaskopf überhaupts keinen Hauch von einer Ahnung. Dieser Fahnenflucht-Kimble hält höchstwahrscheinlich Kimme und Korn für zwei Scharfgetränke, weiß nicht, daß ein Stahlhelm über der Stirn durchaus das Denken übernehmen kann, und macht sich keinen Begriff, wie weit einen manchmal der Gleichschritt im Leben bringt. Oft bis zum Major, Oberst oder gar Brigadegeneral.
Diese samtäugigen Vorsokratiker haben noch nie in ihrem fragwürdigen Dasein den Befehl eines Hauptmanns in die Tat umsetzen dürfen. Höchstens daß sie als Kartoffelfeldwebel in der Ökologie herumhampeln, Fliegen vor dem Muckenpatscher retten und davon träumen, daß man Schwerter zu Pflugscharen machen soll. Oder Mittelstreckenraketen zu Paddelbooten.
Pazifisten vor der Lorenzkirche stehen voll daneben, haben nicht mehr alle Kugeln im Magazin und gefährden die Arbeitsplätze von Soldaten, Sanitätern, Pfarrern, Leichenfrauen, Hilfsgüterspediteuren, Flüchtlingskommissaren, Landschaftsgärtnern, Todesanzeigenvertretern und Diplom-Bombenbauern. Sie sollen sich vom Acker machen, daß wir endlich in Frieden Krieg führen können.

Aus der Welt der Hick Society:

Noch einen Mööd, bitte!

Ein eher einseitiges Zwiegespräch kurz nach dem Aufstehen, gestern Nachmittag an der Frührentner- und Spät-Yuppy-Theke bei japanischen Sushi-Kaulquappen, südafrikanischen Weinen und Edel-Schnäpsen der Saison zur Lage der Nation: „Jetzt füllen mir die Kriegskasse für das obberadiefe Business, daß es scheppert, dann gengen mir an die Neujorger Börse, und zwar mit Marscherleichterung, gell. Schätzungsweise Zwanzigtausend werds wechpfeifen, gell. Ja Gott, hätten's was gscheits glernt. Mir ham unser erste Million auch net gschenkt grichd, odder.
Was ham'S gsachd, Steuern? Har, har. Steuern zahlen kann jeder, ich bin doch net der Pestalozzi. Ja, wahrscheins! Wahrscheins zahl ich für unser Gschwarddl, wo bei uns rumsandld, auch noch Steuern. Nehmer'S doch bloß jetzt einmal die Kurden und die Türken. Is doch mir worschd, ob die ein Problem ham. Noch a Gläsla Mööd, biddschönn, vom Trockenen! Was soll ich? Differenziern und drüber Nachdenken? Da wenn'S mer net gehn. Ach so, Desinfiziern und Nachschenkn. Drum. Hat doch auch die Politikerin neulich gsacht, die Dingsbums, Arbeitn, hats gsacht, dann kommt mer net auf dumme Gedanken. Wer eine Arbeit will, bei uns, der grichd auch eine.
Noch so a Weckla mid Brombeermammalad, Beluga, genau! Und in den Glas dürfn'S noch amol die Luft rauslassn. Was is, Mööd macht blöd? Sin'S fei aweng vorsichtig, auf PDS-Wähler und Murxistn hammer bei uns grad noch

gwart. Genger'S doch nüber! Sonst globalisier ich Ihnen wech, so schnell schauer Sie gar net. Ach so, war a Schpäßla. Drum.
Also, um noch amol auf die Ausländer zurück zu kommen. So weit sind mir jetzt schon. Jetzt führn's auf unsern Boden Krieg. Und da soll ich drüber nachdenkn. Da is mir mei bissla Hirn aber schon zu schad. Dem Volk aufs Maul hauen. Hab ich glesn, des hat seinerzeit scho unser Hans Sachs gmacht. Der war Dichter und Oberstaatsanwalt fei. Wie der andere Dichter auch, Dampfwalser, odder wie der hassd. Voll aufs Maul hauen und sofodd löschn im Kubf. Abbrobboo Kubf, ich schütt mir noch an Mööd nei, gell. Für was hammern eine Polizei?
Ich sag Ihnen etz was. Aber leis. Alle miteinander, Asylantengschmeiß, Wirtschaftsflüchtling, Sozialhilfebetrüger, Kurden, Chinesen, Polen, des ganze Zeuch innern Sack, zubindn und dann... obwohl, mir kann zum Beischbill alle Polen nicht über einen Kamm scheren, gell. Ich hab da einen in mein Bautrupp, der bringt mir immer Schambanjer, Zigaretten und einen Beluga mit, also allererschde Sahne, und spottbillich fei. Aber des is zum Beischbill einer, der kann noch dienen und danke sagen. Also die stelln mir jetzt den neuen Bungaloff hin, für ein Butterbrot, gell. Bungalowski sag ich zu denen immer. Ob die schwarz ärwern? Sind Sie amend doch ein Kommunist? Ach so, ja, schwarz ärgern könnst dich schon übers Finanzamt. Drum. Die kann mer auch gleich mit in den Sack nei tun. Da können's dann fahnden. Die machn noch unser ganze Außenwirtschaft kaputt.
Mir schaffn doch Arbeitsplätz. Was heißt da Kinderarbeit in Fernost. Kinder in Fernost sin auch Menschn. Ich hab nix gegen Ausländerkinder. Und meinen'S, da fragt ein Scherholder danach, wie alt jemand ist. Der will wissen, wie hoch sein Value is, Ende der Nachfrage. Ich hab neulich einen ganz kleinen Kurden bei der Demo gseeng in Femseh. Des kann auch ein Kind gwesn sein, odder? Noch an Mööd, Maadla! Bolliddische Underhaldungen reeng mich immer so auf. Wos is! Doppelte Staatsbürgerschaft?! Ach so, an doppltn Schnaps geem'S aus. Drum."

Aus der Welt der Confiserie:

Die wahrscheinlich längste Verstopfung des Universums

Hin und wieder ist die Krönung der Schöpfung, also der menschliche Mann, durch ein vorübergehendes Ehegattensplitting ein paar Tage oder gar Wochen völlig auf sich allein gestellt. Die wenigsten Pantoffel- oder Kartoffelhelden sind jedoch jemals in ihrem mit viel Business angefüllten Leben in die tiefen Geheimnisse der Herstellung einer Mahlzeit eingedrungen. Essen, ja. Kochen, na ja.
Doch glücklicherweise ist die Nahrungsmittelindustrie heutzutage so weit fortgeschritten, daß der verzweifelte Strohrumwitwer nicht jeden Abend nach Art eines hungrigen Wolfes heulend um fremde Häuser und deren zum Lüften geöffnete Küchenfenster schnüren muß. Er ernährt sich geschmeidig, schnell, selbständig und ohne jegliches Überkochen, ohne Anbrennen oder fahrlässige Brandstiftung mit den Erzeugnissen aus den Wälzlagern unserer Schokoriegel-Industrie.
Früh zum turnusmäßigen Morgengrog mampfen wir genüßlich fünf bis sechs Herrenschnitten, knabbern ein bißchen an der Prinzenrolle, noch ein Ferrari- beziehungsweise Ferrero-Küßchen zum Abshit auf dem schnellsten Milky Way ab in die Ärwert. Dort pappt uns dann vielleicht schon ein wenig die Goschn zusammen, aber bei der lila Pause stochern wir mit der wahrscheinlich längsten Praline der Welt

bis zum Beginn des Waffelbrechreizes am Zäpfchen im Hals, und schon sind im Magen wieder Kapazitäten frei für einige Banjo, Yes-Torti-Törtchen, Twix, Bounty, Hanuta und wie die köstlichen Sekundenkleber alle heißen. Mittags schokoriegeln wir unsere Speiseröhre mit einer Hand voll gut dichtender Dominosteine für den Rest des Tages hermetisch ab. Abends erwartet uns daheim bereits eine abgezullte Toffee-Fee, die uns drei Wünsche erfüllt. Wir wählen einen Dickmanns, Kitkat und eine Tafel Dooflerone. Haribo macht derweil die Kinder froh und bringt sie ins Bett.
So kann man sich dann in aller Ruhe zwei Überraschungseier in die Pfanne schlagen, den Butterfinger ins Aftereight, zwei Weinbrandbohnen an Nutellaschäumchen runden den Abend und die Magenschleimhautreizung ab.
Schon nach knapp einer Woche formt sich der Mund in einer Art Abwehrhaltung bereits quadratisch, praktisch, gut, der mit Schokobomben aller Art gefüllte Bauch wächst über sich selbst und über den Hosenbund hinaus, wir laufen wie auf Milchschnitten und Piemont-Kirschkernen. Mit der Zeit verwaist die Toilette, wir laborieren an der wahrscheinlich längsten Verstopfung der Welt.
Während wir schwer atmend und dunkle Kakaopulverwolken aus uns herausblasend am Sofa liegen und ein Nutserla machen, suchen uns im Schlaf Alpia-Träume heim, die alpigsten Alpia-Träume aller Alpen überhaupt, von fern brüllt der schwarze Raider sein durchdringendes „Rigolaaaa!“
Beim Niesen schießen wir aus der Nase mit lauter bunten Smarties Riegeleins letzten Schokoladenweihnachtsmann der auslaufenden Saison nieder und beantragen bei der Gesundheitspolizei einen Waffelschein.
Bis die Ehefrau von ihrem Splitting-Urlaub auf den Kleinen Hybriden wieder heimkehrt, können wir vor lauter Begeisterung über die zahlreichen Pausensnacks herkömmliche Speisen wie Sauerbraten, Rouladen, rohe Gniedla oder ein frischplaniertes Schweineschnitzel schon nicht mehr riechen, geschweige denn essen. Der Mund ist voll, und es wird Jahre dauern, bis unser Magen wieder vollkommen leergepumpt ist. Merci, Cherie!

Kein Anschluss unter diesem Papagei

Eür die Humanisierung der Tierwelt opfern manche Menschen oft ihre gesamte Freizeit. Sie dressieren nach Feierabend daheim afrikanische Tanzmäuse, Goldhamster, Meerschweinchen, mexikanische Taschenwarane, Killerspinnen, Klobrillenschlangen oder andere vier- bis achtbeinige Lebensgefährten, dass sie Volkslieder pfeifen, Männchen machen, selbständig einkaufen und sich andere menschliche Verhaltensweisen angewöhnen. Eine großartige Dressur ist dem Ehepaar Paul und Manuela B. gelungen, die ihrem Papagei Willi in jahrelanger, mühevoller Abhörarbeit das original-getreue Läuten eines Telefons beibrachten.
Jetzt ist der womöglich einzige gefiederte Telefon-Imitator der Welt infolge einer gewaltigen menschlichen Schelln das Opfer seines außergewöhnlichen Kunstschaffens geworden. Er ruht bereits in einem Schuhkarton auf dem Tierfriedhof.
„Mir sin", schilderte die Manuela vor dem Amtsgericht die Vorgänge, die zum gewaltsamen Ableben ihres Adoptiv-Vogels geführt hatten, „mir sin nemli drei Wochn nach Florida in Urlaub gfoohrn und nou hommer unsern Nachber gfroochd, obber suu lang unsern Willi nehmer kennd. Hommer ja nedd wissn kenner, dass der Moo ein Babbagei-Mörder is, odder?!"
Der Nachbar Helmut R. wies die Vorwürfe der in ihm angeblich schlummernden rohen Gewalt gegen Tiere entschieden zurück. Er habe sich aber bereits drei Tage nach dem Abflug seiner Nachbarn in einem nervlichen Zustand befunden, wo es jederzeit zur Explosion und zur Einlieferung ins Bezirkskrankenhaus hätte kommen können. „Däi woorn nu

ka halbe Schdund fordd", erinnerte sich der Helmut an das große Können des ihm anvertrauten Telefonzwitscherers, „dou hodd ba mir scho es Dellefon glaid. Binni hiiganger, woor kanna droo. Nou hobbi in Willi a Wasser brachd, laid widder es Dellefon, und widder woor kanns dro". Nach vielleicht zwanzig oder dreißig Anrufen war der Helmut erschöpft in den Fernsehsessel gesunken und ein bisschen eingenickt – und schon Sekunden später durch ein schrilles Läuten geweckt worden. „Nou hobbi", sagte der Helmut, „in Hörer neibrülld 'Du Oorschluuch, du bläids, sooch hald wos, wennsd di scho verwähld hosd, dumme Sau, dumme!' Nou woor a Freind vo mir droo, der redd seidem nemmer mid mir." Erst nach zwei Tagen hatte der Helmut gemerkt, dass das unheimliche Läuten nicht aus seinem Telefon ertönt, sondern aus dem Schnabel vom Willi. „Iich hob mer a Schdrichlisdn gmachd", versuchte er dem Richter den hohen Grad seiner Verzweiflung zu erläutern, „wäi ofd dass der Aff vonnern Babbagei miich hubfn hodd loun. Annern aanzichn Dooch hodd ba mir hunderddreierfuchzg mool der Babbagei beziehungsweise es Dellefon glaid. Dreimool dervoo woors wergli es Dellefon."
Trotz aller Wut auf den schnurlosen Papagei bestritt der Helmut, dass er den Willi am dritten Tag erschlagen hat. „Des woor ganz andersch", sagte er, „dou hodd nachds ummer dreier es Dellefon gschelld, und nou hobbi in meiner Aufreechung schdadds in Hörer in Willi baggd und hob in ihn nei gschriea 'Wos fiir a Rimbviech ruufdn edzer dou oo'. Und dou derbei moußi in Willi scheinds aweng arch zammdriggd hoom, und mein Schrei hodder vielleichd aa nedd verdroong – ganz korz hodder numol glaid und nou isser doud umgfalln. Zeerschd wolld i scho in Kundndiensd vo der Telekom ooruufn. Obber däi rebbariern ja kanne Babbagei, odder?"
Der Helmut wurde vom Vorwurf des Papageimordes freigesprochen, auch von einer Schadensersatzzahlung für den verblichenen Kunstklingler sah das Gericht ab. „Wennder Sehnsuchd nachn Willi seiner Stimme hobbd", riet der Helmut dem Paul und der Manuela, „sachder Bescheid, nou ruufi eich oo. Wenns sei mouß, nachds ummer dreier."

Die Sandkorn-Diät

Wenn die Natur, die linden Lüfte erwachen, drängt der Mensch ins Freie. Aber auch sein Schwellkörper. Und es erfüllt ihn ein grenzenloses Sehnen nach einem Schwanenhals, knochendünnen Ärmchen und einem bügelbrettartigen Bauch. Man erreicht es mit der Brigitte-Diät, Körnchen-Diät, Joghurt-Diät, Soja-Diät, Null-Diät. Bei einem Ausflug zu einem jener liebreizenden, malerischen städtischen Kinderspielplätze ist jetzt durch einen zweijährigen Herrn Kevin, seiner Großmutter Hilde R. und dem zunächst unbeteiligten Rentner Karl S. die Sandkorn-Diät entwickelt worden. Sie hat vor ihrem eventuellen Siegeszug durch die verschiedenen Suppenkaschper-Gazetten aber erst einer richterlichen Überprüfung standhalten müssen.
„Suwos Unverschämds wäi däi Gradzberschdn und ihr Enkerla“, begann der Karl seinen Erfahrungsbericht am Amtsgericht, „hobbi ibberhabbs nunni erlebd.“ In Zukunft werde er sich aus der mitmenschlichen Fürsorge vollkommen raushalten. Im Sand eines städtischen Spielplatzes befinden sich bekanntlich Spurenelemente von Hundehäufchen, Rückstände vom saueren Regen, teils aus den Wolken, teils wieder aus Hunden, Schwermetalle. Stickoxide, Ruß aller Art, radioaktive Strahlungen – also Belastungen, die der erziehungsberechtigte Erwachsene, der Auslöser des Unrats, seinem Kleinkind gegenüber als Bäbä euphemistisch, verniedlichend darstellt.
Wie sich der kleine Kevin an diesem Frühlingsnachmittag

ein Plastikschäufelchen Sand nach dem andern eingewiesen hat, ist die Oma Hilde R. von ihrem Beobachtungsposten auf der nahen Bank mit einem „Kevin nedd! Des is doch Bäbä!“ nur oberflächlich eingeschritten. Der Kevin hat überschlägig schon ein bis zwei Pfund Sand zu sich genommen, wie dann der über die Lektüre eines örtlichen Intelligenz- und Abonnement-Blattes zunächst eingeschlafene Rentner Karl S. aufmerksam geworden ist. Der Karl ist aufgesprungen, hat den kleinen Kevin im Mund notdürftig entsandet und geschrien: „Schbodzd du glei den Dreeg raus! Des is doch Bäbä!“ Als Antwort hat der Kevin erneut ein schönes Häuflein Sand eingeschaufelt.

Gleichzeitig ist die entrüstete Oma eingeschritten. „Denner'S aungblicklich die Finger vo den Kind wech!“, hat sie den Karl angebrüllt. „Obber der frissd doch Sand“, hat der Karl gestammelt. „Erschdns“, hat die Hilfe zurück geschrien, „frissd der nedd, sondern issd. Zweidns gäid Ihner des an Dreeg oo, und driddns frissd mei Kevinla, wos er mooch.“ Und zum Kevinla gewandt fuhr sie ermunternd fort „Dou ner wieder des Sandilein essilein. Des issilein feinilein, gell!“

Der Karl hat es nicht mehr mit anschauen können, hat den Kevin auf den Kopf gestellt und den Sand wie aus einem Salzstreuer aus ihm heraus schütteln wollen. „Und nou“, sagte er vor dem Amtsgericht aus, „is däi Frau aff mich draffgschderzd, hodd mer links und rechds anne am Baggn naafg'haud, und es Allerschlimmsde – nou hodds mer die Goschn vuller Sand gschdobfd. Nu a Wochn schbeeder hodds ba mir bam Essn in die Zähn gnirschd.“ „Mousders hald raus dou, deine Zähn“, hat ihm die Hilde jetzt vor Gericht geraten.

Wegen Beleidigung, Körperverletzung und Zwangsverordnung einer Sandkorn-Diät ist die Hilde zu einer Geldstrafe von 800 Mark verurteilt worden. „Däi arme Frau“, hat den Karl das Mitleid ergriffn, „Nix zon Beißn dahamm, dass ihr Enkerla Sand fressn mouß, und edzer aa nu a Geldschdrouf. Wenn'S fei wolln, dass ihr Kevinla zwischndurch amol wos Frisch gräichd – iich hob a glanns Wiesla dahamm, dou konn er äsen, suu lang, wäi er mooch.“

Gehirnerschütterung

Trunkenheit am Steuer kann sich ungünstig auswirken. Aber auch Trunkenheit am Rücksitz endet nicht immer zufriedenstellend. Bei dem Gerüstbauer Jochen B. hat es mit einer kurzen Irrfahrt in den Wald, einem eineinhalbfachen Autosalto und einer Gehirnerschütterung geendet. „Dou mecherdi nou scho wissn“, fragte der wegen Autodiebstahls angeklagte Oliver M., „wos ba den Doldi erschüdderd gween is.“ Worauf ihn der Herr Vorsitzende scharf zurecht wies, dass er sich bei weiteren Schmeicheleien dieser Art die Verhandlung über Video in eine Gefängniszelle einspielen lassen kann.
Der später gehirnerschütterte Herr Jochen B. hat also an einem Freitagabend seinen persönlichen Dauerbrandherd mit beiläufig neun Bieren, drei Gläschen Pfirsichsekt, fünf Cocktails „Sunrise“ und einigen Magenbitter gelöscht.
Nach der gelungenen Abfüllung hat sich der Jochen zu seinem am Hauptmarkt geparkten Auto irgendwie abfallen lassen, und es ist ihm geglückt, sein Auto zu öffnen. Er hat die Zündung eingeschaltet, das Auto-Radio angemacht, sich am Rücksitz in eine Decke gewickelt und von den Klängen oberbayerischer Odel-, oder auch Jodelmusik in den Schlaf schmalzen lassen.

„Einen aldn Oorsch“, ist der Angeklagte Oliver M. in der Verhandlung schon wieder frech geworden, „der Modor vo den Audo is gloffn, middn in der Schdrass isser gschdandn und es Lichd hodd brennd. Sunsd häddi mi doch goornedd nei g’hoggd in den Kiibl. Iich hob ja des Audo nerblouß aff die Seidn foohrn wolln, wall der Omnibus nedd durchkummer is.“ Um diese Zeit fährt aber kein Omnibus mehr. „Und zwischer a bissla affd Seidn foohrn und Grenzübergang Waidhaus“, begehrte der Jochen auf, „is ja aa a glanner Underschied, odder.“
Es hat sich nämlich in dieser Nacht ergeben, dass der Oliver beim Wegfahren des fremden Autos angeblich keinen geeigneten Parkplatz gefunden hat. „Ja wäi des kummer is“, sagte er immer noch in sich selber forschend, „des wass i edzer aa nedd, Herr Richder. Bis i mi verschaud hob, woor i hinder der Burch, bums, bin i scho in Erlaschdeeng gween, in Nullkommanix aff der Audobahn. Und dou konnsd ja nedd umkehrn, nä.“
Wie durch einen magischen Sog ist also der Oliver auf seiner Suche nach einem geeigneten Parkplatz am Hauptmarkt von der tschechischen Grenze angezogen worden. „Und nou“, erinnerte sich der Oliver, „is des mid den Schock kummer.“
Denn der Jochen, der rechtmäßige Autobesitzer, ist aus seinem Delirium am Rücksitz erwacht, hat sich hoch gerappelt, den Oliver am Fahrersitz am Ohr gezogen und gestöhnt: „Allmächd, hob iich einen Brand! Simmer scho in Lafferhulz?“ „Hilfe, a Geisd!“, hat der Oliver beim Auftauchen vom Jochen hinter sich wie am Spieß gebrüllt und ist in einem Anfall von Schüttelfrost, Panik und totaler Körperstarre in den Wald hineingebraust, wo sich das Sekunden vorher noch nagelneue Auto vom Jochen überschlagen hat.
Der angegurtete Autodieb blieb unverletzt, der immer noch schwer benebelte Rücksitzschläfer mußte es, wie erwähnt, mit der Erschütterung seines Gehirns büßen. Wegen Autodiebstahl ist der Oliver zu vier Monaten mit Bewährung und einer gediegenen Geldstrafe in Höhe von 2000 Mark verurteilt worden. „Edzer“, geruhte Herr Oliver M. noch zu bemerken, „is obber mei Gehirn aa erschüdderd.“

Vollmond auf Rädern

Die Zeichensprache, mit der sich Autofahrer ihre gegenseitige Tiefachtung ausdrücken, hat sich im Lauf der Jahrzehnte längst zur feinziselierten Hochsprache entwickelt. Gerichtskundig ist unter anderem der ins Ohr hineingezwirbelte Zeigefinger, der mit Daumen und Mittelfinger gebildete kleine Kreis, das Schlagen mit der Faust auf die Brust, welches einen Orang Utan, also einen blöden Aff symbolisiert.
Weiterhin unterscheidet der Fäkalsprachwissenschaftler noch den Effenbergischen Stunkfinger, das Hochgeschwindigkeits-Handwischen über die Stirn, das frei übersetzt etwa „Ab in die Hupfla!" heißt, den in den Mund gestopften Daumen, das an Stirn oder Wange angedeutete Vögelein oder die zirka 50 Zentimeter heraus gestreckte Zunge, die selbstverständlich an den Schließmuskel des Herrn von Berlichingen gemahnt.
Der Software-Einzelhändler Wilhelm G. hat jetzt auf dem Gebiet der Autofahrer-Kommunikation völlig neue Wege beschritten. Er ist wegen Anwendung einer selbstentwickelten, sehr intimen Körpersprache bei 150 Stundenkilometern vor Gericht gestanden.
Empfängerin seiner eigenwilligen Botschaften war die Wirtin Karin L., die an einem Sommerabend durch die Fränkische Schweiz gedüst ist. „Nou is aff aamol vuur mir", sagte sie vor Gericht, „a Kabrio aafdauchd mid denni zwaa Haumdaucher drinner. Däi hom in ihrn Tank schdadds

Benzin glaab i an Sekundnkleber drinner g'habd, walls goor suu schnell gfoohrn sin." Aber immer wenn die Karin zum Überholen ansetzte, hat der Kabrio-Pilot den Turbolader gezündet und ist schneller geworden. Wo es auf der Landstraße unübersichtlich war, hat er sich mit 20 Stundenkilometern fortbewegt.

Die Karin hat gehupt, geblinkt, geflucht, auf ihr Lenkrad eingedroschen, aber es war kein Vorbeikommen. „Und aff aamol", sagte sie vor Gericht, „is der Beifoohrer affn Rücksidz grabbld, hodd si in vuller Gräiß hiigschdelld, die Huusn roozuung, hodd si buggd und mir sein Hintern hiigreckd. Iich glaab ball fimbf Kilomeder lang. Iich hob mid mein Foddo a boor Bildla gmachd."

Ob das so stimmt, wollte der Richter vom Angeklagten Wilhelm G. wissen. „Ja, scho", sagte der angesichts der erdrückenden Beweislast auf den Farbfotografien. „Obber erschdns amol konn iich mein Oorsch lüfdn, wou iich will. Und zweidns hodd des mid dera Frau ibberhabbs nix zon dou g'habd."

Vielmehr habe sich über die Fränkische Schweiz damals gerade die Abenddämmerung niedergesenkt, sein Freund am Fahrersitz hätte das Lied gesummt „Der Mond ist aufgegangen...", und er, der Wilhelm, habe es mit dieser Pantomime am Rücksitz lediglich stimmungsvoll illustrieren wollen.

Er solle seine Ausdrucksweise etwas zügeln, riet ihm der Richter, und außerdem nicht so dumm daherreden. Die dramaturgische Bearbeitung des Gedichtes von Matthias Claudius und die Welturaufführung auf einem Autorücksitz in der Fränkischen Schweiz nahm ihm das hohe Gericht jedenfalls nicht ab. Der Wilhelm wurde zu einer Geldstrafe von 2500 Mark verurteilt. Und obwohl er nicht gefahren ist, muß er seinen Führerschein für sechs Monate abgeben.

Frau Karin L. war mit dem Urteil sehr zufrieden, merkte am Schluß aber noch an: „Der Mond ist aufgegangen – dassi fei nedd lach! Mid suu an laschn Hintern, wou der hodd, hädder hexdns des Lied begleidn kenner 'Hang down your head Tom Dooley'. Mid den Hänge-Oorsch lasserd iich mich in der Öffendlichkeid jeednfalls nedd seeng."

Aus der Welt der Politik:

Wahldampf

Ob Schnöder, Schräuble, Stroiber, ob der Hoggersheimer Jahrhundertkleber oder Oskar, die Fontäne von der Saar übermorgen den Wahldampf gewinnen, ist erstens noch nicht ganz gesichert und zweitens wurscht. Wesentlich ist doch in diesen sonst so freudlosen Tagen, daß wir früh, mittag und abends im Deutschen Gabelfernsehen immer mit dem jeweils neuesten Stand der Meinungsumfragen unterhalten werden. Verschiedene Demoskopie-Institute wie die Nürnberger Gesellschaft für Monsunforschung, das Knallensbach-Instinktut oder die Geschlossene Anstalt für Fragen aller Art von Prof. Nuelle-Niemand horchen lange vor Wahlen die Bevölkerung aus und veröffentlichen es zum Freud- und Leidwesen aller Parteien so oft wie möglich.
Dieses unter strengsten wissenschaftlichen Vorzeichen durchgeführte Verfahren birgt lediglich ein kleines Geheimnis – nämlich hat noch nie jemand eines dieser befragten Bevölkerungsmitglieder je gesehen oder gar gesprochen, das bei uns im Land jede Woche fünfzig verschiedene Kanzler wählt, Tausende von Ministern ernennt und wieder verwirft, Parteien an die Macht kommen läßt, die manchmal noch gar nicht gegründet sind.
Ein Blick in die Wissenschaft der Demoskopie sagt uns

aber: Nicht das Resultat einer Umfrage oder umgefragte Personen sind irgendwie von Bedeutung, sondern der Weg ist das Ziel. Und an diesem Weg lagern wie selbstverständlich die bereits erwähnten Meinungsforschungsinstitute. Es handelt sich also um wissenschaftliche Wegelagerei. Jeder, der ein paar Mark einstecken hat, kann sich so eine wissenschaftliche Prognose, ob er dereinst Bundeskanzler, Vorsitzender vom Hennerzüchterverein oder nix wird, erstellen lassen. Pro Gnose kostet es vielleicht 20 000, 50 000 oder 100 000 Mark, je nach dem, welches Amt er anstrebt.
Wer zum Beispiel über ein Bar-Kapital von lediglich 2,50 DM verfügt, könnte am kommenden Wahlsonntag allerhöchstens die 0,5-Promille-Hürde überspringen. Ein Ergebnis, mit dem er nicht einmal in die Ausnüchterungszelle vom Polizeipräsidium kommt, geschweige denn in den Bundestag. Das teuerste Umfrageergebnis wäre natürlich ein Wahlsieg wie früher in der DDR von knapp 100 Prozent, der aber infolge der neuerdings auch bei der Parteienfinanzierung eingeführten doppelten Buchführung ins Reich der Fabel, beziehungsweise der Justizvollzugsanstalten weiterverwiesen werden muß.
Ansonsten ist aber nur von Bedeutung, was der Auftraggeber will und was er löhnt – und schon handelt es sich beim Helden der Neuen Mitte plötzlich um eine sozialpolitische Nulpe mit maximal zwölf Prozent, beim derzeit dahinamtierenden Pfundeskanzler um einen strammen Sechzig-Prozenter und politischen Überflieger, daß ganz Berlin mit einem Schlag ein Bombentrichter ist, wenn der Helmers aufgrund neuer Umfragen von so hoch oben abstürzen sollte. Oder aber auch umgekehrt.
Die ja wissenschaftlich ebenfalls anerkannten Methoden wie das Ermitteln aus dem Kaffeesatz, das Studium des Vogelflugs oder das Würfeln sind bei Meinungsforschungsinstituten inzwischen eher verpönt. Es schadet der Vielfalt einer Prognose und vor allem seiner schnellen Austauschbarkeit. Für den Sonntag und überhaupt merken wir uns: Wer keine Ahnung vom Instituten und Blasen oder kein Geld hat, wird niemals Kanzler oder Präsident.

Aus der Welt der Tierliebhaber:

Das Legehuhn, die Fehlkonstruktion

Mit großer Empörung haben die fränkischen Hennerschlichter vernommen, daß sich seit dieser Woche das Bundesverfassungsgericht mit ihren Legebatterien befaßt und diese allerletzte Instanz höchstwahrscheinlich die Käfighaltung von Hühnern noch in diesem Sommer verbieten will. Angeblich ist es nämlich dem fränkischen Huhn bei seinen frühmorgendlichen Preßwehen auf einer Kreißfläche von stolzen 450 Quadratzentimetern zu eng.
Jetzt geht natürlich ein wütendes Aufgackern durch die Schar der darbenden Gaggerlasproduzenten. Und zwar mit Recht. Erst stellt man im Schweiße seines Angesichts so einem niederen Lebewesen eine immense Fläche von der Größe einer Postkarte zum Austoben zur Verfügung, umgibt diese Hühnervilla mit einem malerisch im Licht der aufgehenden Neonröhre gleißenden Drahtgitter, nimmt ihm vollkommen die Sorgen um die Aufzucht der Ziebala ab – und wie wird es einem gedankt!? Die Viecher, deren göttliche Bestimmung aus dem maschinengewehrartigen Eierknattern besteht und aus sonst nix, erheben sich gegen die Herren der Welt und stacheln ihre Sympathisanten auf, daß sie vors Hühnerverfassungsgericht ziehen!
Wo kommen wir da hin, wenn jeder immer noch mehr Quadratzentimeter beanspruchen möchte, ein Freigehege oder gar überhaupts kein Gehege!? Mit Grauen erinnern wir uns an jene finsterste, nahezu mittelalterliche Epoche der Hühnerhaltung, in der diese Legemaschinen ohne jeglichen Maschendraht völlig im Freien herumgerannt sind. Oft haben sie Autofahrer zu halsbrecherischen, lebensgefährlichen Ausweichmanövern gezwungen, haben sorgfältig abgezirkelte Gemüsebeete wie eine unkontrollierte Elefantenmeute zertrampelt oder dem Opa auf dem Feierabendbänkchen in

einem unbeobachteten Augenblick auch eine Abart Ei gelegt und ihm in die Kaffeetasse geschissen. Das war dann wahrhaftig kein Honiglecken.
Ihre einzige Pflicht im Leben, nämlich Frühstückseier wie am Fließband abzuprotzen oder kurz einmal für eine klare Hühnerbrühe, für ein Hühnerfrikassee oder für ein paar Drehungen am Spieß auf dem Volksfest zur Verfügung zu stehen, haben sie in grober Weise vernachlässigt. Höchstens alle drei Tage ist ihnen unter ruhestörendem Gackern eine Art Walnuß entwichen. Und wenn man ihnen mangels Produktivität lediglich kurz einmal zeigen hat wollen, was eine Hacke ist, etwa in Höhe des Halses, sind diese verblödeten Kralldeppen auf und davongerannt.
Aber wer sich nicht rupfen oder einsperren lassen will, muß fühlen. Und so ist uns nichts anderes übrig geblieben, als diese Hinterhofterroristen mit ihrem laschen Ausstoßrohr vom Obdachlosendasein auf der Straße in das geordnete Leben einer Edelblech-Legebatterie zu überführen.
Und jetzt erheben diese gefährlichen Bestien, diese wandelnde Kühlergrill-Pest drohend die Faust, beziehungsweise die Kralle gegen uns und hetzen sogenannte Hennerschützer zum Bundesverfassungsgericht. Wahrscheinlich beantragen sie dort auch noch eine individuelle Schwangerschaftsberatung, Kobelfernsehen und einen eigenen Gieker.
Sie sollen es bloß nicht zu bunt treiben! Sonst züchten sie die fränkischen Batterie-Kommandanten demnächst um, daß ihnen das Gackern und Rumpicken vergeht. Schon schlummern in unseren Köpfen interessante Pläne zur längst fälligen Neugestaltung dieser Fehlkonstruktionen der Schröpfung.
Ein Huhn braucht nämlich nicht nur keinen Platz an der Sonne mit 450 Quadratzentimetem, sondern höchstwahrscheinlich auch keinen Gaggerlaskopf, keine Beine, keine Federn und keinen Körper. Wir züchten uns demnächst einen Schnellschußarsch mit Ausstoßventil und rechteckigem Querschnitt. Wenn der Schöpfer Himmels und der Erden ihm dann seinen Odem einbläst, sind die Eier sogar stapelbar. Und den Käfighaltern wünschen wir bei dieser Gelegenheit täglich frische Rühreier. In der Hose.

Aus der Welt der Technik:

Löcher gibt es immer wieder

Jede einigermaßen bedeutende Stadt hat bei uns in Bayern ihr Wahrzeichen. In München steht ein Hofbräuhaus, in Nürnberg die Ratzenburg Augustinerhof und in Fürth am Hafen eine stillgelegte Schwelbrennanlage.
Womit es eigentlich Fürth innerhalb des Dreigestirns der bayerischen Metropolen vergleichsweise am weitesten mit seinem Wahrzeichen gebracht hätte. Denn diese von den Siemens-Diplomingenieuren in vielen Jahren raffiniert ersonnene Schwelbrennanlage schmiegt sich malerisch und sehr behutsam in die Hügellandschaft der Ausläufer des Rangaus, wirkt beruhigend auf das Auge, wenn es geschlossen ist, und bietet durch seine zwei vollkommen rauchfreien Schlote stets einen willkommenen Rastplatz für Vögel aller Art auf ihrem Flug in die Subventionsquartiere in der Landeshauptstadt.
Jetzt wird natürlich der eine oder andere Schlaumeier wieder einwenden, daß mit dem Bau dieses architektonischen Großodes eventuell auch ein großer Haufen Mist und heiße Luft in die Landschaft gesetzt worden sind, weil die Schwelbrennanlage ein Loch hat. Aus ihm soll ja bei der ersten feierlichen Schwelbrandstiftung angeblich ein bißchen Gas ausgetreten sein und an die siebzig Menschen vergiftet haben.
Aber erstens hat das Trainings-, beziehungsweise Tränenlager für Siemensingenieure allerhöchstens 340 Millionen Mark gekostet, und zweitens muß man sich doch vor allem

einmal fragen: Was für Weicheier von Menschen leben eigentlich dort im Fürther Hafen, daß sie von ein paar Tonnen Gift gleich reihenweise husten, bflietschen, umfallen und dringend ins Krankenhaus müssen? Gibt es gwiß in Fürth keine Gasmasken für den Kniedleinskupf oder Wäschezwicker für den empfindlichen Riechgimpel?! Wahrscheinlich handelt es sich wieder einmal um militante Umwelt-Simulanten, wie wir sie auch von Tschernobyl her noch in unangenehmer Erinnerung haben. Die sterben ja manchmal sogar, nur um die rastlosen Erbauer von Anlagen aller Art und mit ihnen die heilige Gemeinde aller Fortschrittsgläubigen in Mißkredit zu bringen.
Jeder halbwegs vernünftige Bürger weiß doch, daß Löcher überall in Erscheinung treten können. Selbst der an sich vollkommene menschliche Schwelkörper hat Löcher, aus denen von Zeit zu Zeit gefährliche Gase austreten und beispielsweise in U- und S-Bahnen nicht selten große Panik erzeugen. Da läßt man sich doch dann aber auch nicht in die Klinik einweisen und verlangt horrende Schadensersatzsummen. Wo geschwelt und gefürthst wird, fallen halt manchmal ein paar hysterische Gasallergiker in Ohnmacht. Aber deswegen kann man doch nicht eine ganze Schwelbrennanlage einfach stillegen, wie es jetzt in Fürth geschehen ist.
Da ersinnen große Geister in ihrer bewundernswerten Ingenieurskunst was Herrliches, Einmaliges, noch nie Dagewesenes, nämlich einen Ofen, und dann wird ihr nobelpreisverdächtiges Lebenswerk mit einem kurzen Gasaustritt aus einem Loch einfach ausgelöscht! Wie bitter muß es diesen Diplom-Müllschluckern zumute sein!
Aber wenn schon jetzt kein Giftgas mehr aus diesen Löchern im Fürther Hafen austreten darf – die schöne, futuristisch geformte Schwelbrennanlage muß im Sinne des bayerischen Subventionsruinenschutzes erhalten bleiben. Vielleicht als Denkmal für den Unbekannten Ing. grad. oder, wie es der Fürther Oberbürgermeister schon vorgeschlagen hat, als Freizeithochbunker. Wo am Wochenende die bekannte Pop-Gruppe Siemens & Furunkel zum Tanz um den goldenen Kalbskopf aufspielt.

Weltpremiere!
Das erste selbstkühlende Bierfass.
Tucher
seit 1672
CoolKeg. Kühlt das Bier ganz von selbst
TUCHER BIERE IN ALLER WELT
SEIT
1672
Tucher
seit 1672
Erst kühlen, dann anzapfen!
• CoolKeg. Kühlt immer und überall.
• Perfekt temperiert in 30 Minuten.
• Ganz natürlich und rein physikalisch.
Inhalt 20l
www.tucher.de
CoolKeg
Exklusiv aus dem Hause Tucher.
Für weitere Informationen: Cool-System Bev. GmbH, Telefon 09 11 / 97 76-0

Die Haferflocken-Anita

Städtisch besoldete Eierräuber, Kropfjäger, Ultraschall, motorisierte Vogelscheuchen, Fütterverbot – die Maßnahmen des örtlichen Taubenkriegsministers lassen an Einfallsreichtum nichts zu wünschen übrig und sorgen auch für sehr zufriedenstellende Resultate. Die Tauben werden immer mehr. So hat der Vorruhe-Stuntman Martin S. schon seit einiger Zeit für sich persönlich zur Mobilmachung gegen die Staubvögel aufgenommen. Vor allem gegen die im Morgengrauen tätigen, geheimen Taubenfütterer. Herr Martin S. ist erklärter Tierfreund, allerdings beschränkt sich seine Liebe zur Kreatur auf seinen Rauhhaardackel namens Edmund, im Einsatz auch kurz Edi genannt. Dieser Edi ist auf Federvieh abgerichtet und gilt als der schärfste Taubenkampfhund der Altstadt überhaupt. Er soll sogar schon einmal eine Dame in der Kaiserstraße angefallen haben, nur weil deren Hut mit Vogelfedern geschmückt war.

Das beliebteste Opfer vom Edi ist aber die glühende Taubenverehrerin Anita H., die täglich zwischen Dämmerung und Bodennebel ihre Schnäbeltiere aus einem Spezial-Futtersack ernährt. Scheinbar teilnahmslos schleicht sie über die Pflasterprärie, pfeift ein Lockliedlein, schaut in den Himmel und lässt dabei wie unabsichtlich aus einer Plastiktüte mit Loch Haferflocken ins Freie rieseln. Diese Idylle wird aber schon seit Monaten vom Taubenjagdhund Edi

und seinem Herrn Martin S. empfindlich gestört.
„Der Moo und sei Ungeheuer", äußerte sich jetzt die Anita vor dem Amtsgericht, „däi lauern mir ja direggd auf. Und immer wenn meine Daubilein ihr Habbi Habbi gräing, nou badschd der Verbrecher in die Hand und der Hund rennd wäi a hungricher Wolf hinder meine Dierlein her."
Jetzt ist es im Schwester-und Bruderzwist zwischen Taubenliebhaberin und Hundefreund bitterer Ernst geworden. „Fräih ummer Fimbfer, mäin's Ihner vuurschdelln Herr Richter, middn in der Nachd", empörte sich die Anita, „rumbld der Verbrecher mid sein Griminal-Köder aff aamol aus sein Verschdegg raus, wou er mi widder abbassd hodd. Und nou reißd däi Besdie vonnern Hund an Daubilein vo mir – der Hansi is glaab i gween – an ganzn Büschl Federn raus. Und nou hobbi den Hundsgribbl a Drimmer Fodzn geem."
„Iich glaab", sagte der Martin als Zeuge, „dass däi Mudder in Vuugl-Wahnsinn hodd. Mein Edi am Kubf naafhauer, blouß waller aweng Daub'n-Dredzerlens gschbilld hodd. Alles mouß mer si doch aa nedd gfalln loun, odder!?" Der Martin hatte sich damals eine bei der Haferflocken-Orgie unvorsichtig gewordene Taube gegriffen und gebrüllt: „Nu aamol wennsd mein Edi oolangsd, nou dreh i dein Hansi in Groong rum! Daub'n-Hex, greisliche!" Sekunden später ist die Anita dem Edi auf dem Schwanz rumgetrampelt, und der Martin hat sein Versprechen wahr gemacht: Ein kurzer Dreh, und die Taube Hansi hat ihr Leben ausgehaucht. Der Wurf in die Pegnitz war ihr letzter Flug auf dieser Welt. „Und nou hobbi", sagte die Anita vor Gericht, „vuur lauder Wuud iiber den Mörder sein bläidn Dackl am Halsband baggd und hob nern aa in die Bengerz gschmissn." Im Gegensatz zu der toten Taube konnte der Edi aber schwimmen. An der Kleinen Insel Schütt rettete ihn sein Herrchen aus den Fluten.
Wegen Taubenfüttern und unerlaubtem Dackelweitwurf wurde die Anita zu einer Geldstrafe von 1400 Mark verurteilt. „Und wennsd nu a Geld übrich hosd", knurrte der Martin, „nou kaffsder am besdn Schwimmflüüchala. Wall es nexde mool fläigsd aa in die Bengerz."

Der Colombo von der oberen Kanalstreet

Oft weiß man nicht mehr genau: Ist das Leben ein Fernsehprogramm, findet die Realität in der Schrankwand statt, haben wir oben am Hals keinen Kopf, sondern eine Mattscheibe mit 60 Programmen? Wirklichkeit und Verkabelung vermischen sich am Horizont des Hirns.
So ist es auch dem im vorgezogenen Ruhestand befindlichen Dauer-Fernsehschauer Edwin Z. gegangen. Er hat einmal einen insgesamt zufriedenstellenden Vollrausch in Höhe von knapp zwei Promille gehabt, ist am Beifahrersitz seines Autos gelegen und hat Albträume gehabt von verdeckten Ermittlern, Maulwürfen, Undercover-Männern und anderen Polizei-Spionen. Er hat nicht mehr genau unterscheiden können,ob er Kommissar Stöver aus Hamburg oder Edwin Z. vom Burgberg ist.
„In den Momend", hat sich der Edwin vor Gericht nebelhaft erinnert, „hodd anner die Diir aafgrissn, a Bollizeimarkn rauszuung und a Bisdoln und hodd brilld, daß mei Audo vorläufich beschlaachnahmd is. Columbo, Mord-Kommission, hodder nu gsachd, und iich soll edzer bam Einsadz mei Goschn haldn."
Der Columbo heißt im richtigen Leben Felix P., hat ebenfalls einen leichten Differenzierungsschaden zwischen Schein und Sein und war damals mit 2,1 Promille behaftet. „Der Columbo", berichtete der Edwin in der Verhandlung weiter, „is nou mid mein Audo zimmli schnell dervoo bredderd und wäi in gfroochd hob, wo mer hii foohrn, hodder gsachd, er is Undercover-Män, es is geheim, und nou hodder mid seiner Bisdoln aff die Windschudzscheim gschossn. Grachd hodds nedd, obber es is a Flüssichkeid am

Fensder roogloffn. Der Columbo hodd gschriea, iich soll aff goor kann Fall hiilanger, es is ein tödliches Nervngifd."
Während des Einsatzes hat der eher verdreckte als verdeckte Ermittler den Edwin erst gefragt, wo jetzt auf einmal die Obere Kanalstraße hingekommen ist, die wäre gestern noch da gewesen, dann hat er sich nach der Kernstraße erkundigt. „Und nou", sagte der Edwin, „hodder widder middn Nervngifd gschbridzd und is in der Dianaschdrass vull in den Garddnzaun neibrausd." Bis dahin war der Edwin vollkommen überzeugt, dass er in die verdeckten Ermittlungen eines Mordfalles verwickelt ist, dass der Täter mit einem schweren Nervengift zur Strecke gebracht werden soll und dass der Undercover-Fahnder neben ihm mit Decknamen Columbo heißt. „Obber nou", schilderte er den Fortgang des Dianastraßen-Krimis, „binni ba den Crash in Garddnzaun ohnmächdich worn. Und wäi iich widder aafgwachd bin, woor der Columbo schburlos verschwundn und zwaa Bolli sin vuur mir gschdandn und hom meine Babiere seeng wolln."
Einer der Beamten hat sich ins Auto gebeugt. „Allmächd naa", hat da der Edwin aufgeschrien, „nedd ans Fensder hiikummer, des is Nervngifd! Warddn's aweng, der Columbo kummd glei widder. Mir hom an Mord. Obber die Goschn haldn, gell!" Daraufhin haben die Polizisten den Edwin vorsichtshalber mit Handschellen zur Wache gebracht. Kurze Zeit später ist ihnen auch der Kommissar Columbo in Gestalt des Felix Z. in die Arme getaumelt.
Er hat sich jetzt vor Gericht an überhaupt nichts mehr erinnern können oder wollen. Der Vorsitzende hat aus der Adresse vom Edwin, die auf Obere Kanalstraße lautet, aber messerscharf geschlossen, dass sich der versteckte Ermittler mit Hilfe einer Hundesteuermarke und einer Wasserspritzpistole in dieser Nacht lediglich kostenlos heimfahren hat lassen wollen. Er ist wegen Amtsanmaßung, Trunkenheit im Dienstwagen und Sachbeschädigung zu zwei Jahren Führerscheinentzug, sechs Monaten auf Bewährung und 7500 Mark Geldstrafe verurteilt worden. „So, so", sagte der Edwin, „nou is der Columbo goor ka Griminaler. Wer zoohld mern nou mei kabudds Audo?" „Froong'S hald amol", riet ihm der Richter, „ba der Bollizei in New York odder bam FBI."

Da schoss das Ross…

In früheren Jahren sind sie zur Freude der Spatzen und der Kohlrabi-Anbauer zentnerweise auf den Straßen gelegen. Heute liegen die sogenannten Roßbolln schon lange nicht mehr auf dem Kopfsteinpflaster, geschweige denn stehen sie im Duden drin. Der rigorose Kampfwanderer Dieter L. ist an einem Sonntagnachmittag zu einem intimen Kenner der auch Pferdeäpfel genannten Leibspeise von Singvögeln und Schrebergartengemüse geworden.
Vor dem Amtsgericht schilderte er jetzt mit bewegenden Worten, daß er von diesem Reitpfad im Lorenzer Reichswald schon lange weiß, daß er ihm aber immer ein Dorn im Hühnerauge war und daß seines Wissens Raubritter, Strauchdiebe und andere Wegelagerer seit dem späten Mittelalter ausgestorben sind.
So hat er sich an jenem Sonntag wieder einmal schön gemütlich mitten auf diesem Trappelpfad breit gemacht, bis hinter ihm ein scharfer Pfiff ertönt ist, und der Herrenreiter Wolfgang H. hoch zu Ackergaul gerufen hat: „Horch Masder, kennsd amol ausn Weech gäih. Mei Pferd hodds aweng middi Nervn."
Hätte der Dieter gewußt, um welche Nerven es sich dabei

genau handelt, wäre er vielleicht auf die Seite gegangen. So ließ er sich aber seine Abneigung gegenüber jeglicher Reichswald-Kavallerie deutlich anmerken. Er schaute nach oben, nach links, nach rechts, setzte sich sodann mitten auf den Reitweg, entnahm seinem Rucksack Thermosflasche und Wurstbrotdose und begann zu vespern. Als der Reitersmann eine kleine Runde um ihn herum galoppierte und noch einmal um freie Bahn bat, fragte der Dieter nach einem kurzen Blick in die Höhe: „Hodd der Zirkus Krone gwiß Bedriebsausfluuch?“ Sekunden später wußte der Brotzeitler, daß es der hinter ihm postierte Wallach vor allem mit den Magennerven hatte.

„Iich schenk mer grood in mei Dassn an Früchtetee ei“, schilderte er die weiteren Vorgänge dem hohen Gericht, „und aff aamol schbrazzld des iiber mir, wäi wenn jemand sein aldn VW-Käfer ooschbringer lassn will, und scho hodd mer däi Wildsau vonnern Gaul in mein Tee vull neigschissn g'habd. Und die andern Gniedla simmer am Kubf gfluung.“

„Ja Godd“, verteidigte sich der Wolfgang, „dou schdeggsd hald aa nedd immer drinner, wou hii dei Gaul grood sei Gschäfdla verrichd.“

Der Dieter war aber überzeugt, daß der Wallach nur auf ein vereinbartes Geheimzeichen hin seine Bomben so gezielt abwerfen konnte. Erst zog er zur Strafe den berittenen Odelsherrn an den Stiefeln vom Pferd, füllte dessen Reitermütze mit den restlichen Roßbolln und drückte ihm den randvoll gefüllten Schutzhelm mit den Worten „Edzer schdeggsd obber scho drinner!“ wieder auf den Kopf. Und bei der zweiten Ladung aus den Tiefen des nervösen Wallachs zerrte der Dieter den leicht benommenen Wolfgang direkt auf das Einschußgebiet der Marsch-, beziehungsweise Arschflugkörper.

Das Gericht wertete den gegenseitigen Roßbolln-Rachefeldzug als einigermaßen ausgeglichen und sprach den Dieter frei. „Und dein Glabberer vonnern Gaul konnsd an schäiner Gruß vo mir ausrichdn“, rief der Dieter nach dem Freispruch dem Wolfgang noch nach, „und wenner widder mid sein nerwöösn Oorsch durchn Wald hobbld, soll er Schaufl und Beesn miidnehmer.“

Die Gallionsfigur am Fahrradlenker

Die Besteigung der Moritzberg-Südwand, eine bis zum Gipfelwirtshaus fast senkrecht aufsteigende Asphaltrinne, ist eine gewaltige Herausforderung. Noch schwieriger kann aber der Rückzug sein – wenn man den Abstieg in der Finsternis nach acht bis neun Kitzmann mit dem Fahrrad wagt und dabei plötzlich seinen einheimischen Sherpa verliert.
Dieses an den Zirkus „Begnadete Knallkörper“ gemahnende Unterfangen erfüllt den Moritz-Mountain-Biker Jürgen G. heute noch mit großer Bewunderung vor sich selbst. „Bläid

is blouß", begann der Jürgen seine Verteidigung vor Gericht, „dass däi Scheiß Mondin-Beik kanne Gebäggschdänder hom! Mid Gebäggschdänder wär nix bassierd."
Ohne Gepäckständer hatte der damals in den Beinen etwas verknotete Fußwanderer das Angebot des Herrn Erich Z., dass er ihn auf seinem Fahrrad irgendwie ins Tal bringt, zunächst nicht wahrnehmen können. „A boor mool", erinnerte sich dieser Erich, „hodd si der Moo ba mir affn Hinderreifn draff g'hoggd, und nou hodds nern scheinds sei Ablass-Fendil in der Huusn aweng in Rahmer neizuung. Und nou hobbi gsachd, er soll si affn Lenker draffschwinger."
Infolge der Biere geriet der Jürgen auf dem Lenkrad während der Fahrt aber in schwere Schwingungen, der Erich kam mit dem Steuern und Bremsen immer mehr ins Schleudern. „Und nou hodd miich der Depp", sagte der Erich, „mid sein Drimmer Oorsch roodriggd vom Saddl und is allans weidergfoohrn. Am Lenker." „Nedd suu schnell", brüllte der Jürgen manchmal nach hinten, oder „A weng mehr nach links!" Aber hinter ihm war niemand mehr, der bremsen oder ein bisschen mehr nach links hätte lenken können.
So bretterte der Solo Steilwandfahrer ins Tal, überholte in der Dunkelheit einen Traktor, zwang einen entgegenkommenden Autofahrer zum Ausweichen in die Wiese. Und wie er unten in die Hauptstraße einbog, sind zwei weitere Autofahrer vor Entsetzen über die aus dem Nebel auftauchende Fahrradlenker-Gallionsfigur zusammengestoßen. „Iich wass blouß nu", sagte der Jürgen, „dass mir immer langsamer worn sin. Nou dreh iich mich rum am Lenker, sooch zu den Moo, dasser edzer widder aweng neidreedn soll in die Bendaler, und nou is der nemmer dou! Des woor vielleichd a Schock, Herr Richter. Korz dernouch binni umgfluung und zu Fouß weider gloffn."
Das Fahrrad muss allein weitergefahren sein, denn es wurde nie mehr gefunden. Das Gericht prämierte den Kunstradausflug mit drei Monaten auf Bewährung und 2000 Mark Geldbuße. „Es nexd mool", sagte der Jürgen, „souch i mer an Radfahrer raus, der wou an Kindersitz droo hodd. Und vuur allem Schdüdzräädla."

Aus der Welt der Geistheiler:

Feng Shui in Za Bo

Wir vermuten es schon seit vielen Jahren, und jetzt ist es also amtliche Gewissheit: Dass dem 1. FC Nürnberg sein Bagua ein trostloser Sauhaufen ist, dass die Energieströme voll verpuffen und sich draußen am Valznerweiher Yin und Yang in einem haarsträubenden Ungleichgewicht befinden, und es infolgedessen am Sonntag beim Derby gegen die SpVgg Heilgreuther Yang, beziehungsweise Fürth, wahrscheins wieder voll in die Hosen geht. Dieses lehrt uns ein Nürnberger Feng-Shui-Forscher, wie wir ausfürlich berichtet haben.

Dieser Kenner altchinesischer Windrichtungen und konfuizianischer Himmelsgeister hat also die schweißgetränkten Felder in Zabo und auch das Frankenstadion auf das Genaueste untersucht, hat zahllose Maulwürfe befragt, Schwingungen gelauscht, Grashalmen beim Wachsen zugehorcht und Wasser- und Krampfadern entdeckt, von denen sich bisher kein Mensch eine Vorstellung machen hat können. Und der Konfuzzy ist auf vollkommen natürlichem Weg zu dem niederschmetternden Ergebnis gekommen, dass es mit dem Club auch in den nächsten hundert Jahren nix wird. Krankenstadion und Zerfallsnerweiher sprechen leider eine zu deutliche Sprache.

Feng Shui, die chinesische Heilsleere, kennt heute jeder Depp, bloß der Club wieder nicht. Er wird seine Quittung bereits beim Der Bi erhalten. Warum kümmert sich bei diesem Verein seit seinem Bestehen kein Mensch um das Bagua vom Club, um Chi oder Sa-Chi, um Wasseradern oder Klangspiele?

Vor einigen Jahren ist man ja mit der Verpflichtung eines sogenannten Müslimannes, eines fernöstlichen Schamanen aus den unendlichen Weiten von Gostenhof, schon fast auf

dem richtigen Weg gewesen. Aber man hat diesen ehemaligen Kellner, der von der Kraft des Beng Hui nur so durchdrungen war, gefeuert, wegen der hierorts irrtümlich nicht gestatteten Anbetung des chinesischen Energie-Gottes Do Ping. Und jetzt können wir beim Club wieder von vorn anfangen.
Was aber hätte man beim 1.FC Nürnberg durch Befolgen der natürlichen Lehren des Shweng Fui alles vermeiden können! Allein am großen Wohlergehen aller nur erdenklichen Club-Fußballer im großen, erhabenen China, dem Ursprungsland des Fing Shwung, erkennen wir doch schon dessen großartige Wirkung. Noch nie ist aus dem Land des himmlischen Friedens was bekannt geworden, dass dort ein Club-Stürmer über den Balln haut, sich so erbärmlich schwanzen lässt, dass er schwindlig vom Platz muss, oder aus zehn Zentimetern Entfernung das Tor nicht trifft. Und der allerbeste Beweis ist wahrscheins die Chinesische Mauer. Noch nie ist über sie ein Freistoß drüber gegangen und voll in der Gambel eingeschlagen, dass ihn der Köpke erst gesehen hat, wie er ihn aus dem Netz geholt hat.
Also kehren wir um und befolgen endlich den Dscheng Beng, Bing Bong oder Blem Blem. Schüttet den Bfalznerweiher zu, reißt die Häuserblöcke in Zabo-Mitte ein, dass man dort wieder das alte Club-Gelände mit seinem Yin und Yang errichten kann, sprengt das Frankenstadion zammds seinen unterirdischen Krampfadern und spielt an den Gestaden der fließenden Energie-Bengerz Wasserball! Nur auf dem Wasserweg erreichen wir die 1. Bundesliga.
Hängt Zimbeln und Glockenspiele an die Torpfosten, die jedesmal beim Einschlag des Balles wohltönende Klänge von sich geben, entzündet in der Mannschaftskabine Räucherstäbchen, dass die Augen tropfen, lasst im VIP- und Strafraum Gebetsmühlen erklingen, verpflichtet Schamanen aller Art und achtet beim Gehen, Stehen und Rumstolpern in Oberhausen stets auf die energetischen Ströme vom Feng Shui! Erwähnt sei in diesem Zusammenhang noch, dass auch beim An Zap Fen eines Fuchzger Fässla Tucher sich wohltuende energetische Ströme ergießen. Ganz weit westlich von China nennt man es Bier, das wahrscheins auch der Schamane manchmal ganz gern gluckert.

Aus der Welt der Spiele:

Ricebry-Swimming, Hooson-Broonsing

Der Springtime ist da, Straßen, Plätze, Anlagen sind weitgehend ice-, seltener hundeshicefrei und es kann uns durch die verschiedensten Freeland-Kinderbelustigungen jetzt wieder passieren, dass uns ein von geübter Hand abgefeuerter Streetball hermetisch den Mund verstopft, ein Inline-Skater online die Face bis zur großen Zehe abrasiert und outline away brettert oder dass uns ein vierjähriger Kickboarder von hinten durch die Beine drivend den Arsch aufreißt und im weiterboarden brüllt „Es nexdmool schausd aff dein Weech, Alter!“

In langen, evolutionsartigen Intervallen von vielleicht drei Wochen erscheinen auf dem Kindertüchtigungsmarkt neue, nie gekannte Sportgeräte. Vor einigen Stunden hat die Herzogenauracher Selbstverstümmelungsindustrie das sogenannte Rope Skipping ins Leben gerufen, in wenigen Tagen wird der Rope Skipper am Firmament der Fun-Sportarten langsam untergehen und sich am anderen Ende vielleicht der Quilb Shubbler strahlend aus dem Erfindungsreichtum eines Produkt-Managers erheben und alle Fritz und Kids shubblen ihren Quilb. Gefolgt kurz danach eventuell vom Blubb Frincing, Shlolm Hunching, Ricebry-Swimming oder Hooson-Broonsing.

Zunächst aber wenden wir uns zur Zeit mit großer Freude dem schon erwähnten Rope Skipping zu. Man benötigt dabei, wie jeder Hirnburny weiß, ein Speed Rope zu 24,95

DM, einen Kick Low Wo's (149,95) und ein Tank Top, möglichst in shrying light colours zu 79,95 pro piece. Dann stellt man sich als Kid vor seine verarmten Eltern hin und skipt mit dem Rope, dass es nur so gnullt. Vollkommen verschrobene, durch täglich fünf Schoppen Kalkriesling im Kopf schon schwer ausgemergelte Betrachter werden beim Anblick eines Skope Rippers, beziehungsweise Rope Skippers mit seinem Tank Top und den Kick Low Wo's an den Feecen vielleicht murmeln „Schaud aus wäi Schdrigg-Hubfn" und achtlos wider walken. Sie werden dereinst vollkommen verblödet das Zeitliche segnen und nie wissen, dass Rope Skipping ein krass angesagter Fullhammer aus MacNeppland ist, ohne den ein Three-Cheese-High momentan nicht leben kann.

Was wird morgen Fray für eine Fried und Fun auf unsere entziehungsberechtigten Geldboydl zukommen? Wahrshines das die jüngere Menschhite stark erregende Wall-Ball Shmicing. Dabei shmiced man einen Ball an die Housewall und fängt ihn beim Backpralling wieder auf. Dazu benötigt der Wall-Ball-Praller als Basis-Equipment einen Hoopfing Ball, Catch-and-Smash-Handshoes, eine Wall-Prall-Mütze mit Seitenaufprallschutz für Shelln und eine Haftpflichtversicherung. Nächste Woche haben wir dann Boobble Shnulling, gefolgt von Moorhenner Hunting und bothhandy Shneedlewoodsing.

Bei letzterer Fun-Sportart zeichnet sich schon langsam die beginnende Pubertät unserer kleinen Athleten up und sie werden dann hinüber gliden in die Welt des Beer Sowfing, Whydson Drinking oder Zwetshgerghost Kipping.

Von da ist es nicht mehr weit zum Lulling, Breakulla Laughing, Totgether Broking und Home Grubbling. Bei diesem Home Grubbling, das ohne Knieschützer, Integral-Helm und trittfeste Sicherheitshandschuhe zu schweren Verwundungen durch achtlose Passanten führen kann, ist dem Vernehmen nach jenem Trend-Developper im Funsport-Bereich in seinem Gneedlus-Kooph auch das Rope Skipping eingefallen. Weil er von den zwölf Whydson einen derartigen Druck auf seinem Rope gehabt hat, dass er in den nächsten Hauseingang voll hinine skippen hat müssen.

Aus der Welt der Schwarzgeldkoffer:

Die Birnenrepublik

Als ob es nichts anderes gäbe! Hat dieser Tage ein örtlicher Volksverdreher geseufzt und mit Entsetzen festgestellt, dass jetzt schon seit Wochen über so bedeutende Errungenschaften wie den Hustenbonbonpapierbeseitigungserlass oder das Traumordnungsverfahren zur Ermittlung des Gurkenkoeffizenten im Knoblauchsland überhaupt nicht mehr berichtet wird. Stattdessen liest man dauernd nur was von einem mutmaßlichen Parteispendenskandal. Leider ist es wahr: Nur wegen vielleicht 5,15, allerhöchstens 50 Millionen Mark, wegen einigen minimalsten Gedächtnislücken und verschwindend geringer Meineide schmeißen wir alle Politiker in den gleichen Spendentopf und verunglimpfen sie aufs Allergröbste.

Die Edelsten der Edlen, die Repräsentanten unserer erhabenen Bananenen- und Birnenrepublik würdigen wir als Spendensumpfhühner herab, pöbeln sie an als Mitglieder einer kriminellen Vereinigung, als illegale Testamentsvollstrecker, Schwarzgeldscheißer, Kommerz-Räte, Leichenfledderer. Schon beschimpfen wir einen leibhaftigen Parteivorschwitzenden, ob er vielleicht ein Schräuble locker hat im Erinnerungsvermögen.

Statt dass wir Oberdeppen endlich einmal mit unserem Kleinsthirn darüber nachdenken, was eigentlich war. Auch

bei nur zwei Gramm Hirn würden dann nämlich sogar die Dümmsten von uns Dummen draufkommen, was ist: Nämlich nix. Gut, da einmal ein kleiner Sanitätsskandal, ein LWS-Affärchen, dort ein Urlaubilein auf Konzernkosten zur Entlastung des Steuerzahlers, ein irrtümlich geöffnetes Köfferchen mit lächerlichen 100 000 Mark drin. Oder der Betriebsausflug eines Volksrollkommandos in die Bergwelt der Schweiz und Liechtensteins, mit dem Lied auf den Lippen „Über den Wolken, muss die Steuerfreiheit grenzenlos sein". Und wenn sich schon einmal ein klammer Finanzminister vom bayerischen Hinterzieher- und Bäderkönig ein paar 100 000 Mark auf Nimmerwiedersehen zwickt – muss man dann wegen solcher Winzigkeiten auf die Ärmsten der Armen, die jetzt teilweise mit sage und schreibe nur 28 000 Mark Sozialhilfe monatlich in die Wüste geschickt werden, los gehen?
Wir Pöbler und Politikerschinder veranstalten auf unsere Kaschmier-Society eine Treibjagd sondersgleichen! Statt dass wir sie in Ruhe auf ihrer Yacht im Mehr treiben lassen. Damit muss jetzt endlich Schluss sein! Wie lange soll man denn noch in der Vergangenheit rumwühlen – drei Stunden, drei Tage oder gar drei Wochen? Wo soll das noch hinführen!?
Politiker sind halt nicht Menschen wie du und ich, die wir dumpf dahinbrüten und wie blöd für 2,50 die Stunde malochen. Diese über jeden Selbstzweifel erhabenen Majestäten, die glorreichen Erfinder von Ander- und Kantherkonten, die unermüdlichen Saubermänner, die Hüter der Doppelmoral, die Tag und Nacht im Schweiße ihres Angesichts Geld waschen, müssen wir verehren, abgöttisch lieben und ihnen die Zinsfüße küssen.
Ein Politiker darf nicht mit den Maßstäben von uns halbverblödetem menschlichem Niederwild gemessen werden. Wir haben die Gnade der Kreuzchen alle vier Jahre, der Rest ist lobpreisen, jubilieren, Hosianna schmettern, Ehre sei Kohl in der Höhe. Todesstrafe dem brutalen Schwarzfahrer, Ladendieb, Zechpreller, Generalamnesie für die Kofferträger! Einigkeit und Recht und Steuerfreiheit für das deutsche Vetternland.

Die Senf-Schikane

Für das Entladen von Lieferautos sind bei allen Beteiligten starke Nerven erforderlich. Der Anlieferer und Entlader muß in der Lage sein, schwere Beschimpfungen, leichte Handgreiflichkeiten und Hupkonzerte wie nichts zu ertragen, andere Verkehrsteilnehmer wiederum sollten bei lediglich einem halben Stündchen Warten hinter einem Lastwagen nicht gleich vor lauter Ungeduld in ihr Lenkrad beißen oder das Armaturenbrett abfotzen. Der Lebensmittellieferant Wolfgang A. und der Autofahrer Ewald S. haben dazu jetzt ein anschauliches Lehrstück aufgeführt.
Der im Senf- und Meerrettichwesen tätige Kleinspediteur Wolfgang A. hat an einem Montag Früh den Lieferanteneingang eines Supermarktes in der Südstadt angefahren und in der schmalen Einbahnstraße so geparkt, daß höchstens noch ein Bierfilz hochkant durchrollern hätte können. Hinter ihm ist Herr Ewald S. in seinem Auto wie auf glühenden Kohlen gesessen, er hätte in fünf Minuten an seinem Arbeitsplatz auftauchen sollen.
Ganz langsam hat der Wolfgang damals seine hydraulische Ladeklappe heruntergelassen, wie in Zeitlupe ein Paket Senftöpfchen behutsam in den Arm genommen und sich dann mit dem elektronischen Schwebebrett wieder auf den Gehsteig herabgesenkt. „Derhudz di fei nedd!!“ hat daraufhin

der Ewald aus seinem Auto herausgebrüllt. „Am besdn werds sei. Du trägst jeeds Sembfdöbfla einzln über die Schdrass!“
„Und wissn'S“, fragte der Ewald jetzt am Amtsgericht den Vorsitzenden, „wos der Schdrassn-Derrorist nou gmachd hodd?! Der hodd seine ganzn Bageede aafgrissn und fei wergli jeeds Sembfdöbfla einzln in den Subbermargd neidroong. Und jeeds mool isser mid seiner Hydrauligg-Rambn noogfoohrn, naafgfoohm, noogfoohrn.“ Der Ewald ist angesichts des ungewöhnlichen Senftöpfchen-Transports zum Hupkonzert von etwa zwanzig ebenfalls wartenden Autofahrern wie ein Derwisch um den Wolfgang herumgesprungen, hat ihn als „Oorschkubf“, „Kameltreiber“ und „Sembfscheißer“ bezeichnet und ihm dann noch den Ratschlag gegeben: „Am besdn wäärs, du dousd dein Sembfd löfferlasweis über die Schdrass droong!“ Aber wie der Wolfgang völlig gelangweilt von dem Chaos um ihn herum aus dem Supermarkt herausgekommen ist, um erneut ein Senfgläschen aus dem Auto zu wuchten, war kein Auto mehr da.
„Iich hob mer erlaubd“, erklärte der Ewald vor Gericht, „dassi den Sembfgobl sein Gracher aweng affd Seidn gfoohrn hob.“ „Aweng aff die Seidn gfoohrn is a bissla underdriem“, äußerte sich der Wolfgang, „am andern Dooch in der Fräih hodd mi die Bollizei oogruufn, daß mei Lieferwoong offn, mid laufenden Modor und dodal leer innern Waldschdigg ba Fischbach schdäid.“ Es kann schon sein, räumte der Ewald ein, daß der den 7,5-Tonner in seiner Wut bis nach Fischbach gefahren hat. Ins Büro hätte er sich nach der einstündigen Verspätung sowieso nicht mehr getraut, und er habe sich vom Nervenarzt drei Tage krank schreiben lassen.
Trotz des Nervenzusammenbruchs wurde der Ewald zu einer Geldstrafe von 1200 Mark verurteilt. Wahrscheinlich kommt aber noch ein Verfahren wegen Beleidigung auf ihn zu. Denn nach dem Urteil sagte er zum Wolfgang: „Daß du Sembfzibfl dein Blechkübl nedd glei gfundn hosd, wunderd mi obber scho. Iich hob exdra die hydraulische Ladeglabbn drundn gloun – häsd blouß immer dera Sembf-Schbur bis nach Fischbach naus nouchlaufn braung. Obber wemmer nerdirli Sembfd im Kubf und aff die Aung hodd...“

Michel, der Rettich-Held

Ein erfolgreicher Ladenüberfall muß von langer Hand vorbereitet sein. Wenn aber ein Fußgängerzonen-Zorro im Kopf vor Bier und Blödheit strotzt, nützt ihm meistens auch die lange Hand nichts mehr. Der schwer verschuldete Pistolero Michel A. wird außerdem auch als erster Ganove in die mittelfränkische Kriminalgeschichte eingehen, der bei einem bewaffeneten Überfall nicht mit dem Revolver, sondern mit einem Rettich sein Opfer tief beeindruckt hat. Der Rettichheld ist jetzt wegen zwei Überfällen im gleichen Geschäft vor Gericht gestanden.
Beim ersten Versuch ist der Michel von einem Hausbewohner beobachtet worden, wie er filmgerecht pünktlich um High Noon durch die Vorstadt geschritten ist, den Rettich wie den Lauf einer Schußwaffe unter der Jacke im Anschlag. Allerdings war das Geschäft zu diesem Zeitpunkt wegen Mittagspause geschlossen. „Nammidooch, korz vuur Feieroomd", berichtete Heinrich K., Händler für Plastikperlen, Blech-Colliers und anderem Modeschmuck, „schdäid aff aamol anner in mein Loodn, a Blasdigg-Düüdn iibern Kubf, under der Jackn scheinds a Rewolwer und hodd irchndwos

gsachd. Obber iich hobs weecher dera Blasdigg-Düüdn nedd verschdandn."
Die Worte des Ladenräubers Michel A. klangen unter der Plastiktüten-Tarnkappe wie das Rotieren einer Mörtelmaschine, sollten aber höchstwahrscheinlich lauten „Das ist ein Überfall, Geld her, oder es knallt". Während dieser nicht unbedingt drohend klingenden Bedrohungen kam unter der Jacke plötzlich die Behelfswaffe vom Michel zum Vorschein. Und der Heinrich wollte einfach nicht glauben, daß ein Rettich knallt. „Hexdns", merkte er vor Gericht an, „wemmern gessn hodd. Dou schebberds manchmal aweng nouch." Wegen der Würde des Gerichts und dem Ernst des Verbrechens verbat sich der Vorsitzende derartige Ausschweifungen ins Reich der Knallkörper. Der Zeuge der Anklage hatte den Überfall von da an aber nicht mehr so ernst nehmen können.
„Der Moo", erinnerte er sich, „hodd ja mid seiner Blasdig-Düüdn iibern Kubf aa nix mehr gseeng. Nou isser zu an Reklame-Männla aus Babberdeggl hiigrennd und hodd zu den aa numol gsachd, dasser edzer glei mid sein Reddich abdriggd." Beiläufig auf gut und gern zwei bis drei Promille habe er, der Heinrich, den Kapuzen-Cowboy an diesem Nachmittag geschätzt. „Iich bin nou", fuhr er fort, „aff Zeherschbidzn an ihn vorbeigschlichn, naus aus mein Loodn, und hob die Diir vo außn zougschberrd. Mid der Bollizei hommer hou zougschaud, wäi der Kaschber sei Düüdn vom Kubf runder dou und sich mid den Babberdeggl-Männla aweng underhaldn hodd. Der mouß einen Fedzn Rausch g'habd hoom, Herr Richder."
„Suu bsuffn", wehrte sich der in seiner Ehre gekränkte Ladenkassierer, „woor i aa widder nedd. Obber vo den Reddich wass i wergli nix mehr." Wegen versuchten Ladenraubs wurde der Michel, der unter dem Eindruck von 2,8 Promille auch schon einmal nachts irrtümlich in einen Flaschen-Container eingebrochen war, zu neun Monaten Gefängnis verurteilt. „Es nexde mool", riet ihm der Heinrich noch, „wennsd mi widder überfalln dousd, kennsders amol mid Bohneneindobf schdadds middern Reddich browiern. Der gnalld aa ganz schäi."

Der blaue Horst und die Lady in Gips

Auch einem beim Genuß alkoholischer Getränke sehr maßvollen Menschen, wie vielleicht dem Dachflächenfenstervertreter Horst K. kann die verhältnismäßig hohe Schlagzahl des mittelfränkischen Schluckspechtkalender einen Stich durch die Rechnung machen. Wegen Mißbrauchs einer Gipsfrau im Zustand vollkommener Trunkenheit ist Herr Horst K. jetzt vor Gericht gestanden.

„Normool“, schilderte der Horst seinen Alkoholkonsum, „drink iich affern Fesd an Schobbn Wein odder a Gläsla Bier, mehr nedd. Obber an den Dooch woorn mehrere Fesde.“

Als erstes hatte der Horst damals gegen Nachmittag auf der Kirchweih eine Halbe Bier zu sich genommen. Danach hatte er sich zu einem nahen Straßenfest begeben, einem Stadtviertelfest, einer halböffentlichen Grillparty, zu einem elfeinhalbjährigen Jubiläum eines Friseursalons, war dann zum kalten Getränkebüffet einer Freilichtaufführung von Goethes Faust in Mundart in einen Kulturhinterhof weitergekrochen, hatte beim Sommernachts-Trinken einer Klein-

gärtnerkolonie die Erdbeerbowle mit Wasser verwechselt, um nach den Besuchen eines Gartenfestes, einer Benefizveranstaltung auf Frankenweinbasis und einer Weizenbier-Gala in einer Galerie für neuere Kunst und ältere Weinbrände zu landen.
„Dou hodds“ erinnerte sich der Horst dumpf, „eine Art Kognak-Punsch geem, dou hobbi aa nu a an halm Lidder hexdns browierd und nou binni hammganger. „Von Gehen konnte allerdings weniger die Rede sein, von Heimgehen noch nicht ganz. Nach Aussagen von Zeugen erblickte der Horst beim Hinauskrabbeln aus der Galerie für neuere Kunst im Vorgarten eine in Gips modellierte, lebensgroße, nackte Dame.
Der Horst lag zu Füßen der Gips-Venus, zog sich an ihr halbwegs in die Höhe und brüllte sie an: „A suu a Sau wäi du is mer aa nunni iibern Weech gloffn. Zäich der wos driiber, wennsd mid mir reddsd!“ Das Kunstwerk redete aber kein Wort mit dem Sittenwächter.
Was den Horst aber nicht hinderte laut weiter zu lallen: „Hald dei Maul edzer, du Schnalln! Naggerd rumlaafn middn under die Laid, dou heerd si doch alles aaf!“ Dann muß Herr Horst K. aber plötzlich umdisponiert haben, der kalte Haß gegen die Lady in Gips verwandelte sich in heiße Liebe.
„Erschd“, erinnerte sich ein Zeuge aus der vornehmen Gästeschar, „hodder zu ihr gsachd, daß vo ihrn Schduhl roogäih soll und sich aweng zu ihn ins Gras leeng. Und nou hodders roozuung vom Sockl.“ Dabei zersprang die Skulptur in viele Einzelteile. Der Horst schnappte sich den Gipskopf und wandte sich mit den Worten „Die Weiber sin aa nemmer des, wos amol woorn“ taumelnd der Gartentür zu, wo schon die Sittenpolizei wartete.
Wegen Volltrunkenheit, Sexüberfall und Mord im Gipsfigurenkabinett wurde er zu einer Geldstrafe von 1200 Mark verurteilt. „Läiber wäärs mer“, teilte er dem Richter mit, „Sie däädn mi die nexdn boor Wochn eischberrn. Wall momendan sin annern aanzichn Wochnend scho widder zwanzg Fesde aff aamol. Nedd daß mi widder suu a Gibs-Schlambn vergewaldichd, und iich merk nix dervoo.“

Martin L. und der Nürnberger Historikerstreit

Je weniger man von einem zurückliegenden Ereignis weiß, desto öfter muß man von ihm ausführlich erzählen, es immer mehr mit interessanten Details ausschmücken, im Bedarfsfall von überirdischen Kräften sprechen, das Blaue vom Himmel runterlügen. Und schon steht man vielleicht im strahlenden Licht eines Geschichtsforschers, kann ganze Revolutionen einleiten, Religionen, Theologien gründen und unermessliche Honorare kassieren.

Bei dem Gelegenheitsbetrüger Martin L. hat es nicht ganz so glorreich geendet, sondern vor dem Amtsgericht. Auch als Angeklagter hat er sich noch als selbstlosen Helfer der Menschheit geschildert, der nur das Beste für andere will, was sich dann aber irgendwie immer zum Schlechten wendet. In dem Betrugsfall im Frühsommer hat es sich bei der Menschheit, der dieser Martin L. zur Seite stehen wollte, um einen Gesangsverein aus Bielefeld gehandelt. „Iich hob mer", sagte der Martin vor Gericht, „am Haubdmargd bam Rodi grood an Sechserbagg kaafn wolln, dou kummd anner vo dera Grubbn und frouchd mi, wou mer si dou einen Femdnführer miedn koo."

„Jo dou hom'S obber einen Sau-Duusl g'habd", soll der Martin damals ausgerufen haben, „iich bin Fremdnführer. Und zufälli hobbi a Schdindla frei. Erschd ummer Zwölfer mouß i widder im Rathaus sei – hunderd Jabbaner in die

Lochgefängnisse schlaafn.“ Wenn sie, die Bielefeler Sänger, ihn nicht verpfeifen, erläutert er ihnen zum Sonderpreis von nur hundert Mark die Freie Reizstadt zu Füßen der mächtigen Burg, die bekanntlich eine Gründung von König Ludwig und seiner Gemahlin, der wüsten Hedwig war, zum Schutz vor der damals berüchtigten Fürther Gniedlaskopf-Bande. Das pyramidenförmige Mausoleum des Königspaares könne man am Südfriedhof besichtigen. „Obber“, fügte der Martin geschwind hinzu, „des kosd an Fuchzger mehr, wall normool binni blouß für die Aldschdadd zuschdändich.“
Mit einer Selbstsicherheit, die ihren Ursprung oft im Frühstücksbier hat, schilderte der Martin die Taten eines Willibald Bierheiner, des größten Sumpfhuhnes der Stadt im auslaufenden Mittelalter, erinnerte sich dunkel, dass man seinerzeit froh über einen Albrecht Dürer war, weil es noch keine Passfotoautomaten gegeben hat, gemahnte an den Raupenritter Eppelein von Gailingen, der mit seinem Seepferdchen in den Tiefen Brunnen gesprungen und, durch die Pegnitz schwimmend, ins feindliche Fürth entkommen war.
Als Herr Martin L. über die Pegnitz dozierte „Des is ein Fluss. Der is deilweise nu schiffbar, am besdn am Werzhaus Keddnschdeech, wou es Ufer aweng flacher is“, wollten die Bielefelder die historische Stadtführung abbrechen und weigerten sich, für die Ausführungen vom Martin auch nur einen Pfennig zu zahlen. „Nou hodds“, sagte der Angeklagte, „a glanne Rafferei geem. Und dou hodd der Vuurschdand vo denni sei Boddmonnee verluurn. Iich glaab, des hobbi nou eigschdeggd, dassis schbeeder am Fundamd abgeem dou. Obber dou is leider vuurher die Bollizei kummer."
Wegen Betrug, Diebstahl und Körperverletzung ist der bereits mehrfach vorbestrafte Geldquellenforscher Martin L. zu vier Monaten ohne Bewährung verurteilt worden. „Dou doud mer wos fiirn Fremdnverkehr“, klagte der Martin, „und nou hodd mers dervoo.“ Seine Klage ist berechtigt, denn die meisten seiner im Sagenschatz der Stadt forschenden Vorgänger sind durch ihre Veröffentlichungen wohlhabend und berühmt, aber niemals vor ein Amtsgericht geführt worden.

Aus der Welt der Ohrenhöhlerer:

Call Center

Moderne Zeiten sind ja fast immer was Nebulöses, Schwurbelhaftes, irgendwie nicht gerade Vertrauen Einflößendes. Das gilt aber gottseidank nicht für alle Lebensbereiche. So ist etwa der ehemalige Feierabend früher wie eine Schwelle zum Nirwana gewesen. Von abends sechs Uhr an ist das männliche Pantoffeltierchen flach über das Küchensofa gelegt worden, Fernseher, Radio, Spülmaschine haben sich zu einem einzigen, gleichförmigen Geräusch verbunden, die Fenstergardinen haben im Takt des Schnarchens oder anderer menschlicher Orkane ein bißchen getanzt, die restlichen Familienmitglieder sind unter strikter Einhaltung der Feierabendruhe auf Zehenspitzen in den Keller zum Bierholen geschlichen.
Diese Verödung des häuslichen Daseins ist jetzt endlich ein bißchen aufgelockert, wesentlich interessanter und unterhaltsamer geworden. Ja, man kann sogar von einem völlig kostenlosen Bildungsprogramm sprechen, das uns allabendlich daheim, vornehmlich in der Zeit ab 23 Uhr erreicht. Kaum lümmelt man wie tot auf dem bereits erwähnten Sofa, säuselt nämlich neuerdings das Telefon und es meldet sich ein sogenanntes Call Center mit seinen mannigfachen Anregungen, Verbesserungsvorschlägen oder sachdienlichen Bestellungen von der Mehrbereichsunterhose bis zum afghanischen Guerilla-Urlaub.
Ein Call Center hat alles parat. Wer möchte nicht einmal

nachts um halbzwölf aus dem Tiefstschlaf gerissen und sodann nach seinem Jahreseinkommen, der Hutgröße, dem Familienstand, der Anzahl der unterhaltsheischenden Kindlein und nach anderen, vor allem in der Zeit um Mitternacht stark interessierenden Problemen gefragt werden? Wie oft horcht ein abendlicher Sofa-Schnarchzapfen unruhig in sich hinein und grübelt bang: Liegt mir der Bundeskanzler am Herzen oder ganz wo anders, habe ich heuer bereits das neue Staubmilbenvernichtungsmittel käuflich erworben, brauche ich einen mittelfristigen Solvenzkredit, bin ich gegen Wüstensand und Heuschreckenschaden versichert?
Und schon meldet sich jetzt beim Abendessen, während des ersten Schlucks vom fünften Seidlein oder bei Blickpunkt Sport unser ganz persönlicher Call Centerer und zerstreut mit wohltuenden stundenlangen Telefongesprächen unsere Ungewißheiten. Schlaftrunken ordern wir einige Tonnen Leibchen, Hüfthalter, Spielhöschen, lassen uns gegen Sonnenbrand, Handtaschenraub und Alkoholvergiftung lebensversichern und antworten auch auf die Frage nach einem gewissen Herrn Schröder wahrheitsgemäß, daß der Schröders Schnerpfl ein alter Saufkopf ist und nachts oft durch den Jägerzaun durch auf unseren Zwergrhododendron voll draufstrahlt, so daß der Zwergrhoddy fei schon Verätzungen dritten Grades davongetragen hat.
Munter schreitet die Unterhaltung mit dem Call Center fort, und es stellt sich im Lauf von vielleicht zwei, drei Stunden raus, daß wir von zwei verschiedenen Schröder gesprochen haben. Er, der Call Center, vom Bundeskanzler, wir wie gesagt vom Schröders Schnerpfl, unserem druckvollen Nachbarn und Jägerzaunbrunser, dem wir keinesfalls unsere Erststimme geben würden.
Man soll also nicht dauernd über die neuen Zeiten mumpfeln, sie haben auch ihre sinnvollen Errungenschaften, wie uns das Beispiel der Call Center deutlich vor unsere halbgeschlossenen Augen und hängenden Ohren führt. Call Center sind das Salz im Feierabend, ohne das wir verkümmern täten wie der Zwerghrhododendron ohne dem Schröders Schnerpfl seinen Strahl.

Aus der Welt der Himmelskörper:

Aspirin-Finsternis

Bis jetzt ist in unserem Leben ein Tag im August, zum Beispiel ein Mittwoch, immer was Schönes, Warmes, Ruhiges, Holidayartiges gewesen. Entweder hat man sowieso Ferien gehabt, oder man ist zu seinem mehr oder weniger praktischen Arzt gegangen und hat sich dort ein Attest für einige Tage Kuraufenthalt im Tucher-Biergarten, im öffentlichen Bräunungsstudio Luitpoldhain, im Club-Bad oder an den Gestaden der Bengerz ausstellen lassen.
Für den nächsten Mittwoch, wo sich partiell eine Finsternis von zweieinhalb Minuten Dauer über das Land legt, muss man zwar nicht extra blau machen, dass man schwarz sieht, aber die Vorbereitungen für diese Jahrhundert-Sekunden erfordern unser ganzes Denken, Tun, Sein und Einkaufen.
Haben wir schon unsere Check-Liste vorbereitet? Ist am Mittwoch nachmittag beim Augenarzt Sprechstunde? Muß ein Brillengobel Ruß auf sein Krankenkassengestell schmieren oder heißt beziehungsweiße heisst es gemäss der neuen Rechtßschreibfinßterniß bereitß Russ? Wieviel Dioptrien hat ein Ofenrohr? Wirft, falls wir es verschlafen, ein Zwetschgerkern eventuell auch einen kleinen Kernschatten?
Fragen über Fragen jagen in diesen Tagen vor der größten Finsternis aller Zeiten uns wissenschaftlich orientierte Menschen, und es gibt noch so viel zu tun.
Zum Beispiel hat natürlich die bayerische Staatsregierung und ihr Sonnenkönig die Finsternis als oberbayerisches Privateigentum voll okkupiert und wir in Franken schauen wieder einmal in den Mond, beziehungsweise nicht oder nur zu 98 Prozent. Sollen wir uns also auf den Schuttberg

vor München begeben, gleich nach dem Garchinger Stau links, oder sieht man es auch vom Moritzberg aus?
In einer wissenschaftlichen Verlautbarung der deutschen Presseagentur haben wir gelesen, dass die Sonne 400 mal größer ist als der Mond, letzterer die Sonne aber am Mittwoch trotzdem voll zuscheinen kann. Man könne es, heißt es, mit einer Aspirintablette beweisen, die wenn man sie sich vors Auge hält den Mond bedeckt. Wer jetzt also meint, er kann sich am Mittwoch mit einem Päckchen Aspirin auf der Sternlasspeierwarte am Moritzberg postieren und sich seine eigene Finsternis ans Firmament zaubern, soll bedenken, dass ein Aspirin nicht die Leuchtkraft der Sonne hat und auch nicht früh um vier im Osten aufgeht. Kleinere Sterne, weiße Mäuse, die Anziehungskraft der Erde und andere Naturphänomene kann man aber am Morizberg nach dem Besuch der sich dort befindlichen Bier- und Schweinebratenwarte ohne weiteres beobachten. Als Hilfsmittel empfiehlt sich bei dieser Tonnenfinsternis die Klobrille, die aber bei Fielmann wegen einiger Engpässe zur Zeit nicht erhältlich ist.
Auf die Empfehlung der Nostradarmmus-Sekte sollen wir unser Testament noch machen, denn ganz gleich ob am Mittwoch erwartungsgemäß die Welt untergeht oder nicht, sterben kann man immer wieder einmal.
Woran muss man noch denken für das Jahrmillionen-Ereignis am Mittwoch? An Linsen für den Foto und an Drahtund Selbstauslöser, an einen guten Parkplatz auf der Autobahn, an Kerzen, Taschenlampen, Kopfkissen, an den passenden Text eines Nachtgebetes, an die Memorierung eines Mond oder Sonnenliedes.
Alle diese Vorbereitungen mögen uns sehr mühselig vorkommen. Aber wir können sie in Zukunft sehr gut nutzen, denn eine Sonnenfinsternis ereignet sich jeden Tag. Und zwar immer dann, wenn die Dämmerung hereinbricht und es Abend wird. Im Sommer meist später, im Winter eher, im Herbst oder Frühling so zwischendrin.
Wissenschaftler nennen dieses Phänomen Nacht. In ihr ist es oft sehr finster. Und nicht nur zweieinhalb Minuten lang in Oberbayern, sondern auch bei uns, bis Sonnenaufgang.

Aus der Welt der großen Entscheidungen:

Unsere Brüsseler Spitzen

Am Sonntag wählen wir wieder einmal unsere örtlichen Brüsseler Spitzen ins Touropa-Parlament, und erst gestern hat ein maßgebender Politiker im Schoppen-Ausschuss vom Bratwursthäusle irgendwas gemurmelt, daß wir fei ja hingehen sollen auf die Wahl. Sonst streichen sie ihm im fernen Europa noch die Diäten und den baldigen Pensionsanspruch, und er läßt dann nie mehr seinen Schlehengeist leuchten über uns.

Unsere mittelfränkischen Europa-Abgeordneten leiden rein politisch scheint's unter dem schlechtesten Ruf, den man haben kann, nämlich unter überhaupts keinem. Von manchem Landtagsabgeordneten munkelt man wenigstens manchmal, daß er ein fauler Hund ist, daß man ihn vom Stöhnen am Sextelefon her kennt oder von der Aufhebung seines Immunsystems im Zusammenhang mit einer kleinen Volltrunkenheitsaffäre in Höhe von drei vier Promille. Aber unser Mann in Brüssel – nix.

Draußen tobt voll der europäische Wahlkampf, daß alles zu spät ist, und wir wollen uns drinnen auf unserem Wohnzimmersofa drauf hinausreden, daß wir nichts von einem Europa-Abgeordneten wissen, daß er sich bei uns im Wirtshaus anläßlich einiger Freibiere noch nicht vorgestellt hat, daß er höchstwahrscheinlich eine Fata oder Mutta Morgana ist.

Dabei quälen und kasteien sich diese Abgeordneten in ihrem belgischen Brüssel, opfern sich für uns auf und regieren dort unter den schwierigsten Bedingungen, die man sich vorstellen kann, nämlich ohne Regierung. Sie sehnen sich nach einem Napoleon, aber der ist wie man hört aus Gram über die Einigung unseres großartigen Europa bereits vor einiger Zeit verstorben. Trotzdem lassen unsere Abgeordneten nicht die Köpfe hängen, krempeln oft die Ärmel-

schoner hoch, spotzen in die Hände und arbeiten voll an einer neuen Spesenabrechnung.
Was haben unsere Europa-Politiker noch vollbracht? Sie beobachten zum Beispiel auf das Allerschärfste direkt vor Ort, wenn sie schon einmal in Belgien sind, den erfolgreichen belgischen Dioxineier-Export und leiten ihn in geordnete Kanäle, so daß wir hierzulande auch in seinen Genuß kommen. Weiters haben sie vor einigen Jahren den Krümmungsradius der europäischen Salatgurke vermessen, schriftlich festgehalten und ihn sodann zwingend vorgeschrieben. Noch wissen die Salatgurken zwischen Athen und Abenberg nichts davon, aber nicht selten sieht man Europa-Politiker, wie sie sich unermüdlich am Bauch durch Gurkenbeete schlängeln und auf sie einreden, daß sie sich vorschriftsgemäß krümmen sollen. Diese Gespräche klingen manchmal wie Lallen, aber es handelt sich natürlich um die europäische Gurkensprache. Auch haben unsere Europa-Politiker nach einem der größten belgischen Zechgelage überhaupt die Mindestgröße der europäischen Banane errechnet. Wer weiß, wie gerade bei uns oder etwa in Ostfriesland die Bananen völlig unkontrolliert nur so wuchern, der kann ermessen, von welcher Bedeutung dieses Vorhaben war und vielleicht noch sein wird. Auch kann man jetzt auf Grund der einheitlichen europäischen Krümmung und Länge von Gurken und Bananen genormte Gurkentäschchen oder Bananenbehälter in großen Mengen herstellen. Das ist aber natürlich noch längst nicht alles. Unsere Abgeordneten in Brüssel heben in ihrem Parlament, beziehungsweise in der Parlamentskantine zum Beispiel häufig die Hand. Wenn sie ein frisches Bier möchten. Oder sie erstellen Zertifikate aller Art, Unbedenklichkeitsbescheinigungen, Bedenklichkeitsbescheinigungen, verfassen Resolutionen, bekunden an manchen Dingen Interesse, an vielen auch nicht. Je nachdem.
Denken wir also stets an die zahlreichen noch ungelösten europäischen Probleme wie etwa an die einheitliche Schnerpfellänge der Stadtwurst, an das Reinheitsgebot von Hustenbonbon, an die Quadratur des Leberkäs und an die Erhöhung der Tagegelder von Europa-Abgeordneten und schreiten wir am Sonntag frohgemut in ein Wirtshaus unserer Wahl.

Der Adler von Zabo

An sich ist das Braten eines Kotletts daheim in der Küche ein völlig undramatischer Vorgang. Das Grillen in der mehr oder weniger freien Natur hingegen ist eines der letzten wirklichen Abenteuer der mittelfränkischen Menschheit. Die Schrebergarten-Indianer Dieter S. und Gerhard B. haben diese an die Alchimisten des Mittelalters gemahnende Zauberei, bei dem Schweinefleisch in Kohle verwandelt wird, noch erheblich verfeinert. Sie sind jetzt wegen Verkehrsgefährdung, Herbeiführung eines Flächenbrandes, Widerstand gegen die Staatsgewalt und einer kleinen Trunkenheit vor Gericht gestanden.
„Schuld droo“, sagte der Dieter, „is der Wind.“ „Und“, fügte der Gerhard hinzu, „daß aff dera Bierflaschn nedd draffgschdandn is, daß dou a Schbirridus drinner gween is.“
Vor allem war an dem aufsehenerregenden Zwischenfall mitten, in einer lauen Sommernacht die Bier-, Wein- und Schnapsidee der beiden Herren schuld, den fahrbaren Eisengrill mit Schlot vom ursprünglichen Ort des Geschehens in die Gartenkolonie vom Dieter zu überführen. „Wall“, erklärte der Dieter, „iich hob doch am andern Dooch ba mir a Grill-Barddy g'habd. Obber mei Grill is zer glaa. Nou hommer hald in Gerhard sein Grill middern Schdriig an mei Mobedd hiibundn und sin gschwind zu mir in Garddn gfoohrn.“

So geschwind verlief der Transport nicht. Der Dieter lenkte das Moped, beziehungsweise lenkte das Moped ihn, der Gerhard saß mit einer Kühlbox und einer Notflasche Bier ausgestattet verkehrt rum am Rücksitz und beobachtete den angehängten Grill aufs Schärfste, damit nichts passiert. „Ja und nou“, erinnerte er sich, „hodd der Fahrtwind in unsern Grill neiblousn, wou nu aweng Brigedd und a boor Scheidla Hulz drinnergleeng sin. Und affaamol fängd däi Gluud zon Brenner oo.“

Das Feuer prasselte hinter den beiden, aus dem Schlot stieg Dampf in den Himmel von Zerzabelshof, der Gerhard brüllte vor Begeisterung immer wieder „Duuud, Duuuud!“ nach alter Lokomotivenart in die Nacht. Sehr zur Freude einiger Anwohner, die der Meinung waren, der Adler, die erste Dampfeisenbahnlok zwischen Nürnberg und Fürth ist aus dem Verkehrsmuseum entführt worden, und die Polizei alarmierten. Wie die Beamten den Grill-Transport stoppten, hat der Gerhard die letzten zwei in der Kühlbox befindlichen Kotlett auf den Rost gelegt und einen der Polizisten gefragt, ob er zufällig einen Kartoffelsalat mit sich führe.

„Nou hom die Kodledd aa es brenner oogfangd, iich hob mid den Bier löschn wolln, und nou woor obber wäi gsachd leider ein Schbirridus drinner. Aweng wos dervoo is aff den Bolli sei Huusn drobfd. Dou hodds a ganz schäins Luuch neibrennd.“ Der Dieter wollte mit dem Moped flüchten, schmiß dabei den Grill um, so daß auf der Straße ein beachtliches Sonnwendfeuer emporloderte. Nach der Feststellung vom Gerhard „Edzer sin die Kodledd in Dreeg gfluung, däi konn i Ihner leider nichd mehr oobiedn, Herr Schlachdmeisder“, wurden beide festgenommen.

Der Dieter muß ein dreiviertel Jahr seinen Führerschein abgeben und 2600 Mark zahlen, für den Lokomotivführer Gerhard machte es 3200 Mark. Die Strafe sei ausnahmsweise noch an der untersten Grenze, erläuterte der Richter, denn die beiden Angeklagten hätten in ihrem Vollpreller vermutlich nicht die Gefährlichkeit ihres Handelns erkannt. Es hätte Schlimmes passieren können. „Es Schlimmsde wär gween“ sagte der Gerhard, „wenn iich des Bier gsuffn hädd, wou a Schbirridus woor.“

Das Ende der Kampf-Ameisen

Niederwildzüchter leiden nicht selten unter dem völlig unbegründeten Verdacht, dass ihr Intelligenzquotient etwa dem ihrer zwei- bis sechsbeinigen Lieblinge entspricht. Auch der jetzt als Zeuge aufs Amtsgericht gebotene Intimkenner aller auf der Welt vorkommenden Ameisen Hans B. hat dieser Ruch angehaftet. Auf die Auskunft, dass er im Nebenerwerb als Redakteur der Zeitschrift „Tierwelt“ hohe wissenschaftliche Anerkennung genießt, hat sein Prozessgegner, der wegen verschiedener Delikte angeklagte Jochen H., unüberhörbar eingeworfen: „Redagdör ba der Tierwelt – dassi fei nedd lach. Der werd Animadör ba der Bierwelt sei!“ Wahr ist, dass dieser Hans B. neben Erbsen auch mit großer Begeisterung die Ameisen in seinem Garten zählt, über sie Karteikarten anlegt, sie füttert, bewundert und in sein Herz geschlossen hat. „Der hodd an Schlooch“, äußerte sich hingegen der Jochen über seinen Nachbar, den Ameisen-Professor. „In meine Aung“, fuhr er fort, „doud der Kambf-Oomassn züchdn. Ba mir in Garddn hom den seine Viecher die Derassn underhöhld, dass mer haier ban erschdn Kaffeedrinkn im Freier zammds in Diisch, in Kaffee und in Koung eibrochn sin. Des woor a Luuch under der Derassn, Herr Richder, dassd gmaand hosd, in Anderle sei Diefbauamd hodd ba uns vier Wochn lang Grundausbildung g'habd!“
Bei anderen Nachbarn sollen durch die Zucht der Formica Urbanis, der Stadtameise, Balken, Gartenbänke, Freisitze in sich zusammengekracht sein und sich in Holzmehl aufgelöst haben. „Und dou woor der Doldi“, wetterte der Jochen vor Gericht über den Ameisen-Forscher Hans B., „fei nu

direggd begeisderd. Alles hodder in sei Noddizbichla neigschriem, dasser für seine Ardiggl in dera Bierwelt odder Tierwelt nix vergissd.“ Diese Tierwelt erscheint dem Vernehmen nach einmal jährlich im Kartoffeldruck und hat einen Leser, nämlich den Verfasser persönlich.

Ja, es sei richtig, räumte der Jochen ein, dass er nach der Ameisenunterwanderung seiner Terrasse die gesamte Termitenherde von vielleicht hundert- bis zweihunderttausend Einzelexemplaren dem Insekten-Redakteur in einem Postpäckchen zugeschickt habe, zur freien Verfügung für sein Fachorgan. Aber für die Morgenröte im Hans B. seiner Zuchtanstalt und dem anschließenden Hochwasser sei er nicht verantwortlich. „Des konn obber blouß der Verbrecher gween sei“, wandte Herr Hans B. ein und zitierte sodann aus einem seiner unvergänglichen Werke. Der hodd a ganze Nachd mid zwaa Garddnschlaich mei Gärddla under Wasser gsedzd. Millionen vo Omassn sind aff der Fluchd gween. Und iich bin ball ersuffn, suu houch is es Wasser ba uns gschdandn.“ Wie die Flut anderntags wieder abgelaufen war, unter anderm auch in den Ameisenliebhaber seinen Keller, hatte Herr Hans B. am anderen Morgen seinen Augen nicht getraut. „Is mei ganz Gärddla“, schluchzte er, „vo vorn bis hindn hellrood gween. Die Beete, der Rasn, die Baim, alles.“ Bei der Röte handelte es sich nicht um einen Schamanfall des Gartens, sondern um eine sehr große Menge eines in roter Signalfarbe gehaltenen Ameisengiftes. „Der mou“, sagte der Hans, „mindesdens an Zendner vo den Bulver ba mir verschdraid hoom. Mir hom vo Gligg reedn kenner, dass mer nedd selber vergifd worn sin.“ „Ob des a Gligg gween is“, maulte der Jochen nach, „mechd i bezweifln.“

Einen Beweis für die Täterschaft des Jochen als Ameisengiftstreuer und Auslöser der Flutkatastrophe gab es aber nicht, und der Gegner des Insekten-Sektengurus wurde freigesprochen. „Und mid däi Oomassn“, riet der Jochen dem Hans B. noch, „wou i der mid der Bosd gschiggd hob, konnsd ja an Schdreichl-Zoo aafmachn. Dou kummer beschdimmd an Haafn Laid, wennsders in dei ‘Bier-Weld’ neischreibsd,“

Der Präzision-Spotzer

Betasten und Spucken war in längst versunkenen Zeiten offenbar ein beliebter Hochleistungssport, der vor allem in damals noch existierenden kleineren Läden ausgeübt wurde. Historiker berichten von kunstvoll geschriebenen Hinweistafeln „Das Spucken auf den Boden, das Betasten der Lebensmittel und das Mitbringen von Hunden ist verboten". Heutzutage kommt das Spucken im Tierreich nur noch beim südperuanischen Hochdruck-Lama vor, im Menschenreich bei Bundesliga-Spielern.

Bei Herrn Andreas F. handelt es sich aber weder um einen der DFB-Gerichtsbarkeit unterstellten Dauerspotz-Profi noch um einen im Tiergarten beheimateten, paarhufigen Wiederkäuer. Er ist durch schwere Mängel im Bereich menschlicher Geduld, Ausdauer und Hartnäckigkeit zum Lebensmittelspotzer geworden und hat sich jetzt vor Gericht verantworten müssen.

Er ist am Tag seiner Untat völlig unauffällig in der Fleisch- und Wurstwarenabteilung eines Supermarktes erschienen und hat in heimtückischer Weise zahlreiche später erschienene Kunden an sich vorüber ziehen lassen. „Edz glaab i, kumm iich droo", hat er sich mit schüchtern erhobenem Zeigefinger immer wieder gemeldet, „iich gräicherd... ". „Hunderd Gramm Gelbworschd", hat er jedesmal noch

sagen wollen, aber immer hat sich ein anderer Kunde vorgeschoben.
Angeblich will dieser Andreas F. nichts davon gewußt haben, daß Vordrängen, Rempeln, Schieben, Ellbogeneinsatz zum Fundament unserer Gesellschaftsordnung gehören. Wie sich nach einer höchstens halbstündigen Wartezeit Frau Elisabeth F. geschmeidig vor ihn geschoben hat, ist ihm bereits die Geduld geplatzt.
„Iich gräicherd edzer... “, hat er wieder gemurmelt. Worauf ihn die Elisabeth zur Seite geschoben und laut und vernehmlich geordert hat: „Iich bin droo! Zwaahunderd Gramm Fleischsalood!“
„Schdelln'S Ihnen vuur, Herr Richder“, wußte die Elisabeth jetzt vor Gericht noch ganz genau, „sachd der Moo aff aamol zu mir, ‚edzer langds mer obber', nimmd mei Schissala Fleischsalood, sachd zu mir ‚derfn's vielleichd zwanzg Gramm mehr sei?', zäichd vull naaf und schbodzd nei.“ „Iich maan“, fügte die Elisabeth noch hinzu, „mir hom scho schlimme Zeidn. Obber alles mouß mer si aa nedd gfalln loun. Und nou hobbin den oogschbodzdn Fleischsalood ins Gsichd neigschmierd.“
In der Fleisch- und Wurstabteilung breitete sich sodann Chaos aus. Mit den Worten „hunderd Gramm Gelbworschd, obber aweng bledzlich“, entfernte der Andreas den Fleischsalat aus seinem Gesicht und rieb damit das Antlitz der Elisabeth ein, würzte mit dem Inhalt eines auf der Theke stehenden Meerrettichglases ein bißchen nach und schob ihr zum Schluß noch eine dicke Essiggurke in den Mund. Das Einstöpseln der Gurke kommentierte er mit den Worten „dassd endli die Schlebbern häldsd, bläide Gons“! Kurz danach erschien die Polizei, die zu ihrem Erstaunen von dem wie rasenden Andreas erfuhr, daß sie die hundert Gramm Gelbwurst in Scheiben schneiden soll.
Wegen Widerstand gegen die Staats- und Stadtwurstgewalt, Körperverletzung und Gewichtsverfälschung von zweihundert Gramm Fleischsalat wurde Herr Andreas F. zu einer Geldstrafe von 800 Mark verurteilt. „Es gibd nix Schlimmers“, sagte die Elisabeth nach der Verhandlung, „wäi an Moo bam Eikaafn“.

RAD SPORT goletz
Abendzeitung
8 Uhr-Blatt
Ausrüster
bedeutender Sportskanonen
z.B. Klaus S.
Deutscher Sackstraßenmeister ´96
RENNMASCHINEN · TREKKINGRÄDER
MOUNTAINBIKES · RENNMASCHINEN
TREKKINGRÄDER · MOUNTAINBIKES
RAD SPORT
URSULA goletz
Danziger Straße 2
90491 Nürnberg
Tel.: 09 11 / 51 49 10
Fax: 09 11 / 59 34 59

Eine Schwarzfahrt nach Sirmione

Zechpreller kommen innerhalb der Aktendeckel eines Amtsgerichtes wie Hopfen im Bier vor, Urlaubs- oder Omnibusreisenpreller bilden im Heer straffälliger Trittbrettfahrer eher die Ausnahme.

Auch Herr Heinz S., Frührentner und Hauptbahnhofs-Flaneur, kann sich heute noch nicht so genau erklären, wie es gekommen ist, dass er sich einmal nachts mitten in der Stadt zur Ruhe gebettet hat und am anderen Tag im milden Licht des Gardasees aufgewacht ist. „Iich was s blouß nu“, äußerte er sich jetzt am Amtsgericht, „dassi innern Werzhaus a boor Bier drunkn hob. Und wäi iich den Ober nou a Fuchzgerla geem hob und gsachd hob, des schdimmd suu, hodder mer drodzdem rausgeem – und zwoor a ziemliche Schelln, und nou binni nausgfluung.“

Draußen senkte sich ein kalter Regen über den Heinz, er war erfüllt von einer starken Sehnsucht nach Wärme und einem Dach über den Kopf. Wie er wieder zu sich gekommen ist, hat ihn schon die Sonne Italiens mit Wärme durchströmt.

„Der Bläidl“, sagte der Omnibus-Chauffeur Ingo S. als Zeuge , „hodd ganz genau gwissd, wosser machd. Der hodd

ummersunsd Urlaub machn wolln. Und sunsd goornix." Jedenfalls ist der Heinz an dem Omnibus-Treffpunkt, unbemerkt von den Reisenden; in den saalähnlichen und weit geöffneten Kofferraum des Busses gekrochen, hat sich dort im Trockenen zwischen Koffern, Taschen und Kühlboxen eine Lagerstatt errichtet und ist sofort eingeschlafen. „Wäi iich aafgwachd bin", berichtete er dem Richter, „hobbi als erschdes einen unheimlichn Brand g'habd. Und als zweides hodds mi gscheid gfruurn." Im Schein seines Feuerzeugs erblickte er seine Rettung: Die Koffer, Reisetaschen und Kühlboxen, in denen er sich reichliche bediente.
„Iich mach in Sirmione vuur den Hoddell", erinnerte sich der Busfahrer Ingo S., „mein Kufferraum aaf und nou hobbi gmaand, mich driffd der Schlooch. Kummd dou anner rausgrabbld, singd dauernd des Lied ‚Heude blau und morgen blau und übermorgen wieder', und ausgschaud hodder wäi a Faschingsbrinz, der wou sei Kosdüm zwaa Dooch durch die Waschmaschiner gjoochd hodd und vergessn hodd, dassers vuurher auszäichd." Zwei oder drei Pullover hatte sich der Heinz aus verschiedenen Koffern gefischt und angezogen, einen Damenbademantel und sehr robuste Bergstiefel.
Auf dem Kopf trug er einen Tirolerhut und eine Taucherbrille, um den Hals einen Ring Stadtwurst. „Nou hodder", sagte der Busfahrer, „zwaa Kuffer gnummer, is am Gehschdeich ummernanderdorgld, hodd ganz erschreggd affn Gardasee gschaud und gsachd ‚Allmächd hodd des greengd haid nachd! Asuu a Hochwasser hobbi am Dudzndeich fei nunni gseeng.' Und nou hodder nu a boor leere Bierflaschen ausn Kufferaum rauszuung und miich gfrouchd, wou er si dou es Flaschnbfand abhulln koo." Nach längeren Auseinandersetzungen wurde der Heinz vorläufig festgenommen und per Schub wieder in die Heimat gebracht.
Wegen Erschleichung einer Urlaubsreise an den Gardasee, Diebstahl und Mißbrauch eines Omnibus-Kofferraums als Herrentoilette wurde er zu vier Wochen Arbeitsdienst im Tiergarten verurteilt. „Suvill Gligg aff aamol", kommentierte der Heinz das Urteil, „hobbi scho lang nemmer g'habd. Erschd eine Nachd Gardasee mid Einzlzimmer und Vollbension und edzer nu an fesdn Arbeizbladz im Affnhaus."

Aus der Welt der Gedenktage:

Voll im Bienenhonig

Neben der selbstklebenden Mehrbereichssemmel, dem Tomatenstopfer aus der Flasche und der Atombombe ist einer der besten amerikanischen Exportartikel bekanntlich der Muttertag, der inzwischen auch bei uns als festes Ritual am zweiten Sonntag im Mai nicht mehr wegzudenken ist. Er spielt in der mittelfränkischen Handelsbilanz fast schon eine ähnliche Rolle wie der Heilige Abend. Aber auch die Mutter kommt nicht zu kurz.

Bereits beim ersten zaghaften Sonnenstrahl früh um halbfünf zieht sich der Vater einmal im Jahr ganz allein an, wäscht sich selbständig, erscheint mit der Restfamilie sodann im Schlafzimmer und haut mit dem Muttertagsruf „Mutter, alles in Butter!!“ das noch tief ins Kopfkissen eingewickelte Mütterlein aus dem Tiefschlaf.

Eines der vor dem Bett zum Gedichtaufsagen strammstehenden Kindlein hat die Unterhose als Pullover angezogen, eines baut zu Ehren der Mutter eine große Sandburg auf dem Teppichboden, eines brüllt wie am Spieß, daß es erstens sein Muttertagsgedicht vergessen hat und zweitens jetzt auf der Stelle Lulu muß.

Während die Mutter noch sinniert, ob sie gerade einen Alptraum hat oder schon wach ist, schmeißt ihr jemand das Tablett mit dem vollkommen allein hergestellten Frühstück ins Bett. Wohlig ruht die Ehrenmutter nach dieser Überraschung inmitten von ganz flachen, quadratischen Briketts, die einmal Toastbrotscheiben waren, und in einer Art Geysir aus siedendem Kaffee. Dadurch daß sie jetzt außerdem in

einem Suppenteller voll mit deutschem Bienenhonig sitzt, kann sie nicht aus dem Bett springen, sondern bleibt drin kleben. Einige schöne rote Tupfer aus Johannisbeermarmelade auf dem Bettbezug, Millionen von Brösala unter ihm, Butter auf der Nachttischlampe und der Inhalt von rohen, nur vermeintlich gekochten Eiern auf dem Antlitz runden das Bild der in großer Freude erstarrten Mutter ab.
Kurz danach erscheint die Polizeistreife von der Erlenstegen-Wache und nimmt nach alter Mütter Sitte die Ermittlungen gegen den seit dem Vorabend gesuchten Kopf der Fliederbande vom Stadtpark auf. Nachdem der Vater das Vernehmungsprotokoll ordnungsgemäß mit der Honiggabel unterschrieben hat, erscheint bereits der sehr gemischte Liederkranz, der nach dem Absingen von „Wenn du noch eine Mutter hast“ und „Mütterlein, Mütterlein“ mit dem Honorar in Gestalt von Bier und einigen Flaschen Wander-Ouzo bewirtet wird.
Während des dann angestimmten Liedes „Muttersprache, Mutterlaut, wie so wonnesam, so traut“ und „Schau hii, dou lichd a douder Fiisch im Wasser“ trägt die Familie ihre Mutter hinüber ins Eßzimmer, wo schon der von der Familie selbstgemörtelte Festbraten lauert. Er kündet in seiner titanartigen Härte und durch die an die Rinde uralter Bäume erinnernde Verschrumpelung von der Gewalt einer Bratröhre, wenn sie einmal im Jahr von Laien bedient wird. Rohe Gniedla hüpfen dazu im Takt der Muttertagslieder bis zu einem halben Meter hoch in den etwas zersprungenen Tellern. In der von Fliederdolden umrankten Suppenschüssel welkt ein Salat.
Kaum eine Mutter in der Stadt, deren Schrauben nach einigen Stunden der Zuneigung nicht gelockert wären. Inmitten der Flowerbauerpracht, in Bergen von Piemont-Kirschen und den wahrscheinlich längsten Pralinen der Welt, im Getöse und Geraune zahlreicher Muttertagsgedichte kauert die Mutter, erinnert sich dunkel, aber dankbar an 364 muttertagsfreie Tage, schleppt sich mit letzter Kraft ans Telefon und ruft erst die Gebäudereinigung Dorfner an, dann wählt sie den Notruf vom Müttergenesungswerk in Stein bei Nürnberg.

Aus der Welt der Feinkost:

Sushi für den Luschi

Natürlich gibt es immer noch ein paar alte Krauterer, denen es schon beim Aussprechen des Wortes Sushi das Gebiss raushaut und den Magen rumdreht. Aber auch der eingefleischteste Mampfer örtlicher Delikatessen vom Fünf-Kilo-Schäufele bis zum Grauen Zipfel muss irgendwann mit der Zeit gehen und sich genießerisch den einen oder anderen vollkommen rohen japanischen Heringsschnerpfel einweisen. Auch in unserer Bratwurst-Metropole ist der rohe Sushi, einst die Leibspeise japanischer Katzen, im Vormarsch.

Am besten bereitet man sich schon einige Wochen vorher am heimischen Aquarium auf die für uns vielleicht noch etwas ungewöhnliche Nationalspeise der Japaner vor. Man schnappt abends da einmal ein Goldfischschwänzchen, beißt vorsichtig in einen Guppy hinein oder lässt mit einem herzlichen Sayonara eine Herde Seepferdchen in die Speiseröhre hinunter galoppieren. Vorsicht bei Zier-Piranhas, sie beißen manchmal zurück!

Auf diese Weise für die Einnahme japanischer Rohkost gut präpariert, begibt man sich dann in eines der zahlreichen Sushi-Restaurants. Als erstes nimmt man vielleicht zwei bis drei Reisschnäpse zu sich, dann noch einmal drei, erhebt

seinen irrtümlich auf dem heißen Stein platzierten Hintern und ordert einige malerisch von Algen umrankte Sushi. Dann: Tief Luft holen, Augen schließen, Mund und Schlund weit öffnen, und schon sind die Sushi – wegen der Höchstgeschwindigkeit beim Verzehr auch Hushi genannt – drin. Erneut mit einigen Reisschnäpsen gut nachspülen. Auch wenn man dazu noch so viel Algen isst – direkt satt wird man davon nicht, aber mit der Zeit angenehm betrunken. Während es einem am Anfang beim Anblick eines rohen Fisches vor lauter Vorfreude die Augen rauswälzt, die Gänsehaut aufsteht und das Zäpfchen im Hals ventilatorartig rotiert, ist man nach dem etwa fünfzehnten doppelten Reisschnaps schon völlig gelassen. Ohne weiteres speist der so auf fernöstliche Tischsitten getrimmte Gast auch zufällig anwesende Usambaraveilchen, Hängebauchgeranien, Stubenfliegen, Spinnen, Mottenkugeln, Hausmilben, oder beißt sich am Finger seiner Begleiterin fest.
Mit oft nur notdürftig überspielter Fassungslosigkeit starrt der Sushi-Anfänger manchmal auch auf die zwei zum Rohbarschfiletchen gereichten Mikado-Stäbchen. Sie dienen dazu, dass man mit ihrer Hilfe den Mund aufspreizt, der sich ja oft von schweren Lippenkrämpfen geschüttelt nicht öffnen will.
Auch für die Hausfrau daheim ist der Sushi eine angenehme Bereicherung des Speiseplans. Während die Köchin früher zum Beispiel einen gebackenen Karpfen mühselig entschuppen, ausnehmen, wässern, panieren, in Butterschmalz rausbacken und ihm dann noch zum Abschied ein Sträußchen Bäidala ins Maul schieben hat müssen, zieht sie jetzt den japanischen Gabel-, beziehungsweise Stäbchenjau einfach durch den Gartenhäcksler, und schon schwabbelt das Freitagsmenü am Teller.
Wer immer noch Vorbehalte gegen die japanischen Feinheiten wie Bloody Makrele oder Goldbarsch hat, soll sich an frühere Zeiten erinnern. Damals hat man ja auch für eine Mutprämie von zehn Pfennigen ohne weiteres eine Lebendkaulquappe geschluckt. Mutprämien werden von Sushi-Wirten inzwischen allerdings nicht mehr bezahlt. Höchstens in reichem Ausmaß verlangt.

Aus der Welt der Alleinunterhaltung:

Pig Brother

Dass der Mensch die Krone der Schröpfung ist, ahnt man ja schon seit längerer Zeit. Aber jetzt ist für diese Pro-These endlich ein sichtbarer Beweis aufgetaucht. Indem mir uns nämlich jeden Abend die neue Sendung „Big Brother" neiziehen, jene dramatische TV-Inszenierung mit Naturnahaufnahmen zwischen Scheißhaus und Schummerlicht, zwischen Wohnzimmer und Wachstation, zwischen Hemd und Hose, kann der Tag unserer vollkommenen Aborteose, der Vergöttlichung, nicht mehr fern sein. Auch wer sich hundert Tage lang in allen Lebens- und Bettlaken filmen lässt und übertragen wird wie ein Champignons-Lieg-Spiel, der hat entschieden seinen geistigen Höhepunkt erreicht, der ist der wahre Herrscher im Weltprall.
Natürlich will jetzt nach dieser interessanten Piep- oder auch Plemplem-Show aus der Vögelperspektive jeder einmal in diesen einmaligen Genuss kommen, dass er daheim beim verträumten Knattern am Sofa, früh beim Gebisswechsel, beim Brikettschlichten, beim ehelichen Pflichten, beim Hineinspotzen in die ungeliebte Kartoffelsuppe und anderen bisher im Dunkel der Wohnungswände verborgenen, intimen Tätigkeiten von 50 Kameras gefilmt und live gesendet wird.
Als nächstes ist im öffentlichen Big-Brother-Wesen jetzt aber erst einmal das Nürnberger Rathaus dran. Die Sendung „Big Waafer", konzipiert vom bekannten fränkischen Mys-

terien-Mogul Dr. Baul Badscher, soll mehr oder weniger live aus dem Nürnberger Rasthaus schon im nächsten Monat über den Bildschirm huschen.
Ein kurzer Blick ins Durchdrehbuch hat uns schon signalisiert: „Big Waafer“, der schonungslose Nervenkriech aus dem Nürnberger Rathaus wird noch ein viel größerer Hammer als „Big Brother“. Techniker montieren schon an die 3000 Mikro-Kameras in den großen Sitzungssaal damit der Stadtrat von oben, von unten, von der Seite, im Hals, im Hosenbund, beim Gehen, Stehen und Blähen vollkommen live verfolgt werden kann. Auf den Komfort-Toiletten sind Unterwasser-Kameras mit Schall- und Schwalldämpfer installiert.
In der öffentlichsten Plenar-Sendung aller Zeiten vernehmen wir das Knarzen der Schnabelschuhe vom Lord Mayor persönlich, das Knarzen seiner Untertanen nach Sechs mit Kraut im Bratwursthäusle, fasziniert lauschen wir den Verdauungsgeräuschen von CSU, SPD, Grünen, das Gluckern von Frau Mundfort-Schoppen, erleben Innenaufnahmen vom Zwerchfell des FDP-Hepperers Utz Nullrich. Auch für die Kartelakademie Weinzierlein wird Lehrmaterial in reichem Maß anfallen, wenn die bisher immer geheim gehaltenen Schafkopf-Turniere der Hinterbänkler, bestehend aus je zwei Mann aus Regierungs- und Oppositionsgreisen, öffentlich gesendet werden und jemand in die Überwachungskamera brüllt „Dou die roude Sau raus!“
Erstmals hören und sehen wir daheim im Schlappenkino die peitschenhiebartigen Geräusche, wenn ein Magistratskopf ermattet auf den Tisch knallt, vernehmen die Uraufführung der Schnarchzapfen-Symphonie in SP-Dur von Wolfgang Amadeus Stöhnfelder, verfolgen atemlos, wie ein Schnalzbubbl aus der Handhaubitze von Tremens Gsell voll in den Reihen der Opposition einschlägt oder betrachten gespannt, wer gewinnt, wenn der Wirtschaftsausschuss an der Kantinentheke mit dem beliebten Spiel „Stein, Papier, Schere“ zehn Biere rausknobelt. Wie bei „Big Brother“ muss auch im „Big Waafer“ alle zwei Wochen ein Mitspieler ausscheiden. Wer am Schluss übrig bleibt, kriegt die öffentliche Amtskäthe und wird neuer Oberbürgermeister.

Der Kampf um eine Gartenbank

Sonderangebote in Supermärkten sind, wie ihr Name schon zart andeutet, sonderbare Wesen und verflüchtigen sich oft sehr schnell. So war auch dem Sonderangebot einer Gartenbank Fichte natur zu DM 59,99 an einem Samstag Vormittag in ihrer ursprünglichen Heimat im Baumarkt ein sehr trauriges Los beschieden. Sie war die letzte Überlebende einer riesigen Gartenbankfamilie und ist zunächst sehr betrübt gewesen, daß an ihr kein Käufer für DM 59,99 Gefallen gefunden hat. Bis plötzlich in den beiden Hobby-Gärtnern Herbert E. und Rudi S. die Erkenntnis gereift ist, daß ihr Gärtchen nichts dringender braucht als eine Gartenbank Fichte natur zu DM 59,99.

„Däi nehmer mer miid", hat der Herbert zu seiner Frau an jenem Samstag im Baumarkt gesagt und die Bank auf die Schulter gewuchtet. „Blouß neunerfuchzg Mark", hat sich im gleichen Augenblick der Rudi gedacht, „Des Bänkla bassd genau in unsern Freisidz nei." Und hat die Gartenbank ebenfalls auf die Schulter geladen. Von Bank-Fusionierungen hat man schon gehört, von Bank-Trennungen eher selten, so ist das Schicksal des Fichtenbänkleins natur jetzt vor dem Amtsgericht verhandelt worden.

„Iich hob als erschder hiiglangd an die Bank", äußerte sich der Herbert, „und in den Momend, wou is aff die Schulder naafhob, hodd si der ander gschwind drundergschdelld und gsachd, daß des sei Bank is. Nou hobbin in aller Freundschafd gsachd, dasser aungbligglich seine Griffl vo meiner Bank wechdou soll." Der Herbert ist damals mit dem Kopf unter der Bank in seine Richtung gegangen, der Rudi, ebenfalls mit dem Haupt unter dem Objekt seiner Begierde, in

die andere Richtung. So war da die Bank schon einer großen Zerreißprobe ausgesetzt, es ist aber noch schlimmer gekommen.
Durch den gleichzeitigen Bankauszug auf Kopfhöhe hauten sich beide, der Rudi und der Herbert, den Kopf auf. Zunächst ging bei dem Wettbewerb um die Mittelfränkische Gartenbankhakl-Meisterschaft der Herbert leicht blutend als 1. Sieger hervor, da ihn seine Ehefrau beim beidarmigen Ziehen und Zerren tatkräftig unterstützte. „Mir hom unser Bänkla“, sagte der Herbert vor Gericht, „nou gschwind durch die Kasse durchgschlaafd und hom gsachd, daß mers erschd in unsern Anhänger neidenner und nou zum Zoohln kummer.“
Wie dann die hart umkämpfte Gartenbank allein auf dem Anhänger vom Herbert wartete, hat beim Rudi – wie er sich ausdrückte – die Vernunft gesiegt. „Iich maan guud“, erläuterte er vor Gericht, „als erschder hob ganz gloor iich an die Bank hiiglangd g'habd. Obber, hobbi mer dengd, wenn scho Schdreidichkeidn aafkummer, nou kommers doch aa gewaldfrei lösn, odder? Also wäärs doch am gscheidsdn gweesn, wenn jeder vo uns a Garddnbank gräichd.“
Fast eine halbe Stunde hatte der stolze Gartenbankbesitzer Herbert an der Baumarktkasse warten müssen. Die Zeit nutzte der Rudi, indem er zu seinem Auto schritt, dort seine im Kofferraum ruhende Motorsäge entnahm, sie nach mehrfachen Ziehen an der Anlasserschnur zum Laufen brachte, um dann in aller Ruhe die Bank am Anhänger vom Herbert mit einem sauberen Schnitt in zwei Teile zu trennen. „Iich will nedd nachtragend sei“, sprach er zum Herbert, als der nach der Rückkehr zum Anhänger grübelnd die zwei Gartenbankhälften betrachtete, „weecher mir konnsd alle zwaa Bänk behaldn. Du hosders ja aa zoohld.“
Wegen versuchten Gartenbankraubs und Sachbeschädigung wurde der Rudi zu einer Geldstrafe von 800 Mark verurteilt. Außerdem muß er dem Herbert auf eigene Kosten eine neue Gartenbank Fichte natur beschaffen. „Am besdn“, riet der Herbert dem Rudi nach dem Urteil, „kaffsd a Viersidzer-Bank und sägsder nou widder die Hälfd roo.“

Ein Diplom-Korkenzieher auf Job-Suche

Je mehr jemand in diesen lausigen Zeiten eine Eigeninitiative entwickelt, desto sicherer winkt ihm ein schöner, zukunftsträchtiger Arbeitsplatz. Bei dem arbeitslosen Diplom-Korkenzieher Ewald S. ist diese von Politikern aufgestellte Magermilchmädchenrechnung voll aufgegangen. Für die nächsten sechs Monate hat er einen festen Vertrag in der Justizvollzugsanstalt.

Er ist eines Tages früh um sieben im Büro einer größeren Installationsfirma am Schreibtisch gesessen und hat auf die Frage des eine halbe Stunde später erschienenen Chefs, wer er ist, wahrheitsgemäß geantwortet, daß er der Ewald S. ist. „Und?", hakte der Ober-Installateur nach, „wos lichd an?" „Momendan scheinds nu goornix", antwortete der Ewald, „obber iich kennd an Kaffee machn, frische Weggla hulln und die Zeidung. Wenn'S mer an Zehner geem kenndn?" Danach entnahm der Ewald dem Kühlschrank eine Flasche Wein, entkorkte sie, schenkte zwei Kaffeetassen voll ein und forderte seinen Vorgesetzten auf, einen Schluck auf ihr gemeinsames Wohl zu trinken. „Vuur zwaa Wochn", erklärte er dabei, „hobbi Ihner doch mei Bewerbung gschiggd, und am ledzdn Freidooch hobbi an Bescheid gräichd, dassi haid ba Ihner oofanger soll. Und edzer binni dou."

Den Tatsachen entsprach lediglich der letzte Satz, alles andere hatte sich der Ewald in Eigeninitiative ausgedacht. „Hodds mer widder nix gsachd, däi bläide Sunner", murmelte der Herr Installateurmeister nach der dritten Tasse Frankenwein, „daß an neier Büroboodn eigschdelld hodd." Mit der blöden Sonne war das für das Personalwesen zu-

ständige Fräulein Chef-Sekretärin gemeint, das sich aber auch an nichts erinnern konnte.
„Normool hobbi dengd“, sagt der Ewald vor dem Amtsgericht aus, „dassi scho nach die erschdn fimbf Minuddn widder in hohen Boong nausfläich. Obber nach drei Dooch hodd miich der Masder bereiz zammgschissn, wäi wenni scho dreißg Joohr in der Firma bin.“ Was er denn im Großen und Ganzen gearbeitet hätte, fragte ihn der Richter. „In Groußn und Ganzn“, meinte der Angeklagte, „kommer soong, dassi nix gärwerd hob. In denni vier Wochn homs mi zwaamol zum Geldeizoohln aff die Bank gschiggd. Und sunsd hobbi immer gschaud, daß der Wein im Kühlschrank nedd ausgäid.“
Wie das mit dem Einzahlen auf der Bank gewesen wäre, wollte der Herr Amtsgerichtsrat wissen. „Ja schdimmd, des is bläid gloffn“, erinnerte sich der selbsternannte Bürobote, „iich hob nemli nichd ums Verreggn däi Bank gfundn. Hom Sie scho amol a Geld aff der Bank eizoohld, wenn ka Bank dou is?! Also hobbi däi boor Märgla hald awalln in Verwahrung gnummer.“ Bei den paar Märkla handelte es sich insgesamt um 6400 Mark, die plötzlich spurlos verschwunden waren.
Nicht mehr auffindbar waren eines Morgens auch zwei Computer, ein nagelneuer Farbkopierer, ein Schweißgerät, für 5000 Mark Kupferdachrinnen, einige blattvergoldete Wasserhähne, drei Kloschüsseln und vor allem ein 7,5-Tonner Werkstattwagen. „Ja maaner Sie gwiß“, wehrte sich der Ewald gegen den Vorwurf des Autodiebstahls, „iich hob des ganze Zeich mid der Hand hammdroong kenner! Und wäi iich des Audo widder zriggfoohrn hob wolln, binni ja dann krank wom, gell.“ Und das entwendete Firmen-Inventar vom Computer bis zur Abortschüssel? „Des woor“, sagte der Ewald, „braggdisch eine Sicherheidsverwahrung. Wall däi Ausbeuder hom mir doch kann Bfenning Lohn zoohld.“
Wegen betrügerischer Selbsteinstellung und Diebstahl wurde der bereits vorbelastete Ewald S. zu sechs Monaten Umschulung in der Mannertstraße verurteilt. „Nach vier Wochn Ärwerd“, lobte der Ex-Bürobote das Urteil, „schdäid an scho amol a halbs Joohr Urlaub zou.“

Ein Marsmännchen auf Betriebsausflug

Herr Walter K. blickt verschwommen auf eine zehnjährige ehrenamtliche Tätigkeit bei der Freiwilligen Feuerwehr zurück, er kennt sich aus mit Schwelbränden, offenen Bränden, Glimmbränden oder Weinbränden. Jetzt ist der einstige entschlossene Bekämpfer von Bränden aller Art wegen eines heldenhaften Einsatzes bei seinem Nachbarn Erwin H. vor Gericht gestanden.

Dieser Nachbar liebt nichts so sehr wie prasselnde Kaminfeuersbrünste, die Weißglut von Eierbriketts und zündende Grillfeste, bei denen die Flammen hoch über die Kotletts hinaus züngeln, und am Firmament mit blutrot loderndem Widerschein noch stundenlang nachglühen.

Der Walter schätzt solche Grillpartys weniger. Schon des öfteren hat er seiner Abneigung gegen Herbstnebel im Frühjahr mit zarten Andeutungen durch die Hecke hindurch zum Erwin hinüber Ausdruck verliehen. Wie etwa: „Dou häddi mer glei a Haisla in der Oberpfalz kaafn kenner, direggd neber der Maxhüddn!", „Bin iich vielleichd a Räucherschinken?!" oder „Iich wer der edzer glei in dei Feierla neibrunzn!"

Es herrschte also zwischen den beiden Nachbarn bereits

eine tiefverwurzelte, langwährende, innige Feindschaft, wie der Walter heuer sein erstes Bratwurstopferfeuer im Freien dargebracht hat. „Hom Sie“, fragte der Erwin den Herrn Amtsgerichtsrat, „zufälli scho amol Coburger Broudwerschd gessn?“ Hatte der Herr Rat zufällig nicht. „Däi wern nämli“, fuhr der Gebieter über einen gewaltigen Hochofen fort, „aff Budzlküh und Dannerzabfn grilld. Schmeggn einmalich. Obber gibd hald aweng an Rauch, gell.“ „Aweng a Rauch, dassi fei nedd lach!“, meldete sich da der angeklagte Walter K., „Des woor ka Grill-Barddy, Herr Richder, des woor ein Flammen-Imbferno, dassd gmaand hosd, am Moritzberch is ein Fulkan-Ausbruch.“
„Feieralarm, Feieralarm!“ hatte der Ex-Kommandant an diesem Abend zu sich selber gebrüllt, hatte – so schnell es der vorangegangene Genuß einiger Biere gestattete – den Gartenschlauch ausgerollt, einen Motorradhelm und eine alte Gasmaske aus dem zweiten Weltkrieg übergezogen und sich sodann den Befehl erteilt: „Wasser marsch!“
„Iich hob gmaand“, erinnerte sich jetzt bei der Verhandlung der Erwin an das Auftauchen des schwer vermummten Feuerlöschers, „die Mars-Männla hom Bedriebsausfluuch. Schdäid dou aff aamol anner mid Schdahlhelm und an Drimmer Rüssl im Gsichd vuur mir und schbridzd mid sein Garddnschlauch vull in mein Grill nei. Mir sin alle in Banigg auf und dervoo grennd. Blouß vo meiner Schwäächerin der Bou woor nu dou – den hodder nu derwischd und ins Goldfischdeichla neigschmissn.“
Um eventuell rauchvergiftete Menschen zu bergen, hatte der Walter noch mit einer Hacke die sperrangelweit offenstehende Terrassentür eingeschlagen. Die letzte kleine Glut auf dem Grill löschte der Walter mit fünf Pfund Kartoffelsalat, mit dem Einweichen der verängstigt im Gebüsch lauernden Grill-Gesellschaft durch den Gartenschlauch verabschiedete er sich aus dem Nachbargrundstück.
Wegen Hausfriedensbruch, Körperverletzung und Sachbeschädigung wurde er zu einer Geldstrafe von 3000 Mark verurteilt. „Normool“, sagte der Walter, „mäißerd mer der Stoiber die Reddungsmedallje verleiher. Obber 3000 Mark sin aa nedd schlechd.“

Die Gutschein-Flut

Umsonst, Gratis, Kostenlos sind - neben Freibier, Prozente, Rabatt – immer noch die großen Zauberwörter in unserer Okkasions-Epoche, mit denen man die Massen leicht in den Griff kriegt. In dieses Reich der Menschen-Magie gehört auch der Gutschein. Ob man auf ihm 100 Gramm Kaulquappenfilet gutschreibt, fünf Minuten lang frische Luft oder eine Fahrt ins Blaue zu Fuß – immer erregt so ein Bonus-Papier allerhöchste Aufmerksamkeit.
Das kann auch der Gastwirt Werner T. bestätigen, der an einem Frühlingsabend in seiner kleinen Schweinebraterei bestimmt an die 1000 Schäufele, Klöße, Gem.Salate servieren hätte können. Allerdings in Form eines riesigen Wohltätigkeitsessen. „Godzeidank", äußerte sich der Werner jetzt als Zeuge vor dem Amtsgericht, „hobbis nu rechdzeidich gmergd, daß dou ein Verbrecher am Werk ist." Beide Bemerkungen waren etwas übertrieben. So ganz rechtzeitig hatte es der Werner nämlich nicht bemerkt, und der Meinung, daß Herr Alfred B., ein ehemaliger, mit Platzverweis belegter Stammgast, ein Verbrecher ist, wollte sich auch das Gericht nicht anschließen.
Seit dem Lokalverbot herrschte zwischen Werner, dem Wirt, und Alfred, dem Schleuder-Gast, eine sehr intime Feindschaft. „Jeedsmool, wenner ba mir vobbeiganger is", schilderte der Werner die Verbundenheit, „hodder meine Werzhaus-Fensder der Reiher nouch oogschbodzd. Aamol hobbi es Fensder aafgrissn und ihn zur Red schdelln wolln, und nou hobbi die Ladung vull ins Gsichd gräichd." Nach den Fensterputz-Aktionen war eine Zeit lang Ruhe. Eine trügerische Ruhe, wie sich an jenem Abend im Juni erweisen sollte. „Dou sin", erinnerte sich der Werner, „Laid in mei Werdschafd kummer, däi hobbi mei ganz Leem nunni gseeng. Innerhalb vonnera halm Schdund woor mei Haisla vull. Annern Mondooch Oomd, wou iich normool mid mein Fernseher allaans dou hogg." Und an jedem der vollbe-

setzten Tische sind Schäufele, Kloß und Gem.Sal in rauhen Mengen bestellt worden sowie Hundertschaften von Bieren. Der Werner schenkte sein Bier in einer Geschwindigkeit aus, daß die Halbe höchstens aus 0,2 Litern Schaum bestand, rannte wie von unsichtbaren Windböen getrieben aufgeregt durch sein Gasthaus und schrie in kurzen Abständen verzweifelt „Des derf doch alles nedd woohr sei!“. Einen Besucher brüllte er an, daß es jetzt das hundertfünfzigste Schäufele mit Kloß und Gem.Sal ist, daß er aber nur fünf in der Tiefkühltruhe hat und daß er, der Gast, sich seine Bestellung ins Gesäß schieben soll – vornehm ausgedrückt. Da hielt ihm dieser Herr aber ein Stück Papier unter die Nase. Darauf stand mit gut lesbarer Computerschrift: „Gutschein für 1 x Schäufele m. Kloß u. Gem.Sal, 1 Bier. Guden Apeditt!“ „Und des, wos dou schdäid“, brüllte dieser Gast zurück, „des gräich i edzer! Und zwoor serfordd, sunsd hulli die Bollizei!“ Schnell fand der Werner dann heraus, daß es in seinem Wirtshaus von diesen Gutscheinen nur so wimmelte. Und vielleicht zehn Meter vom Wirtshauseingang entfernt war der Alfred postiert und verteilte an Passanten kleine weiße Zettel.
„Vielleichd hängds mid der neier Regierung zamm“, äußerte sich der angeklagte Gutscheinverteiler, „daß a neis Gsedz gibd, wou mer kanne Zedderla mehr verdeiln derf. Obber sunsd wisserd iich nichd, wos iich verbrochn hob.“ Es sei richtig, daß auf diesen Zetteln das Wort Gutschein stand mit der Aussicht auf Schäufele, Kloß und Gem.Sal, aber mit keinem Wort habe man dem wertlosen Wertpapier entnehmen können, wo es das Gratis-Menü mit einem Bier gibt. „Wenn die Laid suu bläid sin“, schloß der Alfred seine Ausführungen ab, „und genger in den sei Scheiß Werzhaus nei, nou konn doch iich nix derfiir.“ Mit Ausnahme einer Ordnungsstrafe für das „Scheiß Werzhaus“ wurde der Alfred vom Vorwurf der Gutscheinfälschung freigesprochen.
„Bravo!“, schrie der Gastwirt Werner T. nach dem Urteil, „Und wer zoohld mern edzer däi fuchzich Biere, wou i scho ausgschenkd g’habd hob, un däi fimbf Bozzioner Schäufele!? „Ka Broblem“, antwortete der Alfred, „dou gäih her, gräigsd a Bäggla Guudscheine. Däi sin iibrich bliem.“

Aus der Welt der Umgangsformen:

Immer friendly zu die Messeguest

Seit gestern hat die International Playware-Outstanding also Godbethank wieder ihre Pforten teilweise geöffnet, mir sind fünf Tage lang der Nabel der Welt, und es stellt an uns Bewohner von Nuremberg on Bengerz vor allem in sprachlicher Hinsicht höchste Anforderungen.
Beim Gehen und Stehen, beim Pressäck-Shopping, in der Iron-Bahn, in den Streets of Gostenhoof, in Roady, Leedle, Hurnline, Carstudd and other Super-Markets, overall müssen wir jetzt mit unseren Gästen international speaken, dass sie uns better verstennen dennen. Sometimes is sogar High German gefordert, die schwierigste Sprache überhaupts, es gibt in ihr harde B, harde d oder k wie in Gnäggebrod zon Beischbiel.
Der Nuremberger grabbeld jetzt also wieder ummernander von einem Wörtshouse zum andern, pis er entlich einen Sittingplace findet und muss sich dann auch noch von einen Zupfer fraken loun, what please a Oobadzder is.
How shall we einen Ami einen Oobadzdn translaten? „A Oobadzder", erklärt der worldläufige Nurembörger seinem Wirtshausnachber ohne wideres in der ihm angeborenen, mittelfränkischen Freundlichkeit, „is a, is a, how shall i edzer dou glei soong, also a cheese with butter and then aweng zammgwaadschd, you know?! Hald a Oobadzder. Und wennsders nedd verschdäisd, nou schauds, dassd zu dein Mäc Broudworschdg'häck gäisd und frissd an Schießbörcher. Thunderweather nu amol nei!"
Ohne Englisch, American und Chinesisch kommen wir zur Zeit nicht weit. Die Dame von Halbwelt in der Ottostreet

flötet dem Hongkonger Mauerschlurcher perfectiy Chinesisch zu: „Tscheng Tscheng Demmer Aweng!?“, der Restaurantkoch erläutert seinen japanischen Gästen ein rohes Gniedla während des auf und abjumpens am Teller mit den Worten „Ping Pong hassn däi ba eich, odder?“ und sogar das Personal der Nuremberg-Fürther Straßenbahnen bflötet jetzt den Fahrgästen betörend ins Ohr „Dear Passengers, next Haltestelle Headtrailyard, Umsteiging to Man's Hut, Longwater Middle odder Allmountainerstreet.“ Was natürlich nichts anderes heißt wie „Nächste Haltestelle Hauptbahnhof, Umsteigen nach Herrnhütte, Langwasser Mitte oder Allersberger Straße.“ „Zurücktreten bitte!“ dürfen sie momentan nicht sagen, weil sich städtische Angestellte jeglicher politischer Meinungsäußerungen enthalten müssen. Auch der Kontrolleur hat's schweur, er spricht im Einsatz jetzt die Worte „The Driveoutwise, please“, die Fahrausweise bitte.“
Führen wir einen Messegast durch den Liebreiz unserer middleolderly Gassline and Stressline, so erläutern wir ihm perhaps am Rathaus: „Here rules our Upperburgermaster“, hier ruht unser Oberbürgermeister, „and here we have the famous Manline-Walking“, das berühmte Männleinlaufen. Fragt uns ein Herr Mister, wo er seine Frau Gemahlin zum Face Lifting schicken kann, so thinkt der Nuremberger ein pisschen after und antwortet keschmeitig: „Die Fäiß lifdn? Nou zäing's hald Ihre Schouh aus.“ Werden wir, was nicht selten vorkommt, nach dem Nuremberger Nightlife gefragt, verweisen wir souverän entweder auf die Autobahn nach München oder auf unsere zahlreichen Brath-wurshd-Kitchens, wo es Sex with Sea Save I, also Sechs-mit Meer Rett Ich, gibt, für nur 9,80 DM. Sollten mir zufällig mit einer Dame in the Evening ein bisschen outgoen und ihr beim Beautyful Drinking, auch Schönsaufen genannt, ausversehen fünf Six-Offices oder Sechsämter, zuviel hinine pressen, callen wir ihr aufmunternd zu: „Break fast. Spice, Girl! Nou gäids der widder besser.“ Da müssen wir through, tiese bar Dake Englisch, American, Chinesisch and Hochteutsch halden mir schon out. Pereiz nächstens Middleweek simmer widder under us.

Aus der Welt der Askese:

Bitte, ein Seidlein Buttermilch!

In früheren Zeiten war ein Nümberg-Fürther Werzhaus ein Hort der geistigen Erbauung, der Heiterkeit, der historischen Rückbesinnung auf oft bis zu 300 Jahren alte Wanderwitze. In ihm war der Bodennebel ebenso beheimatet wie der Blindflug oder die Propellerschelln. Dort ist noch der sonst nur äußerst seltene mittelfränkische Vulkan mit seinen Eruptionen von vielleicht 15 Bieren, Williamsbirnen, Knöchelsulzen vorgekommen, das singende Kriechtier, der Dittlaspatscher. Doch die Zeiten der tiefen Bewußtlosigkeiten, der schweren Lallinger und Gedächtnisverluste sind – wie man einige Monate nach Einführung der 0,5 Promillegrenze leider feststellen muß – vorbei.
Nie mehr werden wir den Maßkrugforscher Erich L. erblicken, wie er unter einem Wirtshaustisch liegt, einen Liter Märzen aus den Überdruckventilen der Ohren schießen läßt und anschließend mit dem Auto die Polizei durch den Burggraben schwanzt. Vorbei jene Zeiten, in denen einer im Schein der Mittagssonne am Plärrer aufgewacht ist und beim besten Willen nicht mehr gewußt hat, warum er in einem ihm unbekannten Auto liegt, warum der Motor läuft, das Fernlicht brennt und eine fremde Dame neben ihm sagt, daß sie schon keinen Champagner mehr sehen kann. Geschweige denn trinken.
Zum Erreichen der heute gerade noch gestatteten 0,5 Promille kann man vielleicht ein Bierfilz lutschen oder einen Zwetschger von ganz weit weg optisch auf sich wirken las-

sen. Ein Schlücklein Frohsinn mehr, ein Arrakschatt, ein Löffelchen Weinschaumcreme zuviel, schon kann man seinen Führerschein gegen einen Fahrschein der VAG eintauschen. Wo kommen wir da noch hin?

Früher hat die Ankündigung „Frollein, a Rundn Willi!“ große Freude am Wirtshaustisch ausgelöst. Heute zeichnet sich in den Gesichtern tiefes Entsetzen ab, manche mimen eine Maulsperre, manche hupfen durchs Fenster und rennen schreiend heim, nur um dem Verderbnis des Runden-Saufens zu entkommen. Jetzt knallt man sich im Wirtshaus einen doppelten Kaba in die Kehle, einen Kamillentee, ein Seidlein Buttermilch, Molke frisch vom Öko-Euter, zahlt mit der AOK-Card und kommt eine volle Stunde früher heim, weil man ja beim Fahren überhaupt keine Schlangenlinien mehr bildet.

Schon lassen sich Polizisten nachts nicht mehr anhauchen, weil sie den strengen Apfelsaft- oder Mineralwassergeruch nicht gewöhnt sind und teilweise unter schweren Nasenallergien leiden. Früher sind alle Wirtshauserzählungen mit dem Satz angegangen: „Des woor, wäi iich amol suu an archn Russn g’habd hob...“ In einigen Jahren wird man sich in der Milchbar zuraunen: „Des woor vuur zwaa Wochn, iich woor der suwos vo schduugnüchdern...“ In den Wirtshäusern herrschen Depression, äußerste Ruhe, Konzentration. Die häufigste Bestellung lautet: „Ein Tässchen Schwachbier und den Hand-Alkomat bitte“. Nach zwei Schluck mißt man den sogenannten Alkoholgehalt, beim dritten Schluck bricht man bereits auf.

Aufgrund der mangelhaften Stimmung in den Tropfbierhöhlen gehen Wirte jetzt schon dazu über, sich als Animateure zu betätigen. Sie heitern ihre Gäste durch kleine pantomimische Aufführungen auf, veranstalten Halma Tumiere oder zeichnen den nüchternsten Gast durch Aufsetzen eines lustigen Hütleins aus. Aber die meisten machen nicht mit, sie sitzen stumpf vor ihrem Becher, starren ins Windsheimer und sehnen sich nach nichts so arg wie dem Gefühl, bei dem man meint, ein Häcklein spaltet einem den Schädel. Warum hier in Nürnberg zur Zeit eine Brauereimesse stattfindet, weiß sowieso niemand.

Aus der Welt der Energie:

Die Stromfärber

In den alten Zeiten der Knebel-Monopole, wo die Buttermilch noch von der Bayerischen Milchversorgung in der Ostendstraße gekommen ist, die Post vom Briefträger, das Telefongespräch aus dem Hörer und der Strom aus der Steckdose, war das Leben irgendwie matt, uninteressant, vollkommen farblos.
Jetzt aber im Zug der Privatisierung des Schwafelsilbers hat unser Leben erstmals nach Millionen Jahren Menschheitsgeschichte einen tieferen Sinn erhalten.
Noch grübeln wir vielleicht, ob wir ein Telefongespräch von Gibitzenhof nach Schweinau zum Mondkalbtarif über Satellit, mit der Firma Call by Kohl über Toronto in Kannerda oder aber überhaupt nicht führen sollen und dabei eventuell jährlich 0,002 Pfennig voll einsparen – da kommen auf uns schon wieder neue Herausforderungen zu.
Nämlich kann jetzt jeder Staubsaugervertreter daheim im Keller Strom lagern und Elektrizität in rauhen Mengen verkaufen.
Ein elektrischer Strom kann bekanntlich auf vielfältige Art gewonnen werden. Die neuen privaten Stromkonzern-Manager fahren vielleicht mit ihrem Fahrrad dauernd um den Stock rum und gehen dann mit ihrem Dynamo zum Stromverkaufen von Haus zu Haus. Andere reiben einen Kamm

am Huuserbaa, zapfen den Blitzableiter am Haus an oder nutzen die private Wasserkraft, indem sie kleine Turbinen in das Fallrohr ihrer Abortschüssel verlegen. Die letztere Methode kommt aus dem gelobten Land der unbegrenzten Machbarkeiten und ist dort als elektrischer Stuhlgang bekannt und beliebt geworden.
Endlich tut sich durch die neuen Strömungen jetzt auch was auf dem Gebiet der bisher so vernachlässigten Schönheit eines Stromes. Der so farblose, kommunistisch unterwanderte Planwirtschafts-Strom wird jetzt schon in der Farbe Gelb angeboten, pastellene Variationen in Pink, Marine, Schlamm oder Bleu ohne d sind in Arbeit. Die Stromversorgung muss nicht billiger, sondern vielmehr lustiger, lachhafter, pinselartiger werden.
Selbstverständlich dient das derzeitige Fränkische Überlandgwerch nur dem Wohl von uns Kunden. Bisher haben wir ja immer mühselig einen Knopf drehen, einen Schalter anknipsen müssen, damit wir eine Elektrizität daheim erhalten. Dass man aber durch scharfes Beobachten des Marktes pro Jahr bis zu einem Fünferla oder manchmal sogar nichts einsparen kann, war uns Trafo-Doldi im Spannungsfeld der Ahnungslosen bisher vollkommen wurschd.
Aber jetzt blickt jeder voll durch, ordert da einen Sack belgischen Gleichstrom, dort ein Fünftel südfranzösischen Wechselstrom, niederländischen Nachtstrom, lila Starkstrom, sibirischen Schwachstrom – was Ihr Volt! Oder um mit Goethe zu sprechen: Vom Preise befreit sind Strom Bäche. Des Abends hocken wir im trauten Schaltkreis vor unseren Steckdosen und schauen, was wohl jetzt bald wieder für ein Strom rauskommt, was er kostet und wie arg er uns auf die Griffel hinaufhaut, wenn wir ihn mit einem Schraubenzieher auf seine Herkunft untersuchen.
Uniformierte Energieversorgungsbeamte, auch Strombolli genannt, überwachen den Marsch der Elektronen durch das Land, dass es nicht da und dort zu einem Kurzen kommt und melden jeden kriminellen Monopolisierungsversuch der privaten Hochspannungs-Leitung. Und schon im nächsten Jahr soll vielleicht die Luft privatisiert und der Leersatz vollkommen erfüllt werden: Alle Macht den Windbeuteln.

Ein Unschuldslamm auf der Schlachtbank

Geübte Seitenspringer sind, wenn sie ihre verspätete Ankunft daheim erläutern sollen, selten um Ausreden verlegen. Sie berichten von Sintfluten, Orkanen, Kometen, Schlammlawinen und anderen Katastrophen, die sie an der pünktlichen Heimkehr gehindert haben, oder sie sind aus Versehen in der U-Bahn eingeschlafen und fünf Stunden lang zwischen Nürnberg und Fürth verkehrt und nicht, wie die Ehefrau vielleicht vermutet, auf ihrer Freundin.

Im Lauf der Jahre unterliegen aber auch die weitschweifigsten Erzählungen aus Tausend und einer Nacht Abnutzungserscheinungen. Der hartnäckige Haremswächter Otto S. ist infolge schwerer Einfallslosigkeit aufgeflogen.

Er ist damals nach einer kleinen Zufalls-Affäre früh um drei Uhr durch die Stadt geirrt, hat sich das Hirn zermartert und immer wieder gemurmelt: „Wos sooch i denn blouß dahamm?!“ Bis sich plötzlich aus einem Handlanger-Schuppen in der Innenstadt der ihm bis dahin völlig unbekannte Günther G. im Schleudergang herausgedreht, sich an einer virtuellen Laterne festgehalten hat und im Liegen schließlich die bange Frage aus ihm herausgekrochen ist: „Wos sooch i denn edzer blouß dahamm!?“

Innerhalb weniger Minuten waren sich die zwei einig: Dass sie schon seit Jahrzehnten alte Kumpel sind, dass sie zu zweit wieder einmal ein Züglein durch die Ziddy unter-

nommen haben und dass jetzt erst der Günther vom Otto heimgebracht und vor unbequemen Fragen seitens der Frau Gemahlin behütet wird, und dann der Otto vom Günther.
Bei Herrn Günther G. ist es wie geplant verlaufen. „Gunaamd", hat er früh um halbfünf sanft ins Schlafzimmer hineingeflötet, wo es sodann herausgedröhnt hat: „Gumorng wolldsd soong, odder!? Wou kummer mer denn widder her?“ Doch noch bevor sich das Verhör zuspitzen konnte, trat bereits der Otto als Alibi in Kraft.
„Obber ba mein neier Freind“, sagte der Günther jetzt vor Gericht, „dou is a anderer Zuuch derhinder dahamm.“ Dem Otto seine angetraute Frau Margit stand schon hinter der Tür, durch die der Günther als erster schritt. „Suu schnell hobbi goornedd gschaud“, schilderte er dem Richter die Ankunft, „dou hobbi scho anne im Gsichd g’habd und eine wildfremde Frau brülld mi oo, ob iich scho widder ba dera aldn Schnalln mid ihre roudgfärbdn Hoor gween bin.“ Erst dann konnte sich der Otto einmischen. „Schadzi, nedd suu arch hiihauer“, sagte er hinter den breiten Schultern seines Begleiters, „des is doch mei alder Freind, der Günther. Mir hom si nach langer Zeit wieder einmal getroffen“, hatte er eigentlich sagen wollen. „Dir wer iich glei an Günther geem!“, schrie die Margit, „iich kenn kann Günther! Edzer dreibsders gwiss scho mid Mannsbilder, des werd ja immer schenner!"
Dann sperrte die Margit ihren Otto ins Klo und befasste sich wieder mit dem Günther. „Suvill Schelln wäi in dera Nacht“, rechnete der zurück, „hobbi nedd amol als Bou in der Scholl gräichd. Und wäis mi die Drebbn noogschmissn hodd, hodds mer nu nouchbrilld, daß wenns miich Schwuchdl numol derwischd, nou väärs nedd schlechd, wenn i vuurher mei Desdamend gmachd hädd.“
Wegen Schwarzschlachtung eines Unschuldslamms wurde Frau Margit S. zu vier Monaten auf Bewährung und einer Geldbuße von 3000 Mark verurteilt. „Noormol“, sagte der Günther noch, „mäißerd mer mein neier Freind aa oozeing. Weecher Irreführung. Wenn der vo vornherein gsachd hädd, dasser mid anner Dreschmaschiner verheirood is, wäär i doch nie im Leem mid ihn hammganger.“

Der Rauschcoltengel

Die an Bethlehem und den Folgen orientierte Menschheit glaubt im Großen und Ganzen tief im Inneren noch ans Christkind, an den Weihnachtsmann, Nikolaus, die himmlischen Heerscharen oder an den heiligen Geist und seine schönen Geschenke am gleichnamigen Abend. Der Tabakwaren- und Zeitschriftenhändlerin Bettina S. ist eines Feierabends der Weihnachtsmann höchstpersönlich erschienen. Seitdem hat sie den Glauben an seine Wunderkräfte vollständig verloren.

Es begab sich am 11. November, wo hierzulande gelegentlich noch der lutherisch-reformierte, auch sehr heilige Pelzmärtel zum Kinderabfotzen durch die Straßen schleicht, wie bei Frau Bettina S. als letzter Kunde ein bemerkenswerter Herr ins Geschäft getaumelt ist. „An Belzmandl hodder oog'habd", erinnerte sich die Bettina jetzt vor dem Amtsgericht, „der woorn nern ungefähr fimbf Nummern zerklaa, dasser die Arm fasd nemmer beweeng hodd kenner. Am Kubf a Weihnachdsdüüdn, a Weihnachdsmann-Maskn im Gsichd und an Bart bis am Buudn noo. Als erschdes isser aff sein Bart draffgschdieng und derbei gscheid hiigfluung."

Bei dem Weihnachtsmann handelte es sich, wie sich später herausstellte, um den Vorruhestuntman Roland H., der dringend einige hundert Mark zum Ausgleich seines stark überzogenen Bierfilzlas-Kontos in seiner Stammkneipe benötigte.

Mühselig hat sich der Roland damals nach seinem Sturz wieder erhoben, hat heimlich eine auch Pump-Gun genannte Wasserspritzpistole aus dem Regal genommen, sie der Bettina unter die Nase gehalten und etwas gebrüllt, was unter der Weihnachtsmann-Maske geklungen hat wie: „Übergnall! Sodd Kohler, orra rachd!" Was selbstverständlich heißen sollte: Das ist ein Überfall, sofort die Kohle

rausrücken oder es kracht. Für eine klare Sprache erschwerend hatten sich beim Roland zu der Maske vorher auch ein paar Biere und Schnäpse gesellt, so dass die Bettina kein einziges Wort der furchtbaren Drohungen verstanden hat.
Ob Überknall, Überall oder Rübezahl – sie ist dem Überfall des schwer betrunkenen Rauschcoltengels zunächst dergestalt gegenübergetreten, dass sie dem Roland befohlen hat: „Denner's serfordd den Bamb Gunn widder ins Regal nei, sunsd werri falsch!" Worauf der Weihnachtsmann hinter der Maske wieder schrie: „Übergnall! Sodd Kohler, orra rachd!" Daraufhin hat die Zeitschriftenhändlerin den weihnachtlichen Sendboten dringend gebeten, die Maske aus dem Gesicht zu nehmen, dass sie ihn besser versteht. Der Aufforderung ist der Roland zunächst nicht nachgekommen.
Er hat sich aus der Selbstverpflegungsabteilung einen Flachmann gegriffen und ihn durch die Mundöffnung der Maske leiten wollen. Der Noris Weinbrand ist aber unterm Pappdeckelkinn unverrichteter Dinge wieder ins Freie abgelaufen. Erneut begleitet von dem jetzt eher flehentlichen Ruf: „Übergnall! Sodd Kohler, orra rachd!"
Es hat aber nur insofern gekracht, als die Bettina dem Weihnachtsmann die Maske vom Gesicht gerissen und ihm mit den Worten „Edzer langds mer mid dein Hohlgschmarri!" eine geknallt hat. Maskenfrei und ungeschützt hat der Roland noch einmal, jetzt gut verständlich, aber etwas verwirrt, erläutert „Überfall! Die Kracher raus, odder es kohlt." „Und nou", sagte die Bettina vor Gericht, „hobbin in mein Laden neigschberrd und hob geengiiber in der Dankschdell die Bollizei oogruufn."
Dabei hatte sich herausgestellt, dass der Roland die Tankstelle auch schon mit seinem Überfall beehrt hatte, aber in hohem Bogen hinausgeflogen war.
Wegen der zwei Übergnälle im Zustand der weihnachtlichen Unzurechnungsfähigkeit wurde er zu sechs Monaten auf Bewährung und zehn Zwangsarbeitswochenenden im Tiergarten verurteilt. „Dou wern si die Affn obber freier", sagte die Bettina, „wenn zu ihner aa amol der Weihnachdsmann kummd."

Die Persil-Psychose

Vollkommene Sauberkeit, weiße Westen, reine Herzen, leere Koffer kommen ja jetzt auch bei uns – wenn man von gewaschenem Geld absieht – eher selten vor. Eine rühmliche Ausnahme ragt aus unserer Sumpflandschaft aber strahlend heraus, nämlich Frau Brigitte S. aus der Südstadt. Sie leidet an der kaum mehr verbreiteten Persil-Psychose, verbunden mit einer schweren Brösala-Phobie. Der Malermeister Erich L. ist jetzt ins Räderwerk von der Brigitte ihrem Putzfimmel geraten und wäre dabei um ein Haar vor Verzweiflung aus dem vierten Stock gesprungen. Gerade noch rechtzeitig hat er sein innerliches Kochen umdirigiert und ist jetzt wegen Zerstörung eines Kunstwerks vor Gericht gestanden.
„Des is doch ein Gschmarri", schimpfte der Erich, „dass iich dou als Angeklagter hock. Dou mäißerd normool däi Alde mid ihrn Schdaubkörnla-Badscher schdäih." Der Vorsitzende beruhigte den Maler mit einer Ordnungsstrafe und bat ihn, mit den Schilderungen seiner Stimmungsbombenexplosion fortzufahren. „Des is scho suu ooganger", schimpfte der Erich weiter, „dassi ba dera Sch..., endschuldichung, ba dera schönen Frau, wou iich es Wohnzimmer dabeziern hob solln, dassi meine Schouh auszäing hob mäin. Und nou hodds mer a Badmidzn geem. Däi soll i

aafsedzn, dass kanne Haar rumfläing. Bam Dabeziern a Badmidzn, Herr Richder! Nou hobbi zu ihr gsachd, iich konn aa innern Müllbeidl neischlubfn und oomer zoubindn. Nedd dass aus mir a boor Bagderien raushubfn und die Wohnung verschmudzn. Blouß dabeziern konn i nou nedd. Des mäißerd sie machn. Nou woors beleidichd."
Beim Ablösen der alten Tapeten stand die Brigitte schon mit dem Staubsauger hinterm Erich, wischte nach jedem Schritt der etwas schwitzenden Füße vom Erich mit Essigwasser nach und bat ihn, sich vor dem Berühren von Lichtschaltern, Türklinken oder dem ölgemalten Kunstwerk „Hirschbrunft am Königsee" die Hände mit einem Bimsstein zu schrubben.
„Zon Raung", lachte der Erich hysterisch, „hobbi ba fimbf Grad under Null affn Balkon nausgmäißd. Obber am Kubf hodds mi nedd gfruurn, dou hobbi ja die Badmidzn aafg'habd." Während der Brotzeit eskalierte die Wohnzimmer-Renovierung zum offenen Krieg.
„Schdaddworschd mid Sembfd und Brood hobbi derbei g'habd", erinnerte sich der Erich, „und jeeds mool, wenn i neibissn hob, is däi mid Schaufl und Beesn kummer und hodd Bräisala aafkehrd. Und nou hobbi mer dengd, edzer leggsd mi obber endgildi am Oorsch. Und hob vull aff mei Sembfduum draffgwaadschd, und nou hodds einen Drimmer Bflaadschen aff ihrn Debbich g'habd. Wäi frisch hiigschissn, Herr Richder."
Während die Brigitte gegen den Senfhaufen mit einem Hochdruckreiniger ankämpfte, stieg der Erich auf die Leiter und setzte eine letzte Tapetenbahn. „Iich hobbera", bekannte er, „ihr Scheiß Hirschbrumbfd am Könichsee zou dabezierd. Hodd mi suwiesuu gwunderd, dass in den keimfreier Wohnzimmer asuu a Sauerei hänger derf."
Wegen Einfärben des Teppichbodens mit Senf, Tapzieren eines alpenländischen Kunstwerkes und Diebstahl einer Bademütze wurde der Erich zu einer Geldstrafe von 700 Mark verurteilt. „Wenn'S mi widder amol braung", sagte er danach zur Brigitte, „iich kumm gern. Iich hob mer vo der NASA einen Raumanzuuch kaffd. Dou kommer drinner veschbern, und am Abordd mouß mer aa nedd."

Der singende Holzstapel

Laut Shakespeare gibt es bekanntlich Dinge zwischen Himmel und Erde, von denen sich unsere Schulweisheit nichts träumen lässt. Auch der Bauarbeiter Max K. hat es nie im Traum erahnt, dass er sich einmal zwischen Himmel und Erde befinden wird. Dieser vorübergehende, alptraumhafte Zustand hat bei ihm aber nicht so sehr auf Shakespeare gefußt als vielmehr auf Weizenpeare.

Überschlägig sieben bis acht Weizen sollen es an einem frühen Freitagnachmittag gewesen sein, die ihn kurz vor Feierabend übermannt und gezwungen haben, sich auf einem Stapel Schalbretter zur Ruhe zu legen. „Blouß für a Värddlschdindla“, wie er sich als Zeuge und Opfer einer denkwürdigen Himmelfahrt vor dem Amtsgericht äußerte. Aus dem Viertelstündchen wäre aber, beinahe ein Wochenende geworden.

Angeklagt war der Hilfskranführer Christian L., der an jenem Nachmittag den Bretterstapel mit dem Kran in gesicherte Höhen ziehen wollte, wo er nicht zur Beute eines feierabendlichen Holzdiebes werden konnte. „Iich hob“, sagte der Christian vor Gericht, „däi Bredder middn Seil am Hakn festgmachd und hob zon Max gsachd, dasser sein Rausch wou andersch ausschloufn soll, wall edzer gäids aufwärds. Nou hodder irchndwos brabbld, dass des sei Sofa is, dass miich des an Scheißdreeg oogäid und iich soll in Fernseh ausmachn

und schauer, dassi aus sein Wonzimmer verschwind. Der woor glaabi ganz schäi banander, Herr Richder."
Angeblich hatte der Christian den Max noch mehrfach aufgefordert, das Bretterbett zu räumen. Dann ist er zu seinem Kran hinter den vierstöckigen Neubau geschritten, hat den Stapel Schalbretter auf eine Höhe von vielleicht fünf Meter diebstahlsicher hochgezogen und ist heimgegangen.
„Wäi iich aafgwachd bin", berichtete der Max immer noch mit zittrigem Entsetzen in der Stimme, „woors finsder, kald und mei Sofa hodd suu komisch gschaugld. Obber dou hobbi ja nu goornedd gwissd, dass des nedd mei Sofa is." Beim vorsichtigen Versuch abzusteigen, stieß der Max mit einem Bein ins Leere, mit dem anderen auch, das vermeintliche Sofa geriet in eine starke Schräglage. „Und dou", erinnerte sich der Max, „hobbi nou erschd gmergd, wou iich bin. Iich glabb, iich häd vuur lauder Schregg ka Drebfla Bluud mehr geem. Nedd amol ausdreedn hobbi mi draud, vuur lauder Angsd, dassi derbei nooflläich. Obwohl i wergli dringend amol gmäißd hädd."
In Abständen von zehn Minuten sandte der Max einen Hilfeschrei in die Tiefe, entzündete sein Feuerzeug als Notsignal, bis das Gas gar war und er sich den Daumen verbrannt hatte. Aber niemand nahm von dem zwischen Himmel und Erde schwebenden Max Notiz. Später hätte man kostenlos ein stundenlanges Potpourri der gängigsten Volkslieder hören können, wenn jemand zum Hören in der Nähe gewesen wäre. „Hoch auf dem gelben Wagen", „In einem Polenstädtchen", „Der Mai ist gekommen" schallte es durch die Winternacht. Der Max sang aber nicht aus Freude an der Pflege der Volksmusik, sondern damit er nicht einschläft und im Traum in die Tiefe brettert. Erst am Samstag früh bemerkte ein Jogger den singenden Holzstapel in der Höhe, Polizei und Feuerwehr brachten den Max wieder auf die Erde zurück.
Der Kranführer wurde wegen seelischer und körperlicher Grausamkeit zu einer Geldstrafe von 2200 Mark verurteilt. Womit der Max aber noch nicht ganz zufrieden war. „Wenn'S edzer biddschenn", wandte er sich an den Richter, „vo den Urdeil nu a Kopie an mei Frau schiggn kenndn. Wall däi glabbd mer däi Gschichd bis haid nunni."

Aus der Welt der Stadtreinigung:

Brüder zur Sonne, zur Keimfreiheit!

Endlich, endlich bricht morgen der wohl bedeutendste Tag in der Geschichte der Stadt Nürnberg herein, wenn es nämlich früh beim ersten Sunilstrahl auf Anordnung unseres amtierenden Oberschrubbermeisters heißt „Kehrd wärd!" und wir zusammen mit Tausenden und Abertausenden durch die Straßen der Ziddy schreiten, um sie aus ihrem Dornbröselschlaf wachzuputzen.
Seit der ersten urkundlichen Erwähnung Nürnbergs vor fast 950 Jahren ist ja bekanntlich das drängendste Problem in dieser Stadt der Dreeg. Wildsauherden durchtrampeln seit Jahrhunderten unsere Gässlein, Fäkalienströme ergießen sich wie Lava von der Kaiserburg herab in das mit Recht so genannte Weichbild der Stadt, oft sieht man vor lauter leeren Bierflaschen die Wirtshäuser nicht mehr. Nur hat es bis jetzt nie jemand erkannt, daß Lebberi-City kurz vor dem Abtransport in die berühmt-berüchtigte Fürther Müllschwelanlage steht.
Hoffentlich ist es nicht zu spät, wenn morgen der erste Nürnberger Putz- und Fegtag ausgerufen wird und der Oberbürgermeister mit dem Ruf „Kehrd wärd!" seinen Umweltreferenten an den Füßen packt und ihn als Straßenkehrer-Robbern über den Hauptmarkt schiebt. Auf jeden Fall wird es ein erhabener Tag, an den wir uns noch lange und dankbar zurück erinnern. Wir alle haben ja einen

unbestimmten Drang nach Sauberkeit und Hausordnung in uns, morgen endlich können wir unseren Gefühlen nach unserem Putzfimmel freien Lauf lassen.
In der Aprilfrische der Morgenbleiche marschieren aus allen Stadtvierteln die Putzkolonnen ins Zentrum. Vornweg mit klingendem Spül die städtische Laubsaugerkapelle Fritz Klien und seine Antiseptiker, danach die Blockerwarte, die Blecheimer wie Stahlhelme überm Kopf, die in der Sonne gleißenden Besen geschultert, dann der Klerus mit einer Statue des Erzengels Ariel, gefolgt von einer skandinavischen Delegation verbündeter Lappen, anschließend Hochdruckvereiniger, Dampfstrahler, Heißluftdüsen, Augenwischer und andere die Aktion „Kehrd wärd!" unterstützende Politiker. Und am Schluß ziehen dann wir, die frisch gewaschene Mehrheit, in den bisherigen Dreckhaufen Nürnberg ein.
Auf den Ruf der Stadtspitze „Kehrd wärd!" hebt sodann ein Schrubben, Bürsten, Aufklauben, Kippensammeln, Wursthautvernichten, Staubwischen, Brezenbrösalakehren an, die numerische Erfassung von Hundehäuflein, Zählung der Sandkörner und Erbsen, dass abends unser Städtlein nur so blinkt. Dann klappt's auch mit dem Nachbarn.
Wenn der Wischdienst nach Dienstschluss in die Kehricht-Kommandatur einrückt, die Müll-Miliz beim Abend-Appell ein letztes Mal die Besen präsentiert und der General Domestos meldet „Mein OB, Nürnberg ist nunmehr schmutzfrei", dann ist das große Werk vollbracht. Auf das frühmorgendliche „Kehrd wärd!" erschallt endlich der Befehl unseres Kommandanten „Eikehrd wärd!" und wir gießen uns einige Seidlein Rohrfrei hinter die Binde. Über der Stadt blinken dann auch die Sternlein am Firmament, da und dort erklingen leise grölend die ersten Besenlieder wie „Kehr ich ein mein Schatz bei dir", Sammelbüchsen gehen durch die Menge, der Reinerlös des Tages geht an die notleidende Verpackungsindustrie. Bald nimmt man mit einem herzlichen „Ata, Ata" Abschied voneinander und geht heim, wo vielleicht auch noch einmal gebürstet werden muß. Aber groß ist schon die Vorfreude, wenn es nächstes Jahr wieder heißt „Kehrd wärd!"

Aus der Welt der Stadtreinigung II:

Wo bleibt der Breitwand-Schnapfel?

Jahrzehnte lang sind wir an den Wochenenden in trauter Runde in unserem Hinterhof gesessen, haben recycelt, getrennt, wiederaufbereitet, sortiert, geschluckt und verbrannt, daß aus unserem persönlichen Müllberg daheim allerhöchstens noch ein Häuflein Staub übriggeblieben ist. Mit großer Inbrunst hat der Mehrwegmensch Joghurtbecher gespült, Flaschen ausgezullt, Zigarettenkippen in ihre wiederverwendbaren Moleküle zerlegt, kompostiert, gehäckselt, zerbissen und verdaut. Und jetzt haben wir den Salat. Denn weil wir entgegen unserer Bestimmung viel zu wenig Müll erzeugt haben, ist den städtischen Abfallverwaltern nichts anderes übrig geblieben, als die Gebühren drastisch zu erhöhen.
Es war ein Jammer, mit ansehen zu müssen, wie in unserem Müllvermeidungs-Patscher die majestätischen Schuttberge rund um die Stadt dahingeschmolzen sind, wie in Wald und Flur plötzlich keine alten Sprungfedermatratzen, keine ausrangierten Küchenbüffets, keinerlei rissige Abortschüsseln oder andere Bodenschätze mehr nachgewachsen sind.
Nicht nur den Experten vom Bund Naturschnurz war es klar, wie unser Trennungs- und Müllvermeidungswahn eines Tages enden wird: Der Müll, der Abfall, der Dreck sind zur Mangelware geworden, die Gebühren steigen.
Und jetzt ist die Katastrophe da, unser treuester Freund, der Gelbe Sack, pfeift abgelascht auf dem letzten Loch, die Blauen und Grünen Tonnen schauen uns hohlwangig aus ihren tiefen, leeren Öffnungen an. Müllautos fahren im Morgengrauen ziellos durch die leergefegten Straßen, ihre Fahrer betteln Passanten in ihrer Not um leere Tüten, Wurstschnerpfel, Bonbonpapierchen an, daß sie wenigstens ein Existenzminimum zum Entsorgen haben. Wo soll das noch hinführen!? Selbstverständlich zu noch höheren Müllgebüh-

ren. Schon hat bekanntlich die Fürther Müllschwelbrandanlage von Siemens binnen weniger Tage ihren Geist aufgegeben, höchstwahrscheinlich in der düsteren Vorahnung, daß es bald sowieso nichts mehr zu Verschwelen gibt. Wir müssen umkehren, bevor nicht alles zu spät ist. Wir brauchen sofort noch wesentlich mehr Läden, die in Anlehnung an das nur zum Wegschmeißen verwendete Poltergeschirr irgendeinen Schrott, alte Backsteine, Fischgräten, Plastikdinger, leere Milchtüten, Tierkadaver aller Art, Krampf, groben Unfug, Blödsinn und Lötzinn in riesigen Mengen verkaufen, so daß man es am besten sofort nach Verlassen des Geschäftes in hohem Bogen durch die Lüfte schleudern kann.
Daheim die Tonnen sollen überquellen. Wie früher im Herbstlaub müssen wir durch ein Meer von unentsorgten Joghurtbechem oder Fleischsalatdosen waten, fünf Plastiktüten am Kopf und in der Hand einen großen Wegwerfkoffer, wiederum gefüllt mit vielen anderen, nur scheinbar nutzlosen Gegenständen.
Wo bleiben so Produkte wie etwa der Breitwand-Schnapfel, der Einweg-Rampf, das repunzierfähige Schlunz, der Hochgeschwindigkeits-Rimpfer oder das Panorama-Pfinst mit zwei Perlmuttgriffen dran? Schwachsinn wie am Fließband produzieren, kaufen, wegschmeißen muß die Devise lauten! Da ist natürlich auch die Industrie gefragt und ihr Ex-und-Hoppfengeist. Nur dann könnten die Müllgebühren eventuell in ein paar Jahren wieder runtergehen. Auch der sogenannte Mülltourismus muß sofort gestoppt werden. Was hat es denn für einen Sinn, wenn sich irgendwelche Dörfer draußen am Land oder gar in der Dritten Welt förmlich im kostbaren Abfall aalen und Tag und Nacht schreddem, was das alte Zeug hält, und wir nur dumm in unsere leeren Kehrichteimer glotzen? Jetzt in der Stunde der größten Abfallnot ist jeder gefordert, daß er Dreck herstellt, erwirbt und voll durchs Fenster schmeißt. Am besten durchs geschlossene Fenster. Und wer in Zukunft noch Müll vermeidet, trennt und vorschriftsmäßig entsorgt, oder auf die Ratschläge des Stadtrats hört, daß er dringend Müll vermeiden, trennen oder entsorgen soll, der wird mit 12 Monaten Grünglas-Container ohne Bewährung bestraft.

Aus der Welt des Stadtrats:

Politik auf Rädern

Oft machen ja Stadtverwaltungen, Kommunalpolitiker, örtliche Parteivorsitzende den gravierenden Fehler, daß sie dauernd im eigenen Saft schmoren, nie über den eigenen Maßkrugrand hinaus schauen und dadurch nichts wissen von den Schönheiten eines Paris, Rom, Venedig, von der Weitläufigkeit Neujorgs oder von der Weite und vor allem der immensen Sandvorkommen in der Sahara. Volksvertreter aber sind, wie andere Vertreter auch, in erster Linie Außendienstmitarbeiter und sollen sich ständig den Wind anderer Länder, anderer Erdteile um die Nase wehen lassen. Und um diese Winde bemühen sich die Nürnberger Stadträte zur Zeit wieder in nahezu vorbildlicher Weise.
Ein Vorhaben, das natürlich durch die stattliche Zahl der Nürnberger Partnerstädte sehr erleichtert wird. So weilen unsere Nürnberger Nordpol- und Südpolitiker jetzt zur schönen Sommerszeit wieder in allen Richtungen der Windrose. Die einen sind nach Kavala im nordöstlichen Griechenland aufgebrochen, einige haben die Strapazen einer Expedition durch die Wolkenkratzerschluchten im amerikanischen Atlanta auf sich genommen, wieder andere ziehen mit Gesang durch Nizza oder bereiten den zirka 250.

Partnerschaftsvertrag mit der Langustenstadt Fenedich vor. Eine Anbahnung, die vor allem für unsere große Gondelflotte von eminenter Bedeutung werden könnte.
Eine weitere Delegation ist erst kürzlich ins Land der Mitternachtssonne gedüst, um vor der Küste Norwegens eine Bohrinsel zu besichtigen. „Gräing mer gwiss nou im Dudzndeich a Bohrinsel?" wird sich der kommunalpolitisch versierte Nürnberger in tiefer Besorgnis um künftige Bauvorhaben der Stadt anläßlich der Informationsreise nach Norwegen fragen. Wir können diese Ängste zerstreuen, es hat sich lediglich um das Projekt einer Nasenbohrinsel gehandelt und dessen mögliche Übertragung in den Nürnberger Sitzungssaal, wo infolge der neuen, völlig sichtschutzfreien Sitze das Schürfen in ureigenen Angelegenheiten derzeit nur unterm Tisch möglich ist.
Um was muß sich der Nürnberger Politiker noch alles kümmern? Gera, Antalya, Prag, Skopje, Charkow, Chicago harren auf seinen Besuch, in der chinesischen Partnerregion Shenzhen werden bereits Begrüßungstransparente beschriftet mit den Worten „Glüß Gott, tapfele Männel aus Blatwulst-City!" Die Partnerstadt Glasgow macht ihre Schotten dicht und rüstet zum Whisky-Cup, den sogenannten Nuremberg Open and Unten. Und auch die Weißweinsümpfe der Partnerstädte Hadera und San Carlos wollen trockengelegt werden.
Zu den immer seltener werdenden Sitzungen im vollkommen verwaisten Rathaus erscheinen die Räte nicht selten mit Rädchen an ihren Aktenordnern, mit Handgepäck und Lunch-Paket, weil sie minütlich zu einer Dienstreise abberufen werden können und dann überstürzt das Weite suchen müssen. Je weiter, desto besser. Ähnlich wie die Bundesrepublik wird Nürnberg als erste deutsche Großstadt Stand By regiert.
Ob zum Schafkopfen in Karthago, zur Pflastersuche in Leukoplastos, zur Besichtigung vandalensicherer Volkstoiletten in Abbottshistle, zur Gewerbeparkinformationsreise nach Fürth, bei der Leber-Party im britischen Pralltown – immer ist unser Stadtrat unterwegs, zum Wohle seiner Bürger. Zum Wohlsein!

Albrecht-Dürer-Stube

beim Höllerzeder

Albrecht-Dürer-Strasse 6
90403 Nürnberg
Telefon/Fax 09 11 / 22 72 09

Familienbetrieb seit 1951

ca. 50 Sitzplätze

Montag bis Freitag
18.00 - 24.00 Uhr
Freitag-Mittag
11.30 - 14.00 Uhr

Ruhetage sind Samstag und Sonntag,
sowie alle gesetzlichen Feiertage.
An diesen Tagen richten wir jedoch gerne
Familienfeiern und
Veranstaltungen für Sie aus.

Gurkengeister

Wer schön sein will, muss leiden. Der selber eigentlich nicht so sehr vermögende Vermögensberater Hans-Peter S. hat seinen Hang zu einem blendenden und pickelfreien Antlitz mit zwei Schelln in das selbe büßen müssen. Angeklagt war der Gastwirt Wolfgang B., der an jenem Tag ebenfalls wegen einer Gesichtsrenovierung im Verschönerungs-Salon gesessen ist. Im Fränkischen auch Wellness- und Beauty-Farm genannt.

„Iich hob grood", berichtete der Wolfgang vor Gericht, „mei Lavendel-Kombressn mid Ohrläbbla-Massage gräichd und nou heer iich, wäi der Moo im Schduhl neber mir sachd, dass nern aff die Aung suu brennd. Ob des Frollein vielleichd als Auflaach Essich-Gurgn gnummer hodd. Und nou hobbi mer dengd, däi Schdimm kummder irchndwäi bekannd vuur."

Bei seinem durch eine Joghurt-Maske mit Gurkenscheiben vollkommen vermummten Nachbarn handelte es sich um den Vermögens-Consulter Hans-Peter S. „Obber iich bin und bin nedd draffkummer", sagte der Wolfgang, „woher dass iich däi Schdimm kenn. Wall ausgschaud hodder ja wäi es Gurgn-Gschbensd vom Gnoblauchsland." „Obber in den Momend", erinnerte sich der Gastwirt, „wou er aff aamol zu dera Joghurt-Banscherin gsachd hodd, dasser heid leider aweng klamm is und nedd zoohln konn, dasser es Geld obber gleich morng fräih vorbei bringd - dou hobbis nou gwissd, wer mei Nachber is. Der Schüddlscheck-Bäider vo Johannis, der gräißde Windbeidl in ganzn Värddl! Ba mir im Werzhaus lieng vom Herrn Vermögensberader Bierfilzla mid ungefähr 1500 Märgla Außnschdänd! In Oorsch

vuller Schuldn, obber middn Gsichd zum Beauty-Doggder gäih!"
Wie das Fräulein Visagistin dem Hans-Peter die Gurkenscheiben von den Augen entfernte, hatte der Haupterwerbs-Schnorrer seinen Nachbar aber auch erkannt. „Allmächd", flüsterte er der Gesichtsmasseurin plötzlich zu, „iich hob ja nu an Dermin. Sin's mer nedd bäis, obber iich mouß gäih. Des Joghurt dou i mer nou selber roo." Der Hans-Peter rumpelte aus dem Behandlungsstuhl, stürzte – mit dem wallenden weißen Umhang und der Joghurt-Maske im Gesicht – wie panisch aus dem Beauty-Salon auf die Straße und flüchtete sich ins Lotto-Geschäft nebenan. „Iich gräich", sagte dort das Joghurt-Gespenst zu der zu Tod erschrockenen Verkäuferin, „an System-Loddoschein und an nassn Waschlabbn." Die Verkäuferin hatte sich von ihrem Schock noch nicht erholt, da klingelte schon wieder die Ladentür und im Geschäft stand ein weiterer Beauty-Geist. „Wou issn däi Dreegsau!?", brüllte der Wolfgang im weißen Umhang und mit der Lavendel-Kompresse im Gesicht, „Iich hob nern doch dou reigäih seeng."
Dann hatte der Gastwirt seinen Schuldner im hintersten Eck entdeckt, wie er immer noch mit einem Pfund Joghurt im Gesicht gerade seinen System-Lottoschein ausfüllen wollte. „Meine fuchzehahunderd Mark her!", brüllte der Lavendel-Geist das Joghurt-Gespenst an, „Suu lang konn i nedd warddn, bis du im Loddo gwinnsd." Und weil der Wolfgang in den hastig überprüften Taschen vom Hans-Peter keine müde Mark, geschweige denn gleich 1500 fand, patschte es zweimal laut und spritzend im Joghurt-Gesicht. Der Gastwirt Wolfgang B. wurde wegen der gewaltsamen versuchten Schuldeneintreibung zu einer Geldstrafe von 2000 Mark verurteilt. „Obber schlechd woors nedd", äußerte sich die Dame vom Lotto-Geschäft vor Gericht noch, „dass nern der a gscheide am Baggn naaf g'haud hodd. Wall dou derbei is den Moo der ganze Joghurt ausn Gsichd g'hubfd, und nou hobbin erschd kennd – der Grambfbolln-Bäider! Ba mir hodder aa nu 500 Marg schdäih. Obber suu raffinierd sins! Edz denner ser si bam Eikaafn scho maskiern."

Der Kontrolleur vom Kartelamt

Die auch als Kiebitze, Spechtler, Klugscheißer bekannten Kontrolleure vom Weinzierleiner Kartelamt erfreuen sich immer noch größter Beliebtheit. Die fünfte Kolonne eines Schafkopfabends zu viert erhält nicht selten Redeverbot, Ohrfeigen, ein Bier ins Hemd oder einen kostenlosen Direktflug zum Wirtshaus hinaus direkt auf den Gehsteig. Aber das Kiebitzen beim Karteln ist in ihren Erbanlagen fest eingeschweißt, sie können es nicht auslöschen.
„Sie geschdaddn?", hat der König der Kiebitze, Herr Jürgen W., ein Schafkopf-Quartett im Gasthaus gefragt und sich sogleich einen Stuhl an den Tisch gezogen. Im gleichen Augenblick, wo er noch verkündet hat, dass er ein bisschen in die Karten spitzt, aber verschwiegen sein wird wie ein Altbundeskanzler, ist es schon aus ihm herausgesprudelt: „Also Herr Nachher, sin'S mer nedd bäis, obber ba den Bladd, dou mäin'S doch schbridzn! Vier Drimbf und zwaa Sai, und dou schbridzd der nedd. Des derf doch nedd wahr sei!!"
Wie man sich unschwer denken kann, ist der Kartelabend ein Fall für die Rechtsprechung geworden. Der wegen verschiedener Delikte vom Kloßmissbrauch bis zur Bierausschüttung angeklagte Kartler Herbert S. ist damals im Verlauf des Abends immer nervöser geworden. Schon allein die Blicke vom Jürgen in sein Blatt haben auf ihn wie Messerstiche gewirkt.
„Mir is der Schweiß aff der Schdirn gschdandn", schilderte der Herbert seinen Seelenzustand, „und an Ausschlaach wäi ba Windboggn hobbi gräichd, suu hodd mi des aafgreechd."
Ungerührt hat aber Herr Jürgen W. die Fehler vom Herbert immer wieder aufgedeckt. „Ja soong'S amol", hat er ihn schon wesentlich vertrauter als am Anfang angebrüllt, „wa-

sagte der Erich und hielt dabei kurz mit dem Notizenmachen inne, „edzer gräing mer amol zwaa Bier.“
Als der Meister der kleinen Form diese beiden Bierchen in einer Art Schnapsglas mit einem schmetternden „Zon Wohlsein, Parösterchen!“ servierte, blickten die beiden Gäste erschrocken auf die Getränkchen. „Hom Sie“, fragte dann der Josef „nu andere Gläser?“ „Was Sie wünschen tennen, meine Herren“, antwortete der Wirt, „Weißweingläser, Rotweingläser, Abbardiefgläser, Watergläser. Was Sie wünschen tennen.“ „Mir tennen“, hepperte der Josef, „Vergrößerungsgläser wünschen. Daß mer unser Bier seeng.“
In Erwartung einiger Sterne in einem Restaurantführer lachte der Wirt aus vollem Hälschen mit, versuchte durch einen schnellen Blick die Notizen vom Erich zu erkennen und servierte dann der Reihe nach seine Miniatürchen der Saison. Bei jedem Gang des Menüs lachten sich der Erich und der Josef über die mit einer Art Pinzette vorgelegten Speischen halb kaputt, nahmen pro Person etwa fünfzehn Reagenzgläschen Bierchen und das eine oder andere Tröpfchen Reneclauden-Schnäpschen zu sich.
Am Ende fragte der Meister, was der Erich jetzt denn da in sein Notizbuch geschrieben habe. „Es gäid Ihner zwar an Scheißdreeg oo“, sagte der Erich, „obber iich dou grood in Kassnschdand vo unsern Kegel-Klub ausrechner. Wall iich bin der erschde Kassier.“
„Und nou“, äußerte sich jetzt der Erich vor Gericht, nou hodder uns aff aamol a Rechnung innern schweinslerdenen Umschlooch hiigleechd, dassi gmaand hob, mir bfeifds in Vuugl ausn Kubf raus. Fiir däi boor Fidzala Fleisch glaab 350 Mark. Und nou simmer ganger. Wäi iich g'heerd hob, dasser die Bollizei ooruufd, hobbin gschwind nu in Hausgang neibinkld. Vill konns obber nedd gween sei, ba däi boor Dröbfla Bier.“
Wegen Zechbetrug und Hausfriedensbruch wurden der Erich und der Josef zu jeweils 600 Mark Strafe verurteilt. „Unklaublich“, sagte der Wirt nach dem Urteil noch, „mid wos fiir einen Kesindl man es manchmal zer dun hadd.“ „Reech di nedd aaf, du Oorsch an Öhrchen“, sagte ihm der Erich zum Abschied, „wos wolln nern dou mir erschd soong“.

Helmut S., der Immobilien-Magier

Oft wirft ein kleines Stück Erdoberfläche eine jährliche Rendite von ungefähr null Prozent ab, ist schwer pflegebedürftig, hat einen Freizeitwert wie eine leere Bierflasche und kostet in der Anschaffung so einen horrenden Preis, dass der Käufer meint, es dreht sich um den Kubikmeterpreis eines in der Raumhöhe unbegrenzten Grundstücks, das nach unten mindestens bis zum Erdmittelpunkt reicht. Dennoch gehört eine Immobilie immer noch zu den begehrtesten Objekten im zwischenmenschlichen Güteraustausch.
Auch der freiberufliche Wald- und Wiesenhändler Helmut S. hat jetzt mit einem sogenannten Bumerang-Grundstück ein zunächst sehr ansehnliches Geschäft gemacht. Der Name Bumerang-Grundstück deutet schon darauf hin – es hat sich um eine Immobilie gehandelt, die nach dem Verkauf immer wieder zu ihm zurückgekehrt ist. Insgesamt zwei Mal, ehe sie sich bei der dritten Rückkehr verlaufen hat und am Amtsgericht gelandet ist.
Auf die geheimsprachliche Zeitungsnachricht „Wo.e.grst. usth. sof. gü. abz.“ hat sich zunächst ein Herr Gerhard B. gemeldet, der das umständehalber sofort und günstig abzugebende Wochenendgrundstück erwerben wollte. „Des woor“, erinnerte sich der Gerhard, „a Schdiggla hinder Hennerfeld. Hanglage, an Haafn Abflbaim, a schäins Garddnhaisla, der Zaun eimwambfrei – einmalich, Herr Richder.

Iich hob gsachd, des nimmi serfordd." „Ja", fuhr er auf eine Zwischenfrage des Richters zu den Eigentumsverhältnissen fort, „aweng komisch is mehr scho vuurkummer, dass der Moo gsachd hodd, dasser ausverseeng in Schlüssl dahamm vergessn hodd und mir nou mid vereindn Gräfdn die Garddndür aafbrechn hom mäin."

„Edzer hommer", sagte nach der Besichtigung damals der Helmut, „ner blouß nu a Broblem, nemli, dass gesdern scho anner dou woor, der wou des Grundschdigg aa unbedingd homm will. Wenn'S mer vielleichd a glanne Anzahlung geem kenndn, nou wär des Broblem scho erleedichd." So wechselten an diesem Tag 5000 Mark in bar den Besitzer, und am folgenden Samstag wollte der frisch eingeweichte Grundstücksbesitzer Gerhard B. seiner Familie das Apfelbaum bewachsene Juwel hinter Henfenfeld vorführen. „Die Garddndür", erinnerte sich der Gerhard, „woor immer nu aufbrochen und in mein Wochenendgrundschdigg sin a boor Laid gschdandn und hom si dauernd oogschriea. Nou hobbi zu ihner gsachd, sie solln blouß schauer, dass aus mein Garddn verschwindn". Es handelte sich dabei um die Familie S., die wirklichen Grundstückshinhaber, und die Familie B., die an den Helmut ebenfalls eine Anzahlung in Höhe von 5000 Mark geleistet hatte. Um die Mittagszeit stieß noch eine Familie K. dazu. Ihr Oberhaupt brüllte schon beim Eintreten: „Wos wolldn Ihr Ganovn aff mein Grundschdigg?! Abmarsch! Obber bledzli!" Dann alarmierte er, übers Handy die Polizei, die die Apfeldiebe aus dem Paradies vertreiben sollte.

Drei Tage später wollte der Immobilien-Zauberer Helmut S. die Apfel-Plantage zum dritten Mal an den Mann bringen, wieder mit einer kleinen Vorauszahlung in bar. Dabei wurde er dann auf seinem Wandergrundstück verhaftet. Es war nicht sein erstes Geschäft dieser Art, und Helmut S. wurde zu einer Einbuchtung von neun Monaten verurteilt.

„Nou wer mer", mutmaßte nach dem Urteil Gerhard B. „demnächsd a Inserad in der Zeidung leesn kenner – 100 Di. whg., ausbr.si. gü. abz. Also hundert ausbruchsichere Eigendummswohnungen abzugeben. Nou verkaffder die Gfängniszelln in der Mannerdschdrass.

Aus der Welt der Jubelfeiern:

100 Jahre Achterbahn

Was da einige Herrschaften im Mai des Jahres 1900 gegründet und infolge Freibier am andern Früh vermutlich schon wieder vergessen haben – einen sogenannten 1. FCN – wäre unter normalen Umständen drei Tage später wieder dem Untergang geweiht gewesen. Dass dieser hierorts auch Glubb genannte Zehen-Zirkus strahlend am Firmament steht wie der Stern von Bettelhem und seinen 100. Geburtstag feiert, ist nur der Umsicht, Fürsorge und Hingabe seiner mehr oder weniger Verantwortlichen zu danken.

Erpressidenten, Vorschwitzende, Schwatzmeister, höchste Würdenträger der Leih Society, graue, blaue Eminenzen aller Art haben ihn 100 Jahre lang immer wieder aus allen Tiefen ins Licht des Lebens zurückgerufen und ihm statt den häufig im Stadion zelebrierten Odel den Odem wieder eingeblasen.

Dankbar erinnern wir uns, wie nach Jahrzehnten der Langweile, der Meisterschaften wie am Fließband endlich der Retter von Zabo erschienen ist und den Glubb wieder dorthin geführt hat, wo er hin gehört, nämlich in die zweite Liga. Zerzabelshofer Flachpass und Flachmann – zwei gefürchtete Begriffe aus jener rumreichen Zeit! Damals, 1969, ist es endlich stetig aufwärts und vor allem abwärts gegangen, der Glubb hat in seiner Eigenschaft als Dreier-Looping in Ruhe gesunden können. Alle drei Jahre lang ist er beim VfR Bürstadt, bei Amicitia Viernheim, dem SV Großhabersdorf aufgetaucht und hat unter dem Motto „Elf Luschen müsst Ihr sein“ Furore gemacht. Bald hat man ihn hochachtungsvoll-voll die Gurkentruppe von der Spülvereinigung Knoblauchsland genannt, bald ist er in die Biergeschichte als effektivste Brauerei des Landes eingestuft worden: Nur elf Flaschen,

aber in jedem Dorf eine Niederlage.
Geschickt hat die jeweilige, oft einwöchig im Rotationsverfahren wechselnde Vorstandschaft das Phantom-Vermögen des Glubb auf verschiedene Konten in der Fränkischen Schweiz verteilt, so dass es nie mehr auffindbar war. Was bei Nichts natürlich kein Wunder ist. Dennoch haben zahlreiche Spielervermittler zwischen Wolgograd und Zabograd durch ihre Lieferungen einbeiniger Mitteltürmer, kopfloser Vorstopfer, schlafwandelnder Außenbahnen und anderer Rohdiamenten ihr früher so karges Leben in Saus und Braus verbringen können.
Unvergesslich auch die Verbundenheit mancher Funktionäre zu uns vom niedrigen Volk. Manche sind sogar an die vier Jahre ins Gefängnis gegangen, um die Stimmung der Fans an der Basis ausführlich zu studieren. Nicht selten haben alle an einem Strang gezogen, beziehungsweise hinterzogen und dann Hunderttausende von Mark in Form von Strafbefehlen wieder an uns Zuschauer zurückfließen lassen. Als Schmerzensgeld. Sogar die 3. Liga haben wir einmal kennenlernen dürfen durch die Besonnenheit der Führung unseres großen Renoviervereins. Und immer wenn die Freude fast am Siedepunkt, nahezu unkontrollierbar war, ist irgendwo ein Lichtlein, ein Vorstand hergekommen und hat rechtzeig die Euphorie-Bremse getreten, dass wir nicht überschnappen. Eine kleine Schiedsrichterbestechung, ein Konkursantrag, ein persönlicher Vereinskassensturz, ein Last-Minute-Rausflug der Träne von Trainer, die einen Tag zuvor noch die größte Koryphäe des Universums gewesen ist – schon waren wir wieder am Hosenboden der Tatsachen. Und wie sind wir oft um den kollegialen Umgangston innerhalb der umsichtigen Beherrscher des Glubb beneidet worden. Wo – außer vielleicht zur Zeit bei Borussia Vollmund – hat man sich öffentlich so herzlich, als Aff, Hosenscheißer, hirnverbrannter Bierdimpfl, Profil-Neuröschen, zueinander bekannt!
Wer also von seinen Hinterziehungsberechtigten schon 100 Jahre lang derartig umhegt wird, der steht höchstwahrscheinlich auch die nächsten 100 Jahre durch. Halt aus, herzlichen Glückwunsch, Glubb!

Aus der Welt der Aufputschmittel:

Oft endet das Leben mit dem Tod

Schock über den beabsichtigten Pillenknick! Denn es will die internationale weiße und rote Blutkörperchenkommission auch unsere deutschen Heroen der Landstraße, die Apotheken auf Rädern, aus dem Verkehr ziehen. Jetzt haben wir den Speichensalat. Denn wenn ein Radrennfahrer keinerlei Erytropoietin mehr zu sich nehmen darf, kein Sauerampferspritzchen, keine Tablette, null Treibstoff also, dann wird die Tour de Trance heuer infolge der verminderten Geschwindigkeit vom Start bis zum Ziel vielleicht zwei, drei Jahre dauern. Und selbst für das verhältnismäßig kurze Radsport-Ereignis „Rund um die Altstadt" in Nürnberg wird man als Mindestdauer an die zwölf Monate anberaumen müssen.

Sehr interessant dürfte es für die Zuschauer auch werden, wenn Benzin erwartungsgemäß auf die Doping-Liste gesetzt wird und etwa Herr Joachim Winkel Hock seinen BMW vier Wochen lang um den Noris-Ring herumschieben muß. Überhaupt wird durch eine durchgreifende, ungefähr 500prozentige Doping-Kontrolle das Leben auch für uns nicht so ganz im Rampenlicht stehende Athleten wesentlich ehrlicher. Wenn zum Beispiel bei einem x-beliebigen Gibitzenhofer Bürohengst plötzlich eine Delegation der Weltgesundheitsbehörde erscheint und ihm seinen täglichen Schädelbrummen-Blocker Alka Seltzer entzieht, den Humpen Hochgeschwindigkeits-Kaffee, Schnupftabak, das Päcklein Marlboro, Prosecco, Himbi oder den intravenös verabreichten Hennessy, dann schläft dieser städtische Akten-Athlet Sekunden nach dem Erwachen bereits wieder ein und erscheint höchstens einmal im Jahr zur Ärwerd. Nämlich eine Woche vor dem Heiligen Abend zur Betriebsweihnacht.

Auch diese muß dann aber unter höchster Geheimhaltung veranstaltet werden, denn es kreisen dort in der Athletenrunde in erschreckendem Ausmaß ebenfalls Doping-Mittel aller Art. Weniger das bereits erwähnte Erythropoietin, weil wir es gar nicht aussprechen können und mittelfränkische Weihnachtsfeiern in den seltensten Fällen auf einer Paßhöhe in den Pyrenäen stattfinden. Dafür aber Tucher-Hefeweizen, Kristallweizen, Kitzmann Dunkel, Kitzmann Zwickel-Bier, Schlehengeist, Williams, Wodka Feige, Kirschwasser, Streitberger Bitter, ganze Blöcke von rotem oder weißen Preßsack, Stadtwurst mit Musik, Schweinshaxn, Kalbsschnitzel und so weiter. Also alles Medikamente, Hilfsmittel, die kurz aufputschen und in uns ein irgendwie angenehmes Gefühl erzeugen. Aber es ist trügerisch.
Bereits nach einigen Stunden läßt dieses Gefühl viagramäßig wieder nach, der Mensch, der Grill-Party- oder Kirchweih-Athlet hat sich und seine Anhängerschar betrogen. Im Verlauf seiner Doping-Sucht wird ein Mensch richtiggehend abhängig, er muß oft zwei-, dreimal am Tag essen oder gar trinken. Die Vergiftung seines Körpers führt am Ende des Lebens nicht selten zum Tod. Wie man hört, sind sogar in höchsten Greisen im Nürnberger Rathaus bei einer Routineuntersuchung schon Restsubstanzen von Sechs mit Kraut, Tucher oder Patrizier gefunden worden. Daß sie noch nie in eine Doping-Kontrolle an einer der Ausfallstraßen geraten sind, hängt vielleicht mit ihrer guten Spürnase oder mit Odol-Mundspray zusammen, das aber auch auf die Doping-Liste kommt.
Was wird noch alles auf ihr stehen? Dolomo, Daumenlutschen, Nägelkauen, das beruhigende Bubbeln, Vick Vaporub, Em-Eukal Hustenbonbon, Ohropax, Kaugummi, Ayurveda-Tee, Sauerbraten, rohe Gniedla, Fleischsalat. Das Leben wird eng, aber sauber. Vor allern aber werden die strafferen Doping-Vorschriften den Fußballspielern des 1. FC Nürnberg nützen. Sie müssen von ihrer schon Jahrzehnte dauernden Sucht befreit werden und dürfen dann bis zu drei Tage vor einem Spiel keinerlei Schlaftabletten mehr schlucken. Das wird ein Hallo geben, wenn sie zum ersten mal in ihrem Leben einen Fußball erspähen.

Aus der Welt der Aufputschmittel II:

Zerzabelshofer Prallkünstler

Ja freilich – jetzt weiß man beim 1. FC Nürnberg auf einmal überhaupt nichts von Aufpretschmitteln, Hochgeschwindigkeitstabletten, Kurvenwasser, Weitschießpillen oder vom berüchtigten Zehen-Viagra für Manndecker und Vorstopfer. Und den Doping, heißt es am Bfalznerweiher, hat man beim Club bisher immer für den chinesischen Tischtennisminister gehalten. Allerhöchstens könnte es sein, dass der eine oder andere Vorstand schon einmal ein Brausepulver eingenommen hat oder ein Reagenzgläslein naturtrübes Hefeweizen. Aber sonst ist der Club aufputschmittelmäßig unschuldig wie ein Sonnenstrahl im Morgennebel.
Har, har kann man da nur sprechen! Diese Herrschaften wollen den DFB und seine Brunshäfala-Fahndern bloß hinters Licht führen und meinen, es merkt keiner. Aber jeder merkt es sofort. Denn so wie unser Club in der letzten Saison die anderen aufgemischt hat, derwischartig über den Rasen gehuscht ist, voll brilliert hat und der Schrecken aller Vereine war, kann nur Doping im Spiel gewesen sein.
Wir haben es doch selber immer wieder schmerzenden Auges gesehen, dass diese Wundermannschaft, das Driemdiem from Zerzapfelshuuf, die Beherrscher der freien Gasträume mit Aufputschmitteln aller Art vollgepfropft gewesen

sein müssen. Wie sonst hätten sie diese herrlichen Leistungen erzielen können, wegen denen wir uns oft am Samstag vor lauter Begeisterung vom nächstbesten Sinwellturm stürzen haben wollen.
Wer erinnert sich nicht an jenen ins Tropfbier-Buch der Rekorde eingegangenen Volley-Schuss eines Club-Vollstreckers aus der sagenhaften 20-Zentimeter-Distanz, der durch seine explosive Wucht um ein Haar fei die Torlinie erreicht hätte. Unvergesslich wird uns auch bleiben, wie der Imperator der rechten vorderen Außenbahn einmal statt dem ja sehr heimtückischen, abgerundeten Ball lieber die Luft getroffen und es ihm dabei das erstaunte Schussbein aus dem Hüftgelenk gerissen hat. Pfeilschnell und majestätisch ist dieses plötzlich herrenlose, verwaiste Bein durch die Arena geflogen und am Flutlichtmast hängen geblieben. Schon im nächsten Jahr soll der Nürnberger Beinweitwurf jetzt olympisch werden.
Ohne ana oder zwaa Bolika, ohne die berüchtigten Mamphitamine oder Eigenurinbehandlung wären solche eindrucksvollen Leistungen unmöglich gewesen. Wie anders als mit Doping hätte der Club-Libero damals in einem der zahlreichen Schlüsselspiele einen Grasbatzen im Stadion so voll treffen können, dass dieser in den Dutzendteich gesegelt ist und dort jetzt als Denkmal des unbekannten Luftheulers eine kleine Insel bildet. Auch muss man sich stets vor Augen führen, dass diese begeisternde Graue-Star-Truppe, die ihr Ziel II. Bundesliga souverän erreicht hat, ja so gut wie kein Geld verdient und trotzdem täglich bis zu eineinhalb Stunden körperliche Schwerstarbeit verrichtet hat. Dieses unermüdliche Malochen gepaart mit filigranster Fußballkunst – da können nur Aufputschmittel in höchsten Dosen, manchmal auch in Bierdosen, dahinterstecken. Wer so unermüdlich, hingebungsvoll und angestrengt Ersatzbänke allein mit der Kraft des Hinterns in die Erde drückt, wer einen Ball auf zwei bis drei Quadratkilometer genau zuspielen, fünf Meter ohne Unterbrechung zu Fuß gehen und eine Torlatte von der Morgenlatte unterscheiden kann, der muss unter dem Einfluss verbotener Drogen stehen. Anders sind die Leistungen der Zerzabelshofer Prallkünstler nicht zu erklären.

Der stramme Max in der Liebesfalle

Telefondiebstahl war in früheren Jahren ein Verbrechen, das in den seltensten Fällen in einer Kriminalstatistik aufgetaucht ist. Höchstens dass jemand einmal eine Telefonzelle mitgehen hat lassen, um sie als Wander-Eigentumswohnung gewinnbringend zu vermieten. Telefone an sich aber waren durch ihr Dasein in einem geschlossenen Raum und durch ein Kabel vor Diebstahl ausreichend gesichert. Seit sie aber schnurlos sind, zwitschern und auf den seltenen Vogelnamen Handy hören, vergeht kaum ein Tag, an dem die neue Ohrenwärmer-Generation mit der integrierten Emil-, beziehungsweise Email-Anlage nicht illegal ihren Besitzer wechseln.
Auch der Mobil-Telefonist Christian S. hat an einem Freitag abend im Gasthaus bemerkt, dass ihm sein sein wichtigstes Körperteil abhanden gekommen ist. Wegen der etwas ungewöhnlichen Rückhol-Aktion des kostbaren Handys ist er jetzt vor Gericht gestanden. „Erschd hobbi serfordd“, erläuterte er dem Vorsitzenden, „die Bolli ooruufn wolln, daß mei Handy gschdulln worn is. Obber ohne Handy hobbi ja nedd phonen kenner, nä. Nou hobbi a Daxi callen wolln – is aa nedd ganger. Ohne Handy bisd a Depp. Nou binni mid die Fußy zur Bollizei gloffn und hob Anzeiche erschdadded. Dou homs mer gsachd, daß am besdn is, iich kaafmer a neis Handy.“
Einen Tag später setzte der Christian seine Freundin Sylvia

auf das Handy an. In den späten Abendstunden wählte sie auf Befehl ihres Meisters die mobile Telefonnummer. Zunächst war der ausgeflogene Ohrwurm ein paar mal not available, dann aber meldete sich ein gewisser Herr Hallo. Und die Sylvia flüsterte ihm in die Muschel, mit einer Stimme, wie man sie höchstens einmal beim Telefon-Sex von Landtagsabgeordneten erleben könnte: „Schadzi, iich bins. Wäi gäids denn mein Schneggilein? Iich hob suu Sehnsuchd nach mein schdrammen Max, mein schdrammen. Iich mechd mi widder amol wärmen, an dein Heizungsrohr.“
Der Herr Hallo hatte zunächst schon auflegen wollen, lauschte dann doch dem immer deutlicher werdenden Fernsprechverkehr und hatte schließlich einen derartigen Hormonspiegelstau, dass er sich zu einem Treffen in einer halben Stunde im Appartement der Sylvia, die er überhaupt nicht kannte, förmlich drängte. „Gäids aa innera Värddlschdund“, presste er noch ins Handy, das ihm nicht gehörte. Bereits zehn Minuten später läutete es an der Wohnung. „Dei schdrammer Max is dou“, säuselte er beim Eintreten, worauf er von dem hinter der Tür lauernden Christian eine solche Schelln erhielt, dass ihm jegliche wärmende Gedanken blitzartig vergangen sind.
„Dein schdrammer Max konnsd widder eibaggn“, brüllte ihn der Christian an, „Obber derfiir baggsd edzer aff der Schdell mei Handy aus, wousd mer im Werzhaus gschdulln hosd!“ Und schon dröhnten die nächsten Schelln durch das Treppenhaus. Wie es dann zur Übergabe des gestohlenen Telefons gekommen ist, konnte die von Nachbarn alarmierte Polizei gleich zwei Kunden mitnehmen, den Handy-Dieb und den Handykantenschläger.
Rache ist bekanntlich die Angelegenheit des Herrn, Strafe die Angelegenheit des Herrn Richter. Der verurteilte den bereits mehrfach vorbestraften Hilfs-Sheriff Christian S. zu vier Monaten Zimmer ohne Balkon in der Mannertstraße. „Nou kenndi doch“, äußerte sich der als Zeuge geladene Handy-Dieb, der noch gesondert behandelt wird, „die nexdn vier Monad dei Handy nu benüdzn. Und wenn mi dou dei Freindi widder aweng ooruufn dääd, hädd i fei nix dergeeng.“

Soda und Gomera

Während Männer in wärmeren Jahreszeiten mit ihren Gesundheitssandalen aus dem Hause Birkenschock, hellbraunen Perlonsöcklein und den aus dem umherschlotternden Spülhöslein hilflos herausragenden Steckerlasbeinen nur selten erotische Hochspannung in ihre nächste Umgebung weiterleiten, kommt es bei leichter bekleideten Damen in der Öffentlichkeit nicht selten zu Tumulten.
An einem äußerst schwülen Verkaufs- und teilweise auch blusenoffenen Samstag ist Frau Lisa B. mit einem Hauch von Kleid durch die Fußgängerzone flaniert, dass auch der Nicht-Mediziner spüren hat können, wofür die Befestigung von Augen in der Augenhöhle manchmal gut ist. Sonst wäre an diesem Nachmittag die Karolinenstraße mit herausgeschnalzten Männeraugen übersät gewesen.
„Asuu a Schweinerei", geiferte der Sittenwächter Heinz S. jetzt vor dem Amtsgericht immer noch, „is mir in mein ganzn Leem nunni vuur die Aung kummer. Dera ihre Dinger sin ja bragdisch im Freien bambld, Herr Richter! Und dann mousd ja soong – in den Alter nu, gell. Also irchndwo isser Grenz."
Die Lisa und ihre zwei Dinger sind seit 39 Jahren auf der Welt, ein Alter, in dem man sich ihrer Meinung nach durchaus noch sehen lassen kann. „Und zeerschd", sagte sie als Zeugin bei der Verhandlung gegen den Heinz aus, „isser ja aa ganz begeisderd gween. Vom Duda-Eck bis zon Weißn Durm isser dauernd neber mir hergloffn und hodd mer dauernd vo der Seidn neigschbechdld. Den hodds der die Aung rausdriggd, dassd gmaand hosd, der hoggd mid anner Drimmer Verschdobfung am Abordd!"

Dann sind der Lisa die tiefen Blicke vom Heinz aber immer unheimlicher geworden. „Horch amol, Du Aung-Rammler", hat sie ihn angefaucht, „kennsd nedd amol wou andersch hiiglodzn!? Odder sollis der gschwind ganz raus dou, dassders fodografiern konnsd. Fiir dahamm rum aweng!" Von da an war die Fernseh-Liebe vom Heinz zum Dekollete der Lisa jäh erkaltet. „Iich wer Ihner glei einen Aung-Rammler geem", brüllte er, „dou heerd si doch die ganze Weltordnung aaf! Daß Sie sich nedd schämer! In der Schdadd rumlaafn wäi die Dolly Bflasder, odder wäi däi hassd! Bfui Deifl, konn i dou blouß soong."
Und in Abständen von wenigen Sekunden rief der neben der Lisa her wieselnde, plötzlich zum Tugendwart der Sekte „Unser Herz muss reiner werden" gewandelte Heinz aus: „Wou bleibdn dou die Diddn- beziehungsweise Siddn-Bollizei!?", „Hodd nedd jemand an Mandl dou, dass mer däi Schnalln zoudeckd!", „Sin mir edzer in Närmberch odder in Soda und Gomera!?" Mit dem Städtevergleich hatte der Heinz vermutlich Sodom und Gomorrha, die biblischen Schandflecken, gemeint.
Für diese und weitere öffentliche Anklagen wie Schlumbl, verkommene Sulln oder kinderverderbende Fallobst-Scheuche gab es während des Verfolgungsrennens durch die Altstadt reichlich Zeugen, die die Lisa dann am Ludwigsplatz einem auf Fußstreife befindlichen Polizisten vorführte. „Im Karstadt", erläuterte sie dem Beamten noch, „isser extra nu mid der andern Rolldrebbn gfoohrn, dasser mer besser neischauer konn. Und edzer wäär i affaamol a bornografische Dreegsau! Iich zeich den Moo oo."
Wegen Beleidigung ist der sex- und sechzigjährige Ruheständler Heinz S. zu einer Geldstrafe von 800 Mark verurteilt worden. Daraufhin hat der Heinz noch im Gerichtssaal angekündigt, dass er es sich nicht bieten lässt und jetzt die Lisa ebenfalls verklagt, und zwar wegen Erregung öffentlichen Ärgernisses in zwei schwerwiegenden, für alle gut sichtbaren Fällen. „Vill Erfolch, du scheinheilicher Aung-Drobfer", hat ihm die Lisa noch höflich gewünscht, „Und bring nou zu der Verhandlung a Migroskoob miid. Dass mer die öffendliche Erreechung seeng konn."

Der geheimnisvolle Herr Schnerpfl

Autoausflüge bei einem noch so dichten persönlichen Bodennebel waren in früheren Zeiten sehr problemlos zu bewältigen. Aufgefallen ist in der längst verstrichenen Alkohol-Epoche höchstens der nüchterne Steuermann, wenn er sich nach Mitternacht mühselig durch die endlosen Schlangen der Schlangenlinienfahrer gequält hat. Jetzt greift der Autofahrer auf den Genuss von Noris-Limo zurück, auf Taxi, Straßen- und Achterbahn, auf die eigenen, meist wie verknotet wirkenden Beine oder auf interessante Geschichten beim Zusammentreffen mit der polizeilichen Promille-Wacht.

Aufgrund so einer Geschichte ist jetzt der Gewohnheits-Schluckspecht Paul F. vor Gericht gestanden. „Doud mer wergli leid, Herr Richter", hat sich der Paul entschuldigt, „obber iich schdäi immer nu under einen schdargn Gehirn-Schogg. Iich wass ibberhabbs nix mehr." So viel war aber aktenkundig, dass der Paul damals mit vier weiteren wandelnden Bierfässern im Auto anscheinend den Berg vom Tiergärtner Tor in Richtung Plärrer unter voller Ausnutzung der zwei Fahrspuren gerollt und ihnen eine Polizeistreife begegnet ist, die gedacht hat, es kommt ihnen ein stark unter Schüttelfrost leidender Verkehrsteilnehmer entgegen.

Sie haben ihr Blaulicht eingeschaltet, gewendet, aber das

Auto vom Paul haben sie nicht mehr anhalten brauchen, es ist schon ordnungsgemäß am Gehsteig geparkt gewesen. Am Steuer und am Beifahrersitz ist niemand gesessen. Drei Mann haben auf dem Rücksitz verschiedene Lieder gesungen wie „Horch, was kommt von draußen rein“ oder „Der Mond ist aufgegangen“, wobei sich einer von ihnen seiner Hose entledigt und seinen blassen Hintern gezeigt hat. Bei der genaueren Durchsuchung des Autos sind dann aus dem Kofferraum noch einmal zwei schwankende Gestalten aufgetaucht, eine von ihnen, der Paul, hat einen großen Papp-Karton über dem Kopf gehabt und unter ihm dumpf gebeten: „Loun'S uns weiderfbohrn, iich bin vo der Geheimbollizei“. Der Beamte hat aber erst wissen wollen, wer der Fahrer ist. „Foohrn “, hat der Paul unter dem Karton, der ursprünglich im Kofferraum geruht hat, hervortrompetet, „doud der Schnerbfl. Wall der derf kann Algerhol drinkn, weecher seiner Gichd“. Dieser Herr Schnerpfl war aber nirgends aufzufinden. „Der werd glei widder dou sei“, hat der Paul die Polizisten beruhigt, „der hodd gschwind ausdreeden mäin. Der is dou in die Anlach noo.“ Nach einer Viertelstunde ist aber der Schnerpfl immer noch nicht vom Austreten zurück gewesen. „Allmächd“, war der Paul besorgt, „der werd doch im Finsdern nedd in die Bengerz neigfluung sei. Amend schwimmder scho in Färdd!“ Ein Herr Schnerpfl, von dem niemand der fünf Freunde einen richtigen Namen oder eine Adresse gewusst hat, ist aber auch nach zwei Stunden, nicht nach zwei Tagen und nicht nach zwei Monaten aus dem Gebüsch an der Pegnitz wieder aufgetaucht.
Ob es nicht auch so sein könne, hat der Richter den Paul eindringlich gefragt, dass es überhaupt keinen gichtkranken Schnerpfl gibt, dass vielmehr er, der Paul, in jener Nacht am Steuer gesessen ist, beim Auftauchen der Polizei mit noch einem Mittrinker in den Kofferraum gekrochen ist und sich in einem Karton versteckt hat? „Ja Godd“, hat der Paul geantwortet, „suu kennds scho aa gween sei.“ Nach dem Geständnis wurde der schon einschlägig belastete Paul zu einem Führerscheinentzug auf eineinhalb Jahre verurteilt und zu einem Aufenthalt im Kur-Hotel Mannertstraße von sechs Monaten.

Überraschungs-Gniedla

Die wichtigste Beilage eines fränkischen Sonntagmittagsmahles ist das am Teller selbständig schwabbelnde Gummignedla, auch roher Kloß genannt. Seine Herstellung ist verhältnismäßig einfach, allerdings wird im Zuge der wichtigsten Lebensgrundlage des ausgehenden 20. Jahrhunderts, der Voll-Rationalisierung, oft eine wichtige Zutat des Kloßes bewusst vergessen: Die im Inneren ruhenden Kloßbröckala.
Um die Variationen der Kloßbröckala hat sich jetzt der Küchen-Maitre eines Südstadt-Wirtshauses, Herr Manfred S., verdient gemacht. Er hat es vor dem Amtsgericht ausbaden müssen. Sein Chef, der Gastwirt Rolf B., hat sich immer noch mit Entsetzen an jenen Sonntag Mittag erinnert, wo gerade Kloßstoßzeit war und der Koch mit dem Rollern der original handgefertigten Hupfschusser nicht mehr nachgekommen ist.
„Wou bleim nern die Gniedla, du Hornochs dou drinner!“, hat der Rolf durch das kleine Durchreichefenster in seine Schweinebratenfabrik gebrüllt und hinzugefügt: „Soll i die Laid vielleichd a Schdiggla Brood zu ihrn Schaifäla serwiern, du Gnalldepp, du bläider?!“ Der Koch streckte seinen Kopf durch das Fenster und antwortete in jener Ruhe, in der die Kraft eines Küchenmeisters liegt: „Wassd woos – schäib der deine Gniedla in Oorsch nei. Obber vuurher gscheid bloosn, nedd dassd di verbrennsd!“ „Alles“, sagte der Rolf jetzt als Zeuge vor dem Amtsgericht, „alles mouß mer si aa nedd gfalln loun vo däi Gloßdeichbadscher

in der Kichn, odder? Und nou hobbin fiir die Gniedla im Oorsch frisdlos kündichd. Obber erschd nachn Middooch-essen."
Ungefähr zwanzig Minuten nach der fristlosen Kündigung dampften befehlsgemäß die rohen Klöße an der Durchreiche, wie wenn nichts gewesen wäre. Der Wirt konnte mit dem Servieren beginnen. „Obber wos nou ba mir los woor", berichtete der Wirt vor Gericht, „des kenner'S Ihner nichd vuurschdelln, Herr Richder. Ooganger is vorna bam Einser-Diisch mid den Ehebaar, wou suwiesuu immer rechd heikel is." „Kummd der Moo", fuhr er fort, „an die Deegn hiigrennd mid drei Zigareddnschdumml in der Hand und brülld mi oo, wos iich edzer dou derzou sooch. Wäi iich zu ihn gsachd hob, dass des drei Kibbn sin und däi g'herrn in Aschnbecher nei, hädder mer ball anne am Baggn naafg'haud. Und sei Frau hodd vo hindn gschriea, sie hodd scho vill erlebd in ihrn langer Leem, obber drei Schdiggla Würflzucker innern Gniedla nu nie."
In kurzen Zeitabständen teilten die Gäste dem völlig ratlosen Wirt dann mit, was sie in ihren rohen Klößen anstelle des sonst üblichen Kloßbrots gefunden hatten: Zwei Haselnüsse, eine Piemontkirsche, ein kleines Einwegfeuerzeug, einen Radiergummi, ein Marzipanschweinchen, ein Stück Schokolade in seiner Eigenschaft als wahrscheinlich wärmste Praline der Welt, und ein Herr, der beim Aufreißen des Kloßes auf einen ausgezullten Kaugummi gestoßen war, hatte am Handy den Notruf gedrückt und gefragt, ob er mit der Gesundheitspolizei verbunden ist.
„Iich bin in die Kichn nausgrennd", sagte der Rolf, „und nou hobbi den Verbrecher grood nu derwischd, wäi er a Seifn in glanne Schdiggla gschniidn hodd." Wegen schwerer Verunglimpfung des rohen Kloßes, Geschäftsschädigung und Gaumenverletzung wurde Koch Manfred S. zu einer Geldstrafe von 1200Mark verurteilt. „Iich wass goornedd", äußerte sich der danach über seinen Ex-Chef, „wos der Doldi hodd. Mid meine Überraschungs-Gniedla hädd der ein Gschäfd machn kenner, wäi fräihers mid die Wunderdüüdn. Däi sin kaffd worn wäi nix, und es hodd aa kanner gwissd, wos drinner is."

Aus der Welt der Architektur:

Der höchste Platz der Welt

Da hat der Nürnberger Stadtbaumeister mit seinem Einbeziehungsweise Steinwurf mehr als recht. Nämlich daß es unendlich schwerer ist, wieder einmal was Schönes zu errichten, als nur blöd daher zu schreiben, wie es neulich wieder ein Sodderhoofn-Blättla aus den architektonischen Niederungen der Winklerstraße mit dem Sebalder Platz gemacht hat.

Inzwischen ist dieser Platz in all seiner Pracht und Herrlichkeit in Ewigkeit Anderle fertiggestellt und wir möchten ihn einmal positiv, mit schönen Worten, wie man es in Stadtregierungskreisen so gern hat, lobpreisen.

Um es gleich vorweg zu nehmen, der Sebalder Platz ist einmalig. Gottseidank. In seiner Weite erinnert er unwillkürlich an die Krönung Venedigs, an die Piazza San Marco. Auch der Markusplatz wird durch nichts in seiner Fläche gestört, so daß man dort vollkommen unbeeinträchtigt den Blick aufs Meer, auf die Lagune genießen kann. In Nürnberg müßte man jetzt lediglich noch die Sebalduskirche

abreißen, so daß der Blick aufs Meer, auf die Canalisazione Grande, frei wird. Ein weiteres Meer wäre dann noch die Nordsee im U-Bahnhof Lorenzkirche.
Aber zurück zum Sebalder Platz. Er ist nicht nur großartig und weit, gemäß dem Grundsatz „Great and wide is in Bauern sei Freid“, sondern auch unwahrscheinlich hoch. Erste Schätzungen sprechen schon von einigen Billiarden Kilometer Höhe, andere meinen gar, er wäre unendlich hoch und würde sich dort oben mit den immer wieder guten Ideen des städtischen Oberplatzwarts treffen. Also jedenfalls immens hoch.
Und dann ist es den Erbauern für nur knapp zwei Millionen Mark gelungen, einen würdigen Rahmen für 50 000 Pflastersteine zu finden. Wo sonst kommt der Pflasterstein so gut zur Geltung? Wie er sich wölbt, einem zum Sprung bereiten, plattgefahrenem Ratzn gleich, wie er viereckert vor sich hinfiguriert, das ewige Quadrat darstellend, in dem der Nürnberger oft vor Begeisterung hupft, wie er in den wohl einem Vinzenz van Kloß nachempfundenen Pastellfarben grau, schwarzgrau oder gräulich schillert, wie es uns auf ihm bei Reif- oder Eisglätte voll auf die Waffel brettert – einmalig!
Selbstverständlich kann und darf dieser Sebalder Platz nicht durch Baumpflanzungen verunstaltet werden. Nur so kann auf uns dort die Sonne herunterbrennen, daß wir außer dem Gefühl der Weite, der Höhe auch das einer Verbrennung 3. Grades auf der Plattn haben.
Zu Recht ist auch auf Sitzbänke verzichtet worden, denn auf so einem schönen Platz liegt man flach, erfüllt mit einer Ehrfurcht von zirka 3 bis 3,5 Promille, wie sie wohl auch einige Platzplaner manchmal ihr eigen nennen mögen, und studiert inbrünstig die herrliche Pflasterlandschaft, die aufgrund ihrer wie magischen Anziehungskraft oft wie ein Heftpflaster wirkt.
Der Sebalder Platz ist also frei von allem störenden Beiwerk, auch von Menschen. Nur gestern hat mitten auf ihm noch ein rotweißes Absperrhütchen gethront. Wahrscheinlich hat der Anderle in der Einweihungsfreude seinen Hut, beziehungsweise seine Obhut über unseren Geschmack liegenlassen.

Aus der Welt der Architektur II:

Die Reform im Bahnhofswesen

Jetzt im Herbst schlüpft der Rotstrumpf-Indianer vom Stamme der Bundhosen in seinen 150 Jahre alten Kleppermantel, schiebt den watergeprooften Gniedlaskopf vorsichtig in den Filzhut, greift zum Verbundticket und wandert im Nahverkehrszug nach Neuhaus, Herschbruck, Ebermannstadt – wegen seines vorzüglichen Schlehengeistes auch Lebermannstadt genannt, nach Georgensgmünd, Laff, Schnaittach oder Simmelsdorf unruhig auf und ab. Sehr empfehlenswert ist es, sich bei einer Herbstwanderung mit der Eisenbahn genügend Zeit zu nehmen, dass man die malerisch an die Gleiskörper hingeknallten, neuen Bahnhöfe besichtigt.

In früheren Zeiten hat der die Lande und Schienenstränge durchstreifende Hatscher unter Bahnhöfen schwer leiden müssen. Steile und rote Bahnhofdächer haben seinen Blick verunglimpft, weiße Mauern mit Fachwerk dran haben ihn geblendet. Oft sind in diesen Bahnhöfen noch rotmützige Menschen rumgelungert, die einem Fahrkarten angedreht und hinter ihrem Glastürchen mit der Aufschrift „Hier sprechen“ tatsächlich hier gesprochen haben.

Auch waren solche Bahnhöfe gern mit einem glasweisen Stehausschank, einem Wurschtweckla-Verkauf oder einem Wartesaal II. Klasse gekoppelt, wo der Reisende vor lauter Klappern mit Hopfentropf-Fläschlein und Hinbrettern eines Schelln-Zwanzgers beim 66-Karteln den nahenden Zug überhört und die Heimat samt ihrem Arbeitsplatz wieder einmal einen Tag zu spät erblickt hat. Wenn überhaupt. Kleinstadt- oder Dorf-Bahnhöfe waren Sündenbabel und architektonische Fehlleistungen erster Ordnung.

Jetzt hingegen fiebert der ins Fränkische strebende Wandersmann den neuartigen Bahnunterkünften förmlich entgegen.

Nehmen wir etwa den Haltpunkt Henfenfeld. Der alte Bahnhof ist mit Recht verscherbelt. Stattdessen erhebt sich dort majestätisch ein viereckiger Fertigbetonblock, in den man sich hineinstellen kann. Hingegen grüßt uns in Rupprechtstegen schon von weitem ein viereckiger Fertigbetonblock, während der Bahn-Architekt von Nürnberg-Mögeldorf sich etwas völlig anderes ausgedacht hat, nämlich einen viereckigen Fertigbetonblock mit einer Tafel, auf der Reisende jederzeit schriftliche Mitteilungen hinterlassen können. Auf ihr entziffert man Notizen wie ACDC, No Retum, Lauder Arschlöcher! oder I Laff you.

Auch für kleine Erfrischungen ist in diesen Wartepalästen ausreichend gesorgt. Aus dem Schotter sprießen Pfefferminze und Brennessel, mit denen man sich mittels des in den Fertigbetonvierecken zisternenartig aufgefangenen Regenwassers einen Tee zubereiten kann. Sehr erfrischend wirkt auch der in die Betonbaracken hineinwehende Wind.

Unmittelbar neben den neuen Prachtbauten befinden sich Fahrkartenautomaten, deren Sinn nicht gleich jeder begriffen hat. Wir wissen inzwischen aber: Sie dienen zu unserer Unterhaltung. Fast wie früher die Bahnbeamten, aber natürlich auf wesentlich höherem Niveau. Erst neulich wieder hat ein Wandersmann mit seinem Spazierstock auf einen Automaten eingedroschen und ihn angebrüllt: „Du Blechbläidl, endweder gibsd mer an Fahrschein odder mei Fimbfmark-Schdiggla widder!“ Lange noch hat sich der Fahrgast auf diese Weise mit dem Automaten unterhalten und ist schließlich zu Fuß heimgewandert.

Oft hat er sich dabei umgedreht und immer wieder einen sehnsüchtigen Blick zurück auf die Wartehalle aus purem Fertigbeton geworfen, wie sie im Schein der untergehenden Neonröhre am Horizont noch ein letztes mal geglänzt hat. Dabei sind in ihm Erinnerungen aufgestiegen an Hundehütten, Ausnüchterungszellen oder an das heimelige Aborthäuschen gleich hinterm Marientunnel.

Wer hätte gedacht, daß solche prunkvollen Gebäude gerade in unserer als so schnörkellos verrufenen Zeit in der Form von viereckigen Fertigbetonwartehallen noch einmal eine Rennaissance erleben.

Aus der Welt der Erlebnis-Gastronomie:

Ein Seidlein auf den Gallenstein!

Friede geht durch den Magen, lautet ein altes Nachkriegssprichwort, und drum feiern wir morgen den weithin bekannten westfälischen Frieden, einen der ältesten Frieden überhaupt, mitten in der Nürnberger Warm- und Kaltstadt mit einem riesigen Gedächtnismampfen. Auf über sieben Kilometer Länge setzen 25 000 Nürnberger wieder einmal ein Zeichen. Am Schluss wahrscheinlich mit dem Zeichenfinger tief in den Hals hinein, dass im Magen, dem menschlichen Friedensorgan, eventuell noch einmal ein Plätzchen frei wird für den einen oder anderen Friedenspressack, Friedenskarpfen, Friedensleberkäs.
Gerade Nürnberg, des deutschen Reiches Schmatzkästlein, eignet sich für ein solches Friedensmahl in hervorragender Weise. Denn nur in einer Stadt, wo der Rekord im Darmverschließen bei 120 Bratwürsten am Stück liegt, wo die Stadtwurst mit Musik, der Kloß mit Soß oder Sex mit Meerrettich beheimatet sind und das beidhändige Brunchen zum Volkssport geworden ist, kann ein Friedensmahl ins Bewusstsein und in den Verdauungstrakt der Bevölkerung dringen.
Aber nicht dass jetzt jeder dahergelaufene Fresssack, Gniedlaskubf oder Hosenchörleinträger meint, er kann morgen nachmittag auf den Hauptmarkt einrollern und sich in Frieden die Wampe vollknödeln. Wir sollen, wie schon erwähnt,

Zeichen setzen und also vor allem auch der Hungrigen in dieser Welt gedenken. Die Ärmsten der Armen werden diesmal an den Fleischtöpfen in vorderster Reihe stehen.
Gedacht ist dabei an notleidende Königinnen, ausgehungerte Konzernherrn, entkräftete Präsidenten aller Art, Vorstände, Würden- und Bürdenträger, Direktoren, kurz an alle Entrechteten und Geknechteten in Stadt und Land, Saus und Braus.
Wir selber werden diesesmal ein bisschen hintanstehen, aber schon auch trachten, dass wir vom Frieden das eine oder andere Stück zwischen die Zähne kriegen, wie vielleicht eine Schlachtschüssel, Blutworschd, Metzelsuppe oder zum Dessert Kampfnudeln mit Vanillesoß. Sieben Kilometer Stopf and Go in der Nürnberger Altstadt, das wird ein Frieden, den man so leicht nicht vergisst.
Nach Kaviar, Lachs oder Trüffelgulasch weisen wir den einen oder andern Schoppen Friedenswein ein, trinken einen Willi auf den Tilly, ein Seidlein auf den Feldherrn Gallenstein. Gedämpft und in angemessener Würde vertiefen wir uns in verschiedene Friedensgespräche. Etwa ob ein Kloß in der Soß schwimmen, oder von ihr nur benetzt sein soll, ob in Geschnetzeltes Muskat gehört oder besser Curry, ob Täubchen vor dem Braten mit Salz fest eingerieben werden müssen.
Mit Tatütata melden sich in der Dämmerung schon die Friedensglocken vom nahenden Notarztwagen, friedlich fotzen wir einen Nachbar ab, der unseren Platz irrtümlich besetzt hat. Ein leichter mittelfränkischer Rülpser rundet den westfälischen Frieden in uns ab.
Nachts beim Heimwuchten seines Brunchingsballs summt ein einsamer Friedensmarschierer namens Frieder oder Friedolin den bekannten Peace-Song „We shall us edzer glei overgive", peacelt verträumt an eine Hauswand hin und wendet sich sodann dem häuslichen Krisenherd zu.
Dort angekommen fischt er sich aus dem Kühlschrank ein bisschen Fritten mit Ketchup drauf, raucht noch eine Friedenspfeife und brüllt auf irgendwelche dumpfen, vorwurfsvollen Fragen aus dem Schlafzimmer: „Lou mer doch edzer endli mein Friedn!!!"

Panik im Wartezimmer

Eines der größten Mysterien in der Medizin bildet der Funktionsablauf im Wartezimmer eines mehr oder weniger praktischen Arztes. Von Früh bis Nacht sitzen in ihm jeden Tag zahlreiche Menschen, beobachten unter Aufbietung ihrer letzten Kräfte zahlreiche weißgekleidete, umherhuschende Wesen, die sie oft schon für Jenseits-Engel halten, lauschen angestrengt einer Sprechanlage und wissen nie, ob, wann, und wenn doch, warum sie dereinst in den Gnadenraum des Arztes zu einer Untersuchung aufgenommen werden. Nach welchen Gesetzen die Ordnung in einem Wartezimmer aufrecht erhalten wird, weiß niemand.
Der Frührentner Johannes B., ein intimer Kenner der Chaos-Theorie, hat sich das Dunkel, das über den Abläufen in Wartezimmern zu liegen pflegt, für längere Zeit zunutze gemacht. Er ist jetzt vor Gericht gestanden. „Mei Frau gäid nu in die Ärwerd", hat er dem Amtsgerichtsvorsitzenden anvertraut, „und in ganzn Dooch allaans dahamm in der Wohnung - dou gräigsd doch Debressionen. Verschdenger'S mi!?"
An einem Montag im sehr frühen Frühling hat sich der Johannes vor Schneeregen, Eiswind und Glättegefahr in das Wartezimmer einer Arztpraxis in der Südstadt geflüchtet. Es sind nur noch Stehplätze frei gewesen. „Sin'S suu goud und loun mi hiisedzn", hat er eine ältere Dame gebeten. „Wos hom nern nou Sie", hat die ihn gefragt. „Zerebrale Knie-Diphterie zweiten Grades, an leichdn Schlaganfall und Mumps im Endstadium. Verschdenger'S mi!?", hat der Johannes geantwortet und sich sogleich hinsetzen dürfen.
„Dann", erinnerte sich der Johann vor Gericht, „hobbi hald aweng Hefdla gleesn, Greuzwordrädsl gmachd und a Dässla Kaffee drunkn. A Schdiggla Keeskoung woor aa nu dou." Kaffee und Käsekuchen hatte er dem Schreibtisch an der Anmeldung entnommen, der eine halbe Stunde nicht besetzt war. Auf das Geschrei eines weißen Engels an der Rezep-

tion „Wer hoddn dou mein Kaffee und mein Keeskoung wech!?“ hat der Johannes Kaffeetasse und Kuchenteller in einen fremden Mantel an der Wartezimmergaderobe gleiten lassen und einem Herrn erklärt, dass er in Afrika im Urlaub war. „Woohrscheins“, hat er ihm noch anvertraut, „hobbi Malaria. Verschdenger'S mi!?“ Der Nachbar hat es gut verstanden und ist gegangen, so dass für den Johannes wieder ein Sitzplatz frei gewesen ist.
Nach jener bereits erwähnten, geheimnisvollen Ordnung ist das natürliche Arztpraxis-Durcheinander abends gegen 18 Uhr einer vollkommenen Ruhe gewichen, das Wartezimmer ist vereinsamt gewesen. Nur Herr Johannes B. hat es sich auf drei Stühlen der Länge nach bequem gemacht. Über seinem Kopf ist die Zeitschrift „Fit & Gesund“ ausgebreitet gewesen, unterm Stuhl hat eine leere Whisky-Flasche letzte Duftnoten versendet. Auch der Johannes hat beim lautstarken Ausatmen jedesmal ein stark riechendes Whisky-Wölkchen von sich gegeben.
„Wos wolln nern Sie dou!?“ hat ihn die letzte noch verbliebene Sprechstundenhilfe aus dem Reich schottischer Hochmoor- und Malz-Träume geweckt, „Und wos machn Sie middn Herrn Doggder sein Whisky?! Edzer gäids obber nou gleich los!“ Der Johannes hat sich aufgerappelt und gesagt: „Dou werds obber Zeid, dass edzer gleich los gäid. Iich wardd fei edzer scho seid haid fräih. Bagg mers. Iich hob a schwere Leber-Kolik.“ Wie die Arzthelferin Ellen H. seine Flucht aus dem Wartezimmer vereiteln hat wollen, ist er ihr mit den Worten „Und iich glaab an Grambf in der Hand hobb i aa. Verschdenger'S mi!?“ an die Oberweite gegangen und hat nicht mehr losgelassen.
Wegen Wartezimmer-Missbrauch ist er zu vier Monaten auf Bewährung verurteilt worden. „Und wenn des noch einmal vorkommt“, hat ihm der Richter in Aussicht gestellt, "dann krieng'S in der Mannertschdrass ein Wartezimmer für sich ganz allein. Ungefähr a halbs Jahr lang. Verschdenger'S mi!?" „Ja, scho“, antwortete der Johannes, „obber warum a Warddezimmer Warddezimmer hassd, wemmer dou nedd amol an Dooch lang warddn derf – des verschdäih i nedd. Verschdenger'S mi!?“

Golf beginnt am Kopf

Während noch vor kurzem der geslicete Backhand-Return volley in aller Munde war, muss man jetzt über Boogy, Birdie, Eagle und den legendären hole in one bescheid wissen. Tennis am Zentner-Kord ist out. Der Herr von Welt spielt Golf. Der bekannte Aaderbei und Berufs-Eventner Herbert W. hat nach Hühner-Polo, Bubbl-Schnalzen, Prosecco- Shlurfing jetzt auch das hochwohlgeborene Golfspiel erlernen wollen. Seine erste Lehrstunde hat vor dem Amtsgericht geendet.
Für einen kleinen Sponsoring-Beitrag in fünfstelliger Höhe ist der Herbert in den Genuss einer kostenlosen Übungs-Dreiviertelstunde gekommen. Er solle sich, hat ihm der Golf-Lehrer Rudi B. erläutert, ganz locker hinstellen, den Golfschläger mit der linken Hand im zweiten Drittel von unten umklammern, Daumen vorne, Zeigefinger, Mittelfinger leicht nach hinten. Sodann müsse sich die rechte Hand von hinten geschmeidig um den Schläger legen, das Standbein solle fest am Rasen ruhen, Druck auf dem Fußballen, das Spielbein möge eine halbe Drehung nach links vollführen, gleichzeitig sich der rechte Ellbogen in einem Winkel von zirka 45 Grad beugen, bis in Nasenspitzenhöhe, allerdings nach hinten, sodann nach unten und wieder in die Höhe schnellen, Hüftknick nicht vergessen – und Abschlag!
„Kennsd mer des“, hat der völlig verwirrte Golf-Anfänger Herbert W. gestöhnt, „alles affer Zedderla draffschreim? Nou gäih iich edzer widder hamm, lerns auswendich und kumm in vier Wochn widder.“
Ungefähr bei der zehnten Wiederholung der richtigen Anordnung von Spielbein, Standbein, Daumen, Zeigefinger, Nasenspitze, Ellbogenwinkel, Hüftknick hat sich der Her-

bert irgendwie ein bisschen in sich selber verwickelt. Die Nase war in Höhe des Standbeins, das Spielbein hat an einen Hund erinnert, der gerade seine Notdurft verrichtet, die Augen haben nicht in die voraussichtliche Flugbahn des Balles geblickt, sondern nach hinten zum Vereins-Restaurant, der Griff des Schlägers hat nach unten gezeigt und durch den Hüftknick mit beiden Hüften gleichzeitig, unter Vernachlässigung der Funktion des Standbeines, ist der Herbert umgefallen.

"Iich glaab, du schbinnsd aweng!", hat der Herbert seinen Golflehrer angebrüllt, „Iich zoohl dou Dausende vo Marg, dassd mer du Rimbviech beibringsd, wäi mer hiifläichd. Hiifläing hobbi vuurher aa scho kennd."

An die hundert mal hat der Herbert dann noch die Hüfte mit dem Spielbein, das Standbein mit dem rechten Daumen verwechselt, zielsicher bei jedem Schlag die Landluft oder Grasbatzen, aber nicht den Golfball getroffen. „Sooderla", hat plötzlich der Trainer Rudi B. aufgeatmet, „die Schdund is rum." „Iich hob nou die Bäll zammglaubd", erinnerte sich der Rudi jetzt vor Gericht, „nou heer iich aff einmal ein Rauschn in der Lufd, an Jublschrei, an Schlooch an mein Kubf und nou binni ohnmächdich worn." Zum ersten mal in seinem noch jungen Golfer-Leben hatte der Herbert den Ball voll getroffen.

„Iich hob mi suu gfreid, Herr Richter", sagte der Herbert bei seiner Vernehmung, „des woor ein Schlooch, konn iich Ihner soong! Der wär hunderdbrozendich affs Green gfluung. Und nou schdobbd nern der Depp mid sein Kubf. Und wäi er widder aafgwachd is, gäid der rabiadde Mensch aa nu aff miich los! Nou hobbi middn Schbielbein vorschrifdsmääßich einen 45-Grad-Winkl gebilded, a leichder Hüfdgnigg – und nou hobbin an Oorschdriid geem. Und mid der rechdn Hand, Daumer nach oom, Zeiche- und Middlfinger nach undn, nu anne am Baggn naaf."

Wegen Körperverletzung wurde Herbert W. zu einer Geldstrafe von 2400 Mark verurteilt. „Nou mäißerd obber der Herr Golf-Trainer", maulte der Herbert nach, „aa a Schdrouf gräing. Wenn der nedd amol wass, daß mer bam Golfn nedd Köpfn derf."

Tomaten pflasterten seinen Weg

Städtische Gehsteige sind, wie jeder seriöse Wortforscher bestätigen kann. Steige, auf denen man geht. Halbschattengewächse, Bäume, oder Büsche dürfen in Gehsteige gemäß einer Stadtratsverordnung auf keinen Fall hineinwachsen, sonst würden Gehsteige ja Büschewachse heißen. Oder so ähnlich.

Der Baum- und Buschzüchter Dieter S. hat wegen dieser Verordnung seine großartig wuchernde Pflanzenwelt aufgrund einer gutnachbarschaftlichen Anzeige so radikal beschneiden müssen, daß ihm, wie er jetzt kundtat, jeder Depp vom Gartenzaun aus ins Intimleben seines Schlafzimmers schauen kann. Was allerdings nicht von großem allgemeinen Interesse sein dürfte, weil dieser Herr seit 71 Jahren Junggeselle ist.

„Obber alles", begehrte der Dieter jetzt vor dem Amtsgericht auf, „mouß mer si ja aa nedd gfalln loun, odder?! Mei sauberer Nachber hodd doch für miich es Blockwart-Syndrom. Iiberool mouß der Schnüffler sein Gimbl neischdeggn!" Bei dem Blockwart mit dem gut ausgeprägten Ordnungssinn in der Nase handelt es sich um den Gemüsehändler Lothar F., der tatsächlich auch der Anzeigeerstatter war. Er hat es schwer büßen müssen.

„Iich", beschwerte sich der Dieter in der Verhandlung, „mouß weecher den Dibfalasscheißer vo meine Baim alle Äsd wechschneiden, daß der Herr Nachber ja nedd aweng sein Gniedlaskubf eizäing mouß, und er hodd in ganzn Gehschdeich vull schdäih mid seine Gmiiskisdla. Des hobbi fei nedd gwissd, daß a Reddich odder a Endiviensalood gern aweng am Gehschdeich schbaziern gäih mecherd."
Einen Tag nach der Anzeige ist der Dieter mit seinem Hund, der auf den seltenen Tiernamen Willi hört, am nachbarlichen Gehsteig gestanden und hat in den Laden hineingebrüllt: „Wos hom nern däi Kisdn und däi Diisch dou am Gehschdeich verluurn! Däi kummer, serfordd wech, iich will dou mid mein Willi vobbeilaafn!"
Nach dem dritten Räumungsbefehl hat es aus dem Laden gedröhnt: „Breid bald deine Flüchala aus, du Mistkäfer, und fläich über die Auslooch drüber!" Das hat sich der Dieter nicht zweimal sagen lassen. "Fläing konn i ja nedd, Herr Richder", erklärte er jetzt vor Gericht, „nou binni bald aff den Gmüsstand naafgrabbld mid mein Willi, und nou simmer alle zwaa driibergloffn." Der Dieter und der Willi sind über den provisorischen Ladentisch gestapft, durch Salate, Gurken, Melonen und Tomaten hindurch, in Bodenseeäpfel der Handelsklasse A hineingestiegen, in fränkische Zwetschgen gequatscht, und am Ende haben sie Muskattrauben zu Wein gepreßt.
„Und nou", klagte der Gemüsehändler Lothar, „is den sei Sau vonnern Hund nu in mein Laden neigrennd und hodd aff die Schniddlauchdöbf draffbrunst. Und wäi nern iich nou an Dridd in Oorsch geem hob derfiir, hobbi vo hindn a Wassermelone übern Kubf zundn gräichd." Die Melone hat sich fast bis zur Nase über seinen Kopf gestülpt, und der Dieter hat ihn gefragt: „Gäisd gwiss aff die Jagd, wallsd dein gräiner Houd aafhosd?"
Wegen Durchschreitens einer Gemüseauslage, Ätzens einer Schnittlauchkultur und Wassermelonenmißbrauchs wurde der Dieter zu 2600 Mark Geldstrafe verurteilt. „Des is genau mei Rentn", kommentierte der Dieter, „dou konni nou in Zukumbfd jeedn Monat aamol über den sein Gmiisloodn driiberlaafn."

Gebersdorfer Watschen-Tanz

Die immer mehr zunehmende Informationsflut hat einen unschätzbaren Vorteil: Bereits der jüngere Mensch hat ein Gedächtnis, das einem Nudelsieb ähnelt, er kann sich nichts merken. Gehirnjogging-Trainer, Kopf-Schamanen, Gedächtnis-Gurus und andere Merk-Würden haben einen Zulauf wie noch nie. Auch der Vermögensberater-Azubi im 12. Leerjahr Heinz S. wäre besser beraten gewesen, er hätte vor dem Kameradschaftsabend, den er anlässlich der Solo-Urlaubsreise seiner Ehefrau Elke kurzfristig daheim mit seinen Freunden anberaumt hatte, den Volkshochschulkurs „Hilfe, wenn der Kalk rieselt" belegt.

Vor dem Amtsgericht schilderte er jetzt, dass der Stand-By-Flug seiner Frau Gemahlin in die Dominikanische Republik ins Wasser gefallen ist, dass er Hals über Ohr seine Freunde anrufen und den als lustige Ausschweifung geplanten Mau-Mau-Abend absagen hat müssen. Der Höhepunkt des als Kartel-Stammtisch getarnten Treffens beim Heinz wäre die Strip-Tease-Einlage von einer Madame Nadine gewesen, die sich bei solchen Festen beruflich für 150 Mark pro Viertelstunde auszieht. „Und däi Schdribberin", sagte der Heinz vor Gericht, „hobbi in meiner Aufreechung vergessn zum Ooruufn." Diese Madame Nadine hatte sich aus dem Gedächtnis von Herrn Heinz S. vollkommen ausradiert. Seine angeklagte Ehefrau Elke S. erinnerte sich jedoch an jede Einzelheit jenes Samstags, an dem sie daheim vor dem Fernseher saß statt am Meeresstrand. „Der Gottschalk", knurrte sie, „woor grood goor. Halberzwelfer werds gween sei. Dou laids an der Diir. Mei Moo hodd am Sofa geschnarchd. Nou binni naus, schdäid suu a aafdunnerde Alde draußn middern Kuffer in der Hand, sachd, dasser si leider aweng verschbääded hodd, obber sie is undern Mandl scho auszuung und sie fängd glei oo." „Es sei denn", fuhr die Elke fort, „mir häddn an besonderen Wunsch. Normool machds an indischn Dembl-Danz, halmi naggerd. Obber schärfer wär nerdirli der afriganische Fruchdbarkeids-Danz, dou zäichdser si ganz naggerd aus. Des kosd, hodds gsachd, obber an Fuchzger mehr. Indressand wär a die französische Nummer, ein Kann-Kann mid Schdrabs und allen Schiss-La-Weng, und sugoor a bissla Hiilanger. Kosd an Hunderder mehr." Zunächst setzten auch bei der Elke die Gehirnströme für einige Sekunden aus, dann schaltete es aber blitzschnell in ihr: Dominikanische Republik kurzfristig abgesagt, der Heinz, sein Hang zur weiblichen Unterwelt, seine Strammtisch-Freunde – und sie flötete zunächst noch in außerordentlicher Freundlichkeit die Stripperin Madame Nadine an: „Mir nehmer die französische Nummer mid Hiilanger, Frollein." Und sodann langte Frau Elke S. hin, dass der Madame Nadine Hören und Sehen verging.

„Däi Frau", klagte Madame Nadine jetzt vor Gericht in einem etwas gebrochenem Französisch, „hodd mer die Fernbedienung vom Fernseh ins Gsichd neig'haud, die Hoor rausgrissn, in Kuffer zur Diir nausgschmissn, und nou hodds mer an Oorschdridd geem – mid den blauer Fleggn hob iich fei vier Wochn nichd mehr schdribbn kenner. Wos des kosd!"

Die Elke wurde wegen der starken Eindrücke auf einer Ausdruckstänzerin zu einer Geldstrafe von 3200 Mark verurteilt. „Und was", wollte der Richter vom Heinz noch wissen, „ham nern eigendlich Sie gmachd, wie die Stripperin von Ihrer Frau verprügelt worn is?" „Iich", sagte der Heinz, „iich bin vo den Gschrei aafgwachd, nou hobbi mer dengd 'Allmächd, die Schdribberin hobbi vergessn!' Und nou binni zur Derassndiir naus und ins Werzhaus." Und, bohrte der Richter nach, später bei der Heimkehr? „Iich dääd soong", deutete der Heinz an, „Gebersdorfer Watschen-Tanz. Obber reed mer nedd driiber."

Aus der Welt der Neuverpflichtungen:

Geheimverhandlungen im Altersheim

Wie wir gestern vom vierten Kontrollrats-Vizevorsitzenden des stellvertretenden Unterausschusses für gehobenes Management im Flachpaßamt des 1. FCN unter der Hand erfahren haben, kommt morgen, übermorgen, vorgestern oder eventuell zu einem Zeitpunkt unserer Wahl um Mittemacht jemand zum geheimen Probetränen an den Valznerweiher. Er soll 94 Jahre alt sein, am Kickerautomaten beidhändig schießen, Schafkopf karteln und eine Maß Bier auf Ex trinken können, ohne mit der Wimper zu zucken.

Zuletzt war er beim SC Germania Schniegling unter Vertrag, wo er in der Zeit kurz vor dem ersten Weltkrieg als erster taumelnder Wander-Eckpfosten Europas bekannt und berüchtigt wurde. Mehr will man beim Club über diese höchstwahrscheinliche Neuverpflichtung nicht sagen, weil man seine Handy-Nummer noch nicht vollständig in Erfahrung gebracht hat. Er ist ablösefrei und scheint sich, wie die unzähligen anderen Neuverpflichtungen des 1. FC Nürnberg auch von Knut Reinhard bis Paul Derbfuß, derzeit beim Skifahren zu befinden.

Solche und andere, sich täglich überstürzende Meldungen vom Zerzabelshofer Spielerverpflichtungszentrum erregen in den Chef-Etagen kleinerer Bundesligavereine großen Unwillen, Neid, Frust. Bei Uli Hoeneß und Co herrscht Alarmstufe 1!

Denn schon sind die wieselflinken, maulwurfartigen und

mit allen Kirschwassern gewaschenen Unterhändler des Club wieder an einem sensationellen Transfer dran. In langen durchwachten Nächten haben sie von einem ehemaligen National-Torhüter im Nahen Osten innerhalb von nur vier bis fünf Wochen die Vorwahl von seiner Telefonnummer rausgebracht!
Noch meldet sich dort niemand, aber einem der zahlreichen Unterhändler schwant seit gestern, daß sich am Telefon beim Wählen einer Vorwahl in den seltensten Fällen jemand meldet. Auch kommt ihm die Vorwahl 0911 irgendwie vertraut vor. Näheres wollen sie in Erfahrung bringen, wenn der zuständige Abteilungsleiter für Telefon-Vorwahlen und Handy-Handling vom Skifahren zurückkommt.
Inzwischen sind schon Einzelheiten über diesen sensationellen Spielerwechsel im Umlauf. Man munkelt, es dreht sich um einen angeblich irgendwo am Mögeldorfer Friedhof ansässigen Heiner Stuhlfauth. Aufruhr auch im Nürnberger Sebastianspital, unter Managern anerkennend „Wasti“ genannt, wo schon die Hälfte der Bewohner einen Vorvertrag mit dem Club unterzeichnet haben soll.
In München, Kaiserslautem und Leverkusen mehren sich indessen die warnenden Stimmen, daß dieses vollständige Abgrasen der Altersheime, das Blockieren von Vorwahlen, das Verpflichten von Spielern, die es gar nicht gibt, nur zu einer eklatanten Wettbewerbsverzerrung führen kann. Von Angst und Schrecken unter weiten Greisen der Bevölkerung, die plötzlich in der Rückrunde in ein enges Leibchen eingeschnürt Tore schießen sollen, ganz zu schweigen.
Aber erstens verdient man bis zu zwei Millionen Mark im Jahr, und zweitens geht es nächste Woche erst richtig los. Denn dann will man am Valznerweiher die Telefonnummer vom Präsidenten eruiert haben, der angeblich in Florida beim Skifahren weilt. Der wird Augen machen, wenn er vom Flughafen weg auf seine Laktatwerte untersucht und im Ablösespiel gegen Schniegling von einem der zahlreichen verpflichteten Top-Trainer, die er noch nie in seinem Leben gesehen hat, als Libero aufgestellt wird. Am besten geht er die nächsten vier Wochen nicht an sein Handy, sonst schmerzt ihn das Fußy. Und uns das Kopfy.

Aus der Welt der Neuverpflichtungen II:

„Bfooorbsch!"

Alle Jahre im Juni, Juli rum, also oft, fragen wir außenstehende Fußballvolldeppen uns: Wie schafft es ein Verein immer wieder, ein so kompliziertes, feinziseliertes, zerbrechliches und noch dazu unheimlich erfolgreiches Gebilde wie eine Nürnberger Fußballmannschaft zusammenzustellen? Was müssen das für Entbehrungen, geistige Drahtseilakte, Expeditionen ins Bierreich sein, bis man elf begnadete Lauf- und Schießwunder so weit bringt, daß sie sich bitte am Nürnberger Bfalznerweiher ein paar 50 Millionen Mark abholen! Erstmals ist uns heuer ein scheuer Blick hinter die Kulissen dieser gigantischen Personal-Maschinerie gelungen, und es hat sich uns in einem Fall erschlossen, wie dornenreich oft der Weg zum Erfolg, zur Verpflichtung eines grauen Stars ist.

Begonnen hat dieses hartnäckige Ringen um eines jener vielgepriesenen fränkischen Fußballtalente damit, daß eines Abends während der Vorstandssitzung der hauptamtliche Eckfahnen-Koordinator und Einwurftrainer einen ziemlichen Schluck Kristallweizen zu sich genommen hat. Danach hat er zufrieden lächelnd in die Runde geblickt, den Mund geöffnet, ein bißchen maikäfermäßig gepumpt und der im Kristallweizen befindlichen Kohlensäure mit dem Ausruf „Bfoooorbsch!!" ihren natürlichen Lauf gelassen.

„Bfoooorbsch!?“, hat daraufhin sogleich der neben ihm sitzende Schiedsrichterbestechungsbeauftragte nachgehakt, Der Bfoooorbsch? Schbilld der nedd bam Bumbersmaßen-Pokalsieger in der Fränkischn Schweiz aff der linken Außenbahn? Der Häßler des Unteren Leinleitertales? Den kaaf mer, odder?!“ „Naa“, schiebt da sogleich der Schwarzgeldbeauftragte nach, „den wou Du maansd, der hassd Morbsch, Florbsch oder Zorbsch oder wäi. Der is ba Dortmund.“ „Nou lichd Dortmund“, wirft der vereinseigene Mannschafts-Geograph ein, „scheinds in der Fränkischn Schweiz." Wieder ruft der Eckfahnen-Koordinator sein „Bfoooorbsch!“ orkanartig in die Präsidiumsdiskussion hinein und fährt nachdenklich fort „Frollein, nu a Grisdallweizn! Bfoooorbsch!"
Nach einigen Stunden hitziger Debatten um den neuen Spieler Bforbsch, Morbsch, Florbsch ist man bereits bei den ebenfalls möglichen Namen Borschd, Mobschr, Kworschd, Hobrschd angelangt, und es kristallisiert sich ganz klar ein Reservetorpfosten, ein Mann- oder Dachdecker, Rasenheizer, Chlor- oder Torjäger namens Baul oder Pavel Brbsch heraus. Er soll bei dem ebenfalls sehr rumreichen, äußerst ostfränkischen Verein Naemascina Novosibirsk beheimatet und momentan löse- und schmiergeldfrei sein.
Lediglich zwei Eisbrecher für seine Heimatgemeinde müßte man liefern, einige Mehrfamilienhäuser und Unterkünfte für 30 Dolmetscher einrichten, die in allen fränkischen Sprachen von Sibirisch bis Asserbeidschanisch bewandert sind. Außerdem soll es sich bei dem Chlorjäger Pavel Brbsch um eine leicht anspielbare Aktiengesellschaft handeln.
Plötzlich aber strömt neben weiteren Kristallweizen-Hedschern ein Aufatmen durch die Sitzung. Bei dem Spieler Bfoooorbsch, Morbsch, Dorsch, Worschd, Globschr, Drbrsch, Mnrobr, Hobb oder Bflobb handelt es sich höchstwahrscheinlich um einen gewissen Hornd Bebsch oder Bernd Hobsch aus der Nürnberger Südvorstadt Tünchen, Lunchen oder Mnchnü oder so ähnlich. Er kostet, wie viele andere Menschen ja auch, nix, höchstens zwischen 1,5 und 5,1 Millionen Mark, Rubel, Lire, Yen oder Oktoberfestbiermarken. Er kommt gern zu diesem Verein,

Aus der Welt der Stadterneuerung:

Laptop und Leberzirrhose

Neulich hätten wir beim Home-Banking und anschließendem Online-Shopping irgend jemand dringendly consulten müssen, damit wir wissen, wie momentan der Euro gebroked wird, aber der zuständige Browser war gerade outscorced am Abort oder wo, und auch sonst ist niemand im Internet gewesen, bloß eine Unterhosentrapperin namens Naked Lust, die 3,20 DM pro half Minute gekostet hätte. Auf so einen Service kann man verzichten! Diese Herrschaften, die meinen, daß wir daheim unsere fünf Laptops vielleicht nur zum Waffelpressen rumstehen haben und immer noch einen PC mit einem WC, verwechseln, die werden sich sowieso bald umschauen.
Denn in Nürnberg schlängelt sich bekanntlich auf Beschluß vom Stoiber nicht mehr die Bengerz, sondern High-Tech-Valley, und es spazieren hier die Fullpower-Batterizier herum und passen auf, daß gemäß den Forderungen der cebit 99 alle ehemaligen Menschen, Wohnungen und Büros voll vernetzt sind.
Wer es noch nicht weiß: Zu unserem großen Mouseglück befinden wir uns erstmals seit dem Entstehen der Zeit seinerzeit in der Zukunft, oder mit anderen Worten, es herrscht die nichtreale Realität, ein ähnliches, vom Lohermooser Honorarprozessor Georg Gaggerlein erforschtes

Phänomen wie der unblöde Blödsinn oder das relative Nothing.
Nicht jeder wird wissen, wie die Richtlinien der neuen Vollkommunikation verlaufen. So möchten wir die grunssätzlichen, in High-Tech-Ziddy entwickelten Innovationen an dieser Stelle noch einmal veröffentlichen. Es geht nämlich um die Vollvernetzung und die Ausnutzung der dinglichen Intelligenz der Machbarkeiten. Also kurz: Um die regenerative Energie der Windbeutelkraftwerke.
Früher zum Beispiel hat man mit jemanden reden, ihm die Hand schütteln, Honig ums Maul schmieren, schleimen oder Arschkriechen müssen. Letzteres entfällt jetzt in der Zukunft sowieso, denn in diesem Ausscheidungsmodul befinden sich Fax, Laserdrucker, Software, stets zum Ausstoß wichtiger E-Mails, also elektronischer Dünnpfiffe, bereit. Auch ragt an dieser Stelle ein kleiner Draht ins Freie, die Antenne für worldwide Webside-Connections, die uns die immerwährende Kompadebilität mit anderen Mikro- oder Potatoe-Chips garantiert.
Mit Hilfe von Handy, Eary, Nosy, Glotzy und vakuös präpariertem Hirny ist so der frühere Mensch zum User und One-Man-Office umstrukturiert, ein vollwertiger Bewohner von High-Tech-Valley. Im Gegensatz zur einstigen Gegenwart stellt man jetzt in der Zukunft nichts mehr her, sondern man kommuniziert, terminiert, setzt Besprechungen mit sich selber an, klappert am Notebook, bucht, picht, storniert, blickt in jene bereits erwähnten unwirklichen Wirklichkeiten, greift sich verträumt an seine Hardware, schaltet auf Online, Hotline, Stöhnlein, während sich das ganze Wissen dieser Welt binnen weniger Nannosekunden in unseren Hohlroom ergießen und am anderen Ende ohne provideres wieder austreten kann.
Wie von den großen Thinkern Arisdoofeles und Bill Gäids vorherbestimmt, ist der Weg von den Taten zu den Daten vollendet, unser vollkommunikatives Leben in der Klapperkiste währet overschweng- und ewiglich, ähnlich dem des mumifizierten Cyber-Kycers Tuut-Tuut-Ench-Immun. Es sei denn, das Klugshice-Paradise ist gerade nicht available. Dann tritt vorübergehend kurz der Arsch wieder in Kraft.

Bandwurm oder Klobrillenschlange?

Das internationale Artenschutzgesetz verbietet bekanntlich, daß sich passionierte Tierfreunde daheim einen indischen Elefanten halten, einen Königstiger oder gar eine kleine Herde südtasmanischer Schützenpanzerechsen. Vom zentralafrikanischen Steppenlurch ganz zu schweigen. Beim Niederwild greift dieses Artenschutzgesetz nicht immer, es ist fließend, so daß es dadurch im vergangenen Spätherbst zu jenem schwerwiegenden Vorfall in der Südstadt um eine ostfränkische Schnuppernatter gekommen ist.

Der das Artenschutzgesetz völlig mißachtende Tierliebhaber Karl B. hat in vielen Jahren sein Wohnzimmer in eine Art Nildelta umgebaut. In den künstlichen, von kleinen Trafostationen angetriebenen Bachläufen nisten Warane, Kampfmolche, Auahähne, ägyptische Steptanzmäuse und Schlangen aller Art. „Wenn mei Frau und iich", äußerte sich der städtische Ärmelschoner Otto W. jetzt vor Gericht, „wenn mir gwissd häddn, daß unser Nachher im Nebenberuf Urwald-Direktor is, nou hädd mer aff däi Einladung ganz schäi bfiffn."

So aber saßen der Otto und seine Frau an jenem Abend in der kleinen Küche ihres Nachbarn zwischen allerlei Käfern, Asseln, Papageien und Spulwürmern, nahmen mit sehr

hohem Biß ein paar Salatblättchen zu sich und ließen sich von Karl die Vorzüge seiner Wohnzimmerwildnis erläutern. „Nou hobbi“, berichtete der Otto, „dringend am Abordd gmäißd, bin naus, hogg mi draff und in den Aungbligg hädd iich kann Drobfn Blut mehr geem! Dubfd miich direkt vo undn anner oo. Suu wäi anner sein Finger in miich neischäibd!“
Der Otto ist aufgesprungen, hat einen entsetzten Blick in den mit Moosstückchen ausgelegten Kloteich geworfen und in das Antlitz eines ihm unbekannten dunkelhäutigen Ringeltiers geschaut. „In erschdn Momend“, schlotterte der Otto im Zeugenstand, „hobb iich gmaand, des Viech is vo mir, und iich hob grood vonnern Riesen-Bandwurm endbundn“.
Sekunden später war er wie am Spieß brüllend unten so gut wie ohne, in der Küche aufgetaucht und hatte den privaten Tiergärtner angeschrien, ob er was weiß von einem Elefant im Abort, er hat soeben mit seinem Rüssel nach ihm geschnappt. „Denner'S Ihner nedd oo“, hatte ihn der Karl besänftigen wollen, „des is doch blouß mei Hansi. A Ringlnatter. Däi is mer vurigs Joohr in der Herschbrucker Geengd zougloffn. Däi schläfd nachds gern in der Abordddschissl“. Danach hatten der Otto und seine Frau das Kriechtier-Reservat im dritten Stock fluchtartig verlassen und den Karl angezeigt.
Laut Gerichtsbeschluss muß er wegen dem erwähnten Artenschutzgesetz eine Geldstrafe von 1500 Mark zahlen und außerdem innerhalb der nächsten vier Wochen seinen Urwald vollständig räumen. Er wird, sagte er, dem Befehl nachkommen.
Nur für die ostfränkische Klobrillennatter, die der Otto irrtümlich für einen Hausbandwurm gehalten hat, könne er aber keine Garantie übernehmen. Der Hansi sei seit dem kleinen Vorstoß in die Eingeweide des Nachbarn spurlos verschwunden.
„Des konn ich Ihner scho soong, wou Ihr Hansi is“, sagte der Otto, „der werd in die ewichn Jagdgründe sei. Wall iich hobnern an den Oomd, wou er mi oofgriffn hodd, däi ganze Flaschen Domestos in die Aborddschissl neigschidd.“

Ruf mich an!

Seit den drastischen Erhöhungen im Fernsprechwesen, auf deren Gipfel ein Landtagsabgeordneter schon einmal eine Telefonrechnung von 26 000 Mark erhalten hat, ist die Aufmerksamkeit für das monatliche Zahlenwerk der Telekom spürbar gestiegen.

Auch der bislang sehr stolze Telefonbesitzer Günther K. war nach der Heimkehr aus dem Urlaub ein bißchen überrascht, daß er während seiner vierwöchigen Abwesenheit gemäß der Abrechnung für 800 Mark telefoniert hat. Noch größer war sein Erstaunen, wie ihm die Telekom-Nachforscher mitgeteilt haben, daß er vier Wochen lang fast jeden Abend ein Viertelstündchen mit jemand in Hawaii, Neuseeland oder in der Karibik geplaudert hat. „Und nou“, sagte er vor Gericht, „is mers aff aamol wäi Schuppn vo die Aung gfallen, daß iich ja mein Nachbar in Wohnungschlissl geem g'habd hodd. Dasser in unsern Urlaub die Blummer gießd und in Karlheinz füttert.“ Ob der Karlheinz ein naher, etwas pflegebedürftiger Verwandter ist, wollte der Richter wissen. „Naa, unser Babbagei“, erklärte der Günther.

Der Wohnungsnachbar Horst M. jedenfalls hatte damals auf den Vorwurf des sexuellen Mißbrauchs eines fremden Telefons mit höchster Entrüstung reagiert und den Günther wegen Verleumdung angezeigt.

„Obber wäi iich nou zu ihn gsachd hob“, erinnerte sich der Günther, „daß mir numol a boor Dooch forddfoohrn, hodder sei Anzeich zriggzuung. Und dasser mers ausnahmsweise

numol verzeiher doud, obwohl er schwer gedroffen is weecher den Verdacht". „Obber iich bin ja nedd bläid, Herr Richter", erläuterte er sein weiteres Vorgehen, „den korzzn Urlaub hobbi mer nerdirli blouß ausdengd g'habd."
Am Abend vor der fingierten Abreise hat der Günther also den Horst wieder um das Gießen der Blumen und das Füttern von Karlheinz gebeten. Früh um fünf ist er nach Tirol gefahren.
Tirol war zwei Straßen weiter. „Dou hommer es Auto abgschdelld, und nou hommer si, mei Frau und iich, midn Zweidschllissl widder in die Wohnung neigschlichn. Mei Frau hodd si in der Speis verschdeggd und iich bin hindern Vuurhang im Regal drinnergleeng. Dou schdäid glei neemdroo es Dellefon."
Bereits nach einer Stunde ausharren ist der Frührentner Horst zum Blumengießen und Papageifüttem erschienen. „Kanne fimbf Minuddn hodds dauerd", berichtete der Günther, „hodd däi Wilzau scho a ganz lange Nummer an unsern Dellefon gwählt. Mit der Huusn herundn! Wäi wemmer zon Dellefoniern neierdings die Huusn roodou mouß!"
Keine fünf Minuten hat es der Günther auf seinem Beobachtungsposten ausgehalten. Er hat sich aus dem Regal fallen lassen und gebrüllt „hobbi di derwischd, du Dreegsau! Aff mein Dellefon ummernanderschdöhnen! Blummer gießn häsd solln! Is des dou gwiss dei Gießkännla, du Dreegbär! Iich wer der scho helfn, aff meine Kostn mid suu anner Schnebfn aus Hawaii dellefoniern!"
Und dann hat er dem sowieso unter einem schweren Schock stehenden Horst mit einem Besen irreparable Schäden an seiner Gießkanne zugefügt. „Dou ist mei Ärztliches Addesd", legte der Horst ein Schreiben auf den Richtertisch, „iich bin seid den Überfall imbodend."
Das Verfahren gegen ihn wegen Telefonmißbrauchs läuft noch. Der Günther wurde wegen Schwellkörperverletzung zu 1200 Mark verurteilt. „Am schlimmsdn is", sagte er nach seiner Verurteilung, „dassi mein Karlheinz, mein Babbagei, edzer eischläfern mouß. Der is ja ba däi Sex-Geschbräche immer derbei gween. Und der schdöhnd edzer immer, dass i maan, mei Nachher hoggd im Käfich drinner".

Wenn ein Schwarzarbeiter blau macht

Der schwarze Dienstleister mit handwerklichen Kenntnissen kommt heutzutage sehr selten vor. Wer einen an der Hand hat, trennt sich nur sehr ungern von ihm. Auch kleine Eigenheiten und sonst eher verwunderliche Marotten toleriert man ohne weiteres. Im Fall der handwerklichen Fertigkeiten des Alleskönners Paul R. ist es aber jetzt zu einer gerichtlichen Auseinandersetzung gekommen. Vor lauter Empörung über die sehr eigenwillige Arbeitsauffassung seines Handwerkers hat der Hausbesitzer Georg M. sogar eine Anzeige wegen Beschäftigung eines Schwarzarbeiters in Kauf genommen.

„Iich hob“, wütete er vor dem Amtsgericht, „aff den Gebied scho vill erlebd. Obber suwos nunni.“ Der Paul hatte sich angeboten, für 35 Mark die Stunde die Dachrinne zu säubern und zu streichen, desgleichen die Fenster, in einer Dachkammer einen Parkettboden zu verlegen, sowie die Gartenmauer auszubessern. „Der is annern Mondooch fräih kummer“, schilderte der Georg seine persönliche Passionswoche, „und hodd außer an glann Däschla mid sein Veschber drinner ibberhabbs nix derbei g’habd. Nou hobbi als erschdes a Leiter zum Auszäing bis aff sechs Meter kaafn māin. Däi hodd 240 Mark kosd.“

Danach hat Herr Georg M. noch verschiedene Werkzeuge zum Dachrinnen-Reinigen und Streichen erwerben müssen. „Sooderia“, hat der Paul gesagt, „edzer hommer ja alles banander. Edz leeng’S amol die Leiter an die Dachrinner oo. Nou neemer’S des Gradzerla und machn Sie’s schäi sauber. Obber daß fei ka Dreeg mehr drinn is.“

Wieso der Paul nicht selber hinaufsteigt, wollte der Georg wissen. „Ja um Goddswilln“, antwortete der Paul, dou konn iich nedd naaf. Iich bin doch nedd schwindlfrei!“ „Ja, wäi wolln’S nou die Dachrinner schdreing?“ forschte der Georg nach. „Dou gibds zwaa Möglichkeidn“, erklärte ihm der Paul, „endweeder Sie schraum’S ab und leeng’S dou im Huuf aff zwaa Holzböck draff. Odder Sie schdreing’S selber.“ Also reinigte der Georg erst seine Dachrinne und um seinen Handwerker nicht zu verärgern, strich er sie danach.

„Als nexdes“, erinnerte sich der Georg, „hobbi nocherdla die Fensder schdreing mäin. Und der Moo is derneem gschdandn, hodd aa Fläschla Bier aus mein Keller nachn andern drunkn und hodd gsachd, dasser mid mein Binslschdrich sehr zufriedn is.“ Auch den Parkettboden im Dachzimmer verlegte der Hausbesitzer unter fachmännischer Anleitung vom Paul praktisch allein. „Dou hodder gsachd“, äußerte sich der Georg, „dassers im Graiz hodd und sich nedd buggn kann. Aamol isser vo mein Bierkeller raafkummer und hodd gsachd, ‚sooderla Masder, den Buudn reiß mer edzer widder raus, der is nedd sauber verleechd’. Und nou hobbi widder vo vorna oofanger derffn.“

Eine Woche lang schuftete der Georg unter der Anleitung seines Kapos, dass er sich nachts vor lauter Muskelkater nicht mehr rühren konnte. Auch bei der Ausbesserung der Gartenmauer konnte der Paul zu seinem großen Leidwesen nicht Hand mit anlegen, weil er wegen seiner Bandscheibe nichts Schweres heben darf.

Die Geduld verlor der Georg erst, als ihm sein handwerklicher Einpeitscher die Rechnung machte. „Des sin ja braggdisch Meister-Schdundn gween“, sagte der Paul, „dou wer mer mid 35 Mark fei nedd ganz hiikummer.“ Und dann wollte er bar auf die Hand 2000 Mark. „Nou hobbin“, sagte der Georg, „bar aff die Backn zwaa Schelln geem.“

Wegen Körperverletzung und Beschäftigung eines Schwarzarbeiters muß der Georg 3000 Mark Strafe zahlen. „Und der Verbrecher“, meckerte der Georg, „mouß gwiss nix zoohln fiirs Schwarzarbeidn?“ „Iich konn mi nedd erinnern“, meinte der Paul, „daß iich ba Dir Doldi wos gärwerd hädd.“

Willibald Gluck unterwegs

Noch gehören private Autos grundsätzlich nicht zu den öffentlichen Verkehrsmitteln. Doch wenn sich die Methode des Feuerwasserlöschers Willibald G. durchsetzt, wird der kostenlose kommunale Pkw-Personentransport bis zur Haustür bald Wirklichkeit. Einen Führerschein hat der glühende Anhänger härterer Getränke, der wegen seiner Vorliebe zum Gluckern auch auf den Spitznamen Gluck-Gluck hört, schon seit vielen Jahren nicht mehr. Er ist auf Bus, Bahn, Taxi oder im alleräußersten Notfall auch auf seine zwei Beine angewiesen. Die haben nach einer schweren Whisky-Cola-Nacht aber wieder einmal nicht ganz so gewollt wie ihr Inhaber und in der Nähe vom Plärrer eine Art Kreisverkehr gebildet. Der Willibald hätte aber immer geradeaus bis hinaus nach Lauf gehen müssen, wo sich seine persönliche Ausnüchterungszelle befindet.
Während der Gluck-Gluck also am Gehsteig dauernd versucht hat, seine zwei Gummibeine zu sortieren, ist neben ihm Herr Günther B. mit seinem Auto bei Rot an der Ampel gestanden. „Aff aamol", erinnerte sich der Günther jetzt bei der Verhandlung vor dem Amtsgericht, „gäid die Diir vo mein Audo aaf, a Moo grabbld rei, umarmd mi und sachd ‚Allmächd naa, der Conny! Ja dassi diich widder amol sich!' Und nou hodder gsachd, des Wiedersehn middn in der Nachd mouß eine göddliche Fügung sei und iich soll nern gschwind hamm nach Laff foohrn."
Weder war aber der Günther der Conny, noch wollte er den

wie eine Schnapsbrennerei duftenden Willibald nach Lauf transportieren, und es ergab sich im Auto ein sehr interessantes Zwiegespräch. „Edzer immer groodaus", lallte der Willibald, „am Milchhuuf rechds wech, über Mögldorf und korzz vuur der Audobahn sooch i der widder bescheid." Dann wollte der Gluck-Gluck einschlafen, woran ihn der Günther aber mehrfach hinderte. „Iich bin nedd Ihr Freind Conny", brüllte er ihn an, „und edzer schdeing'S biddschenn aus mein Audo aus!" „Maul haldn", brummte der Willibald Gluck-Gluck, „und nach Laff nausfoohrn!"
Entgegen den Befehlen seines ungebeten Beifahrers lenkte der Günther sein Auto behutsam in Richtung Innenstadt. „Wos issn edzer los?", schrie da der Willibald auf, „des is doch die Ludwichschdrass! Gäids dou vielleichd nach Laff, du Depp?" „Nein, antwortete der Günther, hier gehe es aber zum Polizeipräsidium, wo man dann schon klären werde, ob sich ein wandelndes Whiskyfaß einfach in ein wildfremdes Auto setzen dürfe. „Edzer bass amol aaf", sprach da der Willibald, „ob iich mich inner Audo neihoggn derf, des beschdimm immer nu iich. Du dreesd edzer serfordd um und fäärsd am schnelldsn Weech nach Laff. Und jeedsmol, wousd verkeerd fäärsd, gibds wos äff die Ohrn." Und zur Unterstreichung seiner Worte verabreichte er dem Günther einen leichten Schlag auf den Hinterkopf.
Nach etwa zwanzig Minuten und zehn Schelln fuhr der Günther tatsächlich in Lauf direkt an der Wohnung vom Willibald vor. „Dankschön fürs Miidnehmer, Conny", bedankte der Fahrgast sich mit einer letzten Abschieds-Watschn, „vielleichd seeng mer si widder amol." Noch einmal zwanzig Minuten später durfte der Gluck-Gluck schon wieder in einem Auto mitfahren, diesesmal bei der Polizei.
Wegen Nötigung, und weil er aus dem Günther seinem privaten Auto eine öffentliche Achterbahn gemacht hat, wurde der Willibald zu drei Monaten mit Bewährung verurteilt. „Ba däi drei Monad", sinnierte der Willibald nach der Verhandlung, „werds hald nedd bleim. Mid däi Bolli hobbi ja aa nu aweng a Deooder g'habd. Däi häddn mi widder nach Närmberch neifoohrn solln, walli im Werzhaus meine Schlüssl lieng hob loun."

Aus der Welt des Tourismus:

Hafenstadt Nürnberg

Es beginnt jetzt in Nürnberg im längsten Schwimmbad der Welt überhaupt, nämlich im Rhein-Main-Donau- Kanal, die Saison für die Passagierluxusdampferausflugsfahrten von Eibach nach Weiherhaus, Katzwang, Meckenlohe, Wien oder Budapest, und der Tourist kann sich bei seinem Aufenthalt in unserem berühmten Tag- und Nachthafen von der prunkvollsten Einrichtung der Stadt in seinen Bann ziehen lassen. Der Nürnberger Passagierhafen sucht auf der Welt seinesgleichen.
Angenommen, der Reisende kommt mit seinem Schiff in den oft etwas dämmrigen, ja sogar finsteren Abendstunden an, so kann er dort im Gestrüpp und Unterholz ohne weiteres nachempfinden, wie es seinerzeit einem Galeerensträfling im alten Rom ergangen sein mag. Kein noch so kleiner Lichtstrahl trübt seinen Blick auf die sanften Erhebungen malerischer Schuttberge, lieblicher Container oder Wellblechschuppen, er brettert in der Finsternis vielleicht über ein paar eigens zum Geschicklichkeitslauf aufgestellte leere Bierflaschen oder erhält von einem als Begrüßungskomitee abgestellten Wegelagerer einen Gong auf den Derbel, dass er erst während der Einvernahme bei der Wasserschutzpolizei wieder zu sich kommt. Wie der Name schon

sagt, schützt die Wasserschutzpolizei das Wasser im Kanal, jedoch nicht vor Schelln.
Schaut der Schiffspassagier nach der Ankunft in der berühmten Hafenstadt Nürnberg nach rechts, bietet sich seinem entzückten Auge nichts, schaut er aber nach links, sieht er ebenfalls nothing, wie der Amerikaner sagt. Nach einigen Schritten durch eine Zigarettenkippen- und bierdosengeschmückte Schlamm-Avenue erhebt sich vor dem Reisenden ein kleines, blau angestrichenes Bushaltestellen-Häuschen und er grübelt darüber, ob er die Kanalstrecke zwischen Rotterdam und Eibach eventuell mit dem Omnibus zurückgelegt hat. Es wäre ein blaues Wunder.
Ein solches erlebt der Luxusdampfer-Reisende auch, wenn er nach seiner dreistündigen Wanderung durch die Sehenswürdigkeiten des nahen Südfried- und Rangierbahnhofs wieder zum Schiffen zurückkehrt. Ein Hinweisschildlein mit einem Pfeil kündet ihm den Weg zur Anlegestelle. Der Pfeil schickt uns auf eine Art Rundwanderweg, so dass wir nach zehn Minuten wieder am Ausgangspunkt unserer Suche stehen. Wer sich bei seinem Nürnberg-Aufenthalt nur ein bisschen Zeit nimmt, kann auf diese Weise je nach Belieben zwei, drei, ja fünf Wochen im Kreis rumrennen, ohne dass er jemals zur Anlegestelle gelangt. Es hätte ja auch keinen Sinn, denn sein Schiff ist längst in Passau, Dürrnstein, Krems oder Esztergom.
Um auch den Tierfreunden unter den Reisenden einigermaßen gerecht zu werden, findet der Gast an den Gestaden des Nürnberger Hafens eine Fauna vor, die sein Herz höher schlagen lässt. Mäuse, Ratzen, Plastikbeuteltiere huschen um seine Beine, auf der nahen Autobahn röhrt ein Jaguar, tote Karpfen schwimmen auf ihrer vorgezogenen Karfreitagsprozession langsam in Richtung Schweinau.
Am schönsten jedoch empfinden es die Passagiere, wenn das Nebelhorn ihres Schiffs ertönt und sich der Dampfer schnell wieder aus dem Staub macht. Noch lang danach wühlen Alpträume die Touristen auf, und sie seufzen in tiefer Sehnsucht in das Kopfkissen ihrer Kabine „Wenn ich im nächsten Leben eine Wanderratte werde, dann möchte ich für immer im Nürnberger Passagierdampferhafen leben."

Aus der Welt der Unterhaltung:

Fünf Minuten Nix!?

Hut ab, zum Hineinreihern, die Seierlichkeiten des Nürnberger Stadt-Yuppieläums nehmen ihren Lauf, dass der Hintern qualmt. Blaue Nacht, internationaler Gschmarrimarkt, Tierfest, Spargelzulln, Eisbärenjagd, Dürers bebende Füße – eine Wanderausstellung, Erfahrungsfeld der schwindenden Sinne, skandinavischer Bananenmarkt, internationaler Früh-Chopin mit Willibald Schluck am Solo-Zapfhahn, 100 Kubikmeter Hulzkullnschnulln, Kaiser Konrad, der Aufblasbare als Star-Gast auf der Nürnberger Hüpfburg, Nürnberger Pfand geht durch alle Land – eine Veranstaltungsreihe der Leihflascheninnung, Honig, Mandeln, Pattex – der Nürnberger Klebkuchen im Wandel der Zeit – und wie die 30 000 Veranstaltungen jetzt alle heißen, die sich die Projektgruppen der Planungsämter des Event-Referates für uns ausgedacht haben.

An die 35 Stunden täglich werden wir von Museum zu Museum galoppieren, nüberschnalzen ins Obbernhaus, nauf zum Sinwellturm schnellen, nei zur nächsten Seepferdchen-Performance in den Tiefen Brunnen hechten, dass wir noch einen Stehplatz kriegen. So viel Festiqual war nie. Eine Veranstaltung möchten wir besonders empfehlen. Denn an ihr erkennt man, wie sich solche Projektgruppen oft Jahre quälen, in sich hineinhorchen, und sich dann aus ihnen eine so einmalige Veranstaltung wie vom 4. September herauswindet: Die „Nürnberger Fahrradgespräche". Wir alle sind gespannt, wie sich erstmals weltweit Fahrräder untereinander unterhalten.

Noch viele Events könnten wir hier nennen, die den Nürnberger elektrisieren werden und ihn vielleicht dazu verleiten, dass er sich im nächsten halben Jahr einmal den Bayerischen

Wald oder, um ganz sicher zu gehen, die sibirische Taiga genau unter die Lupe nimmt. Falls man dort nicht gerade 8973 Jahre Nowosibirsk feiert.
Aber bevor wir die restlichen Nürnberger Evente vom Podiumsgespräch über Peter Brathenlein und seine Eieruhr bis zum Selbsterfahrungs-Workshop „Der englische Gruß – Hilfe, mir wachsen keine Flügel!" alle aufzählen, möchten wir lieber die in uns bohrende Frage stellen: Was ist eigentlich am 20. September von 16.30 bis 16.35 Uhr? Wir haben jetzt alle Prospekte der Projektgruppen, alle Broschüren, Zeitschriften, Flugzettel, Papierschiffchen, Inserate, Plakate, Leuchtreklamen auf das Sorgfältigste studiert, verglichen, in unseren hundertjährigen Kalender für das Jubeljahr 2000 notiert und dabei zu unserem großen Gleitwesen feststellen müssen: Am 20. September von 16.30 bis 16.35 Uhr is nix. Keine Dichterlesung, kein Sommer-, Herbst- oder Winterkonzert, keinerlei Eröffnung einer Meile, eines Meters oder Zentimeters, kein Zinnfigurentheater in der mittelalterlichen Bleischmelze, kein Stelzenlauf des Oberbürgermeisters, kein gemeinsames Briefmarkenanlecken, kein Speed-Weekend, kein Ostermarkt. Null, Nothing, Nirwana! Ja, wo simmer denn! Ham die noch alle Finger an der öffentlichen Hand, dass sie uns am 20.9. von 16.30 bis 16.35 zum blöd rumglotzen verurteilen! Für was haben wir denn die Projektgruppen? Wahrscheinlich dafür, dass sie nicht von 16.30 bis 16.35 zählen können und uns mit einem Nichts überraschen! Wir verlangen hiermit, dass sich noch heute eine Findungskommission zur Ernennung einer Projektgruppe der Planungsämter des Event-Referates bildet und die Vorbereitung eines Planes eines Programmes zur vollkommenen Ausfüllung des 20. Septembers zwischen 16.30 und 16.35 Uhr in Angriff nimmt. Und wenn sich diese Projektgruppe 16.30 bis 16.35 aus den letzten drei Nürnbergern der Gesamtbevölkerung zusammensetzt, die nach der Besetzung aller bisherigen Jubiläumsplanungsplanstellen noch als Zuschauer für das Jubiläumsprogramm übrig geblieben sind. Das ist uns dann auch wurscht. Fünf Minuten Leerlauf, das hält doch keine alte Sau aus! Höchstens ein Mensch.

Aus der Welt der Stille:

No Vember, no Fun

Dicke Staubwolken im Hals, Rostflecken auf dem Gemüt, die Seele lechzt nach einem Event, aber es ist keiner. Schwer mit überhaupt nichts beladen irren wir durch unsere Stadt der Reizbarkeittage, die uns noch bis vor ein Tagen so reich beschenkt hat mit Fisch-, Spargel-,Wein-, Bier-, Schnaps-, Kartoffel-, Brot-, Brezen-Markt, mit Raubritterspielen, Wettbubbeln, Baustellen, Braustellen, Friedenstafel, Jubiläen aller Art, Kirchweihen, Gedenk- und Getränktage.
Und jetzt, wo die Blättlein fallen und wir zum Lallen längst wieder einige Kapazitäten frei haben: Leere, Flaute, so weit das gebrochene Auge reicht, nix zum Kotzen hinterm Knorpel, im Schock des jähen Entzugs beginnt sogar die Bauchspeicheldrüse wieder vorsichtig zu arbeiten. Kein megalanger Samstag, kein Faschingszug, kein Volksfest erfreuen unser Herz, keinerlei Floating im Geldbeutel, und dort, wo noch im September die Leber pulsiert hat, am Altstadtfest, sieht man auf der Insel Schutt nicht einmal die dort sonst beheimateten weißen Mäuse, die normalerweise schon ab zwei oder drei Promille aus den Löchern kriechen. Jetzt kriecht man auf der Insel Schütt höchstens Depressionen. No Vember, no Fun.
Wohin sind sie entschwunden, die lustigen Tage, wo unser Gesamtkörper ein einziger Saugnapf mit Rückstoßventil war, und nachts ein majestätischer Springbrunnen? Vergebens lauschen wir dem Lockruf des Zapfhahns, kein Neid-

leiner fährt uns an die Quellen und Schellen der übersprudelnden Lebensfreude, keine Wahl der Miss Schnepfenreuth, kein Tag der offenen Hosentür lässt unsere Herzen oder was höher schlagen.
Kein Oberbürgermeister haut sich mit dem Bierschlegel den kleinen Finger ab, kein Fuchzger-Fässla detoniert und ergießt sich wie ein Geysir über die in der ersten Reihe schon gespannt aufs Freibier lauernden Ziddy-Promillis. Was ist eigentlich los in diesen Tagen, wo die Kraft der letzten aufgewärmten Vollräusche nicht mehr ganz ausreicht und der weltberühmte Nürnberger Glühweinmarkt andererseits noch nicht ganz eröffnet ist? Sollen wir gwiss auf einmal ziellos spazieren gehen, in den Himmel glotzen oder uns vielleicht eventuell einen Gedanken machen, einen eigenen!?
Ist unser Zeremonienmeister in Urlaub, das Event-Amt verwaist, der Fun-Referent anlässlich eines Taumeltraumas in einen Briefkasten gefallen? Was ist los, dass nichts los ist?
Wie oft und angenehm hat es heuer schon Festbier geregnet, Sardinenweckla geschneit, Kaviar gehagelt, wie prall sind wir nach feierlichen Staatsbesuchen den Burgberg hinuntergerollert, sind nach Einweichungen erster Güteklasse in herrenlosen, aber damenvollen Mülltonnen Dreier-Looping gefahren. Die ganze Stadt war eine Achterbahn – und jetzt auf einmal Geisterbahn. So geht es nicht, jedenfalls!
Wo bleiben die Fahrradrennen, City-Marathone, die einkaufsfreien Sommernächte oder Wally, die Hüpfburg mit dem Wonderbra? Warum dürfen wir elf Monate im Jahr wie besinnungslos durch die Gässlein krabbeln und brabbeln, um dann plötzlich vor einer nahezu unüberwindbaren Durststrecke aufzuwachen? Nicht einmal der rumreiche Club mit seinen herzerquickenden Gymnastikübungen, mit seinem an den Tanz der Wambiere gemahnenden Reigen, mit seinen elf laschen Flaschen – der Nürnberger Event überhaupts – verliert am Wochenende nicht, spülfrei.
Wie sollen wir denn da unseren Kummer frohgemut ersäufen, wenn wir keinen haben!? Aber schon sehen wir einen Silberstreif am Horizont: In drei Wochen stolpern sie wieder. Und hinter der Frauenkirche ertönt bereits die Probe-Schalmei – Advent-Event, es geht wieder neiwärts in Hals.

Haarschneider-Blues

In unserer stets pressanten Fließband-Epoche, wo Autos, Knieoperationen, Lebkuchen, Zahnbehandlungen der Stoppuhr und den Gesetzen des Montagebandes unterworfen sind, weht auch bei früher eher gemütlichen Dienstleistern wie zum Beispiel dem Gniedlaskopf-Designer oder Friseur ein anderer, schnellerer, fast taifunartiger Wind.

Der Scherenschnitt-Maestro Siegfried S. hat in seinem Salon fünf Behandlungsstühle mit Kunden drin, die immer gespannt warten, was ihnen der ständig hin und her pendelnde Meister diesmal für eine Lichtung in ihren Bergwald schlägt. Während der eine mit einem Shampoo-Häubchen am Kopf aufs Haarwaschen wartet, fliegt dem Nachbar schon die klappernde Schere um die Ohren, der nächste schüttet sich gerade den zum Service gehörende Kaffee übers Frisier-Lätzchen, wieder ein anderer kriegt geschwind einen Spruutz Haarwasser ins Ohr. „Iich mach in anner Schdund“, lobte sich der Siegfried vor Gericht, „fimbf Kundn ferddich.“

„Schdimmd“, mischte sich der Zeuge Ulli W. zu Beginn der Verhandlung gleich ein, „und zwoor fix und ferddich. Iich hob damals zu ihn gsachd, er soll mer die Haar schneidn. Und sunsd goornix, und wäi iich ferddich woor, hobbi ausgschaud wäi a Babbagei.“

Das folgenschwere Versehen soll damit begonnen haben, dass der Siegfried dem Ulli einen Kognak zum Kaffee angeboten hat. „Naa dankschenn“, hat der Ulli den Begrüßungscocktail abgelehnt, „nedd in aller Fräih. Dou werri blau.“ Den letzten Satz hätte der Ulli besser nicht gesagt. Denn der Pomadenzüchter hatte ganz eindeutig verstanden, dass der Ulli am Kopf ein neues Outfit wünscht: Statt bisher Grau ein leuchtendes Blau.

Alle zehn Minuten ist der Meister hinter seinem zunächst völlig desinteressierten, in Lesezirkel-Illustrierten blätternden Kunden aufgetaucht und hat geheimnisvolle Verrichtungen vollführt – die Haare prüfend durch die Hände gleiten lassen, gewaschen, eingeschäumt, Flüssigkeiten aller Art hineinträufeln lassen und ein Tuch drübergebreitet. „Nou hodder mi gfönd", sagte der Ulli vor Gericht, „frouchd mi, obs suu rechd is, nou schau i in Schbiegl nei und hob gfrouchd, wer des is, wou miich dou ooschaud. Nou sachder, dass des iich bin."
Die in keiner Weise geschnittenen Haare waren vom Hals bis vom an der Stirn in ein gleißendes Blau getaucht. Der Ulli ist entsetzt aufgesprungen und, immer noch mit dem Frisier-Umhang um den Hals gebunden, in panischem Schrecken heimgerannt.
„Mei Frau hodd dahamm die Diir aafgmachd", schilderte er sein weiteres Leben mit der Haarfarbe Blau, „hodd mi oogschaud und gsachd ‚Iich kaaf nix an der Diir und mei Moo is nedd dahamm' und nou hodds die Diir widder zoug'haud."
Dann rannte der Ulli, den man mit dem weißen Umhang und der neuen Haarfarbe auch für den Blauen Engel hätte halten können, in sein Stammwirtshaus um die Ecke, wo am Samstag früh schon die Kameradschaft vom Fröhlichen Frühschoppen versammelt war. „Däi hom miich nou lang oogschaud", erinnerte sich der Ulli, „nou homs a Rundn Salmiakgeisd beschdelld und hom aff miich des Lied vom Heino gsunger ‚Blau, blau, blau ist der Enzian'. Seidem soongs am Schdammdisch blouß nu Enzian zu mir. Suwos kommer si doch nedd gfalln loun!"
Samstag, Sonntag und auch am friseurfreien Montag hatte sich der Ulli daheim versteckt und sich dann am Dienstag bei einem Konkurrenz-Kahlschläger eine Vollplatte schneiden lassen. Der Siegfried wurde aber von der Schadensersatzforderung in Höhe von 2000 Mark entbunden. Hochzufrieden verließ der Farben-Figaro den Sitzungssaal, schaute dem Ulli tief in die schon wieder sprießenden Haarspitzen und summte das Lied „Heute blau, morgen blau und übermorgen wieder..."

Mit Kartoffelbrei durchs Internet

Trotz unnachsichtiger Verfolgung und Bekämpfung treiben im Halbdunkel zwielichtiger Wirtshäuser immer noch die allerletzten Fortschrittsverweigerer ihr Unwesen, die heimlich Computern ins Antlitz ihres Bildschirms spotzen, sich nicht klonen lassen wollen, keinerlei Wochenendhäuschen irgendwo im Weltraum pachten oder mit der mobilen Maul- und Ohrtrommel namens Handy Tag und Nacht global telefonieren möchten.
Zur kleinen Schar der letzten Rückschrittler gehört auch der Spirituosenvertreter Josef H., der sich also die Vernichtung von Taschentelefonen auf seine Fahne geschrieben hat. Neben ihm ist an einem Winterabend im Wirtshaus ein Herr Horst R. am Tisch gesessen, der zwei Handys sein eigen nennt, eine mobile Fax-Station und ein voll elektrifiziertes Notebook. Das alles hatte er an jenem Abend am Wirtshaustisch vor sich, zwischen Bier, Schweinebraten und Salatteller, sorgfältig ausgebreitet und gespannt gelauscht, ob ihn jemand callen, anfaxen, e-mailen, internetten oder sonst wie messagen möchte. „Is edzer“, fragte der Josef vor Gericht, „a Werzhaus nu a Werzhaus, wou mer in aller Ruhe sei Bier trinkt, odder is a Werzhaus a Bürogebäude? Wenn ja, nou mouß an des gsachd wern, wall nou konn i in Zukumbfd mei Bier vielleichd aa innern Trafo-Häusla trinkn.“

Manchmal hatte an diesem Abend das Mini-Fax vom Horst ein bißchen gerattert und den einen oder anderen Text ausgeworfen, manchmal hatte er an je einem Ohr einem Handy gelauscht und mit zwei Anrufern gleichzeitig gesprochen, manchmal war eine Botschaft am Laptop angekommen. Hinter dem Horst und seinem nervlich immer mehr aufgewühlten Nachbarn ist ein Aquarium gestanden. „Däi Fiisch dou drinner", hat der Josef sinniert, „machn aa dauernd es Maul aafund zou. Obber mer heerds wenigsdns nedd."
Den global vernetzten Horst hörte man hingegen sehr deutlich. „Däi zwaa Rechnungen mäin morng fräih nu naus", brüllte er in ein Handy hinein, und ins andere flötete er: „Schatzilein, mir hoggn dou nu in anner wichdichn Beschbrechung. Iich glaab, es wird haid widder aweng schbäder." Bei dem Schatzilein handelte es sich offenbar um seine Ehefrau. Womöglich handelt es sich aber nicht mehr lange um die Ehefrau.
Denn plötzlich riß der Josef seinem Tischnachbar das Handy aus der Hand und sprach hinein: „Des mid dera Beschbrechung braugsd nedd glaam, Schatzilein. Dei Windhund hoggd innern Striptease-Schubbn mid zwaa halbnaggerde Weiber am Schoß, daß nern nedd blouß die Aung rausdriggd. Und bsuffn isser bis iibem Oorsch niiber. Ende!"
„Nou hodder", sagte der Horst jetzt vor Gericht, „erschd des anne Handy vo mir in des Agwarium neigschmissn und nou es andere, nocherdla hodder vo sein Deller a boor Kardoffln aff mei Laptop draffgschmierd und hodds zouklappt und iibers Fax hodder a Blaukraut driibergschidd." So stellten innerhalb weniger Sekunden alle Kommunikationsgeräte ihren Informationsdienst ein, der Horst war von der Außenwelt wie abgeschnitten.
Wegen Beleidigung, einigen leichten Tätlichkeiten, Zerstörung einer Ehe und einer kompletten Wichtigmacher-Anlage wurde der Josef zu einer Geldstrafe von 4000 Mark verurteilt.
„Falls mer si widder an mein Schdammbladz am Agwarium dreffn", riet der Josef seinem Prozeßgegner nach der Verhandlung, „nou bringsd halt a Unterwasser-Handy miid. Nou konnsd middi Fiisch aa aweng delefoniern."

Das Geister-Auto

Die fahrerlose U-Bahn soll bekanntlich bald in Betrieb genommen werden und befindet sich schon in der heißen Erprobungsphase. Wovon aber fast noch niemand was weiß, ist die bevorstehende Serienproduktion des fahrerlosen Autos, das an einem Samstag um die Mittagszeit in einem ebenfalls sehr heißen Erstversuch auf die Teststrecke geschickt worden ist. Nähere Einzelheiten seiner Aufsehen erregenden Erfindung hat jetzt der Frühpensionist Walter F. vor dem Amtsgericht preisgegeben.

Samstags pflegt er immer an einem Flüssigimbißstand einen kleinen Frühschoppen in Gestalt einiger Sechsämter einzunehmen, die ihn wie er sagt, einigermaßen auf Vordermann bringen, und dann mit dem Auto wieder heimzufahren. Wo er den Rest des Wochenendes auf dem Wohnsofa verbringt.

An dem Samstag, dem Gegenstand der Gerichtsverhandlung, war der Walter aber eher als Hintermann tätig. „Iich hob mer an den Kiosk", sagte er, „grood an Fichtelgebirgs-Whisky eidräufln loun, schau aweng rum, siich am Gehschdeich, wäi a Audo forddfährd, und sooch zu an Kumbl neber mir ‚Wos is denn dou in den Sechsämter haid drinner? Iich siich in den Audo, wou dou grood wechfährd, siich iich kann

Foohrer.' Und nou sachd mei Kumbl, ,Dou kann ja ka Foohrer drinner hoggn, wall des is dei Auto, und du schdäisd ja dou und trinkst grood an Sechsämter'."
Bis der Walter damals gemerkt hat, dass sich in seinem Auto offenbar die Handbremse ein bißchen gelöst und es sich von selber in Bewegung gesetzt hat, war es fast schon zu spät. Auch auf den Schrei vom Walter „Bleib sofordd schdäih, du Depp!" hat sein Auto keinerlei Anstalten gemacht, abzubremsen und auf sein Herrchen zu warten. Es ist zunächst langsam die leichte Gefällstrecke hinuntergerollt, wie durch Geisterhand in einem sanften Knick in die Vorfahrtstraße eingebogen und dann immer schneller geworden.
Inzwischen hat sich der Walter von seiner Schreckens- und Sechsämter-Starre erholt und ist hinter dem ersten fahrerlosen Auto der Welt nach besten Kräften hergewetzt. Sein Kumpel am Kiosk hat bewundernd geschrien „Den baggsd nu, Walter! Hau draff! Tempo, Tempo! Häng di an die Schdoußschdanger hii!", aber die Anfeuerungsrufe waren vergeblich.
„Wäi iich", sagte der Walter vor Gericht, „an die Diir hiilanger hob wolln und neihubfn, hoods mi aff die Waffl hiigschmedderd". Dem Zeugen Ludwig S. ist das Auto damals entgegengekommen. „Iich blink den nu nei", erinnert sich der an das rätselhafte Zusammentreffen, „und denk mer, der Foohrer mouß doch dodaal bsuffn sei. Und wäi iich gseeng hob, daß dou goor ka Fohrer drinner is – dou hodds scho an Schlooch dou." Der Walter hat den Unfall, auf der Straße sitzend und mit obenliegenden Sockenwellen, von der Ferne beobachtet. Nach dem Zusammenstoß ist er nachdenklich zum Kiosk zurückgeschlurft und hat noch ein paar Sechsämter zu sich genommen.
Weil er im leichten Frühschoppentran wahrscheinlich vergessen hatte, die Handbremse anzuziehen, und mit seinen amtlich gemessenen 1,8 Promille auch nicht mehr fahrtauglich war, muß er seinen Führerschein vierzehn Monate bei der Justiz hinterlegen und 4000 Mark zahlen. „Asuu a Gschmarri", beschied der Walter dem Richter, „Wos gäid denn miich des oo. Des mäin'S mein Auto soong."

Wenn Glotzbiere schäumen

Gäste wie Herr Adolf S. sind in einem Wirtshaus ähnlich herzlich willkommen wie die Schweinepest oder der Rinderwahnsinn. Der Adolf pflegt mit einem Hinweis auf die globalen Wechselkursschwankungen in seinem Stammlokal null Prozent Trinkgeld zu gewähren, läßt gern Speisen zurückgehen, weil sie einmal zu heiß, einmal zu kalt sind und bittet sich aus, daß bei seinem Erscheinen sofort sämtliche Fenster zu schließen und alle Entlüftungsanlagen abzustellen sind, weil er keinen Zug verträgt.
„Aamol", griff der jetzt wegen eines Verstoßes gegen das Lebensmittelgesetz angeklagte Kellner Josef M. auf den reichen Erfahrungsschatz mit seinem Lieblingsgast zurück, „woor nern a Gniedla zu hardd, nou hommer exdra weecher ihm a Glöß ganz frisch eigleechd. Und nocherdla hodder gsachd, suu waach moochers aa widder nedd. Wenner an Grießbrei gwolld hädd, hädders scho gsachd."
Im angeklagten Fall ging es aber nicht um den korrekten Weichheitsgrad von rohen Klößen, sondern um das Reinheitsgebot eines Bieres. „Ein Bier", dozierte der Adolf vor Gericht, „muß eine gaumenfreundliche Temperatur hoom, es Glas mouß oolaufn und a boor Tropfn Kondenswasser an

ihm herabperlen, und der Schaum mouß a Häich vo annerhalb Zendimeder hoom. Kann Millimeeder mehr, kann Millimeeder wenicher." „Und daß mer", donnerte er dann, „in a Bier neischbodzd, Herr Richter, dou schdäid in kann Gsetz wos drinner!"
An jenem allerletzten Abend in seinem ehemaligen Stamm-Wirtshaus hatte der Adolf vielleicht zum 500. Mal bemängelt, daß es sich bei seinem Seidlein um ein besonders mattes Exemplar von einem Glotzbier handelt, daß am Schaum fünf bis sechs Millimeter Höhe fehlen, daß das Glas in keiner Weise an-, sondern höchstens ausläuft, daß es nicht zum Trinken, allenfalls zum Blumengießen einlädt und daß es ihn voll anlascht. „Des Drobfbier dou", hat er zum Oberkellner Josef gesagt, „des schiddn'S edzer in Guß nei und nou schenkn'S numol ans ei, iich gäih awalln am Abordd. Hoffendli is haid a Seifn draußn."
„Und wäi iich vom Abordd reikumm", erinnerte sich der Adolf jetzt in der Verhandlung, „heer iich, wäi der Kellner zu den Frollein an der Theke sachd ‚Unsern Sodderhoofn hodd es Bier widder nedd bassd. Edzer schbodzd du dreimool nei, nou iich dreimool, und nou schädz i, hodd der Schaum die richdiche Häich'. Und nou hobbis aa scho bfladschn heern, Herr Richter."
Der Adolf ist hinter der Tür hervorgesprungen, hat das Bierglas ergriffen und ist mit ihm im Taxi zur Polizeiwache gefahren. „Dou is sechsmal neigschbodzd worn, ich bitte um gesundheitspolizeiliche Untersuchung!", hat er dort angeordnet. Der Josef bestritt jetzt die mündliche Anreicherung des Bieres entschieden, und auch die Schankkellnerin konnte sich beim besten Willen nicht erinnern, daß die Halbe damals auf natürlichem Weg zu einer Radlerhalben umgewandelt worden sei. Der Josef wurde daher vom Vorwurf der heimlichen Bierverdünnung freigesprochen.
„Iich schwörs der, ba allem, wos mer heilich is", vertraute der Josef nach der Verhandlung dem Adolf an, „in des Bier hob iich an den Oomd wergli nedd neigschbodzd. Obber däi zwaa Joohr, wousd du Doldi scho ba uns rum mumbfln dousd, dou woor ka aanzigs vo deine Bier ohne Kudderla. Des konnsd glaam."

Aus der Welt des Spielzeugs:

Furby ist da!

Seit Jahrzehnten hat uns dieser Wunsch gemartert, schlaflose, durchpflietschte Nächte beschert. Wie oft haben wir vor lauter Sehnsucht nach ihm schon vom Sinwellturm hupfen wollen oder in die Bengerz jumpen! Jeden früh ab vier Uhr sind wir zum Briefkasten hinuntergewetzt mit einer bangen Hoffnung im gebrochenen Herzen und der verzweifelten Frage: Is es schon da? Rastlos haben wir die Wühltische beim Obletter, bei der Vedes, beim Schweiger, beim Toys'R'us durchpflügt, daß wir ihm vielleicht dort auf einmal für nur DM 119,99 in die schieglerten, selten doofen Augen blicken dürfen. Doch alles Sehnen, Schreien in die einsamen Nächte, Schreiben von Feldpostbriefen war vergeblich.

Aber jetzt haben unsere bittere Not, unsere Entbehrungen und täglich drohenden Selbstenthauptungen – dem Schröpfer sei es millionenmal gedankt – ein Ende, alles wird gut. Denn auf der 50. Nürnberger Internationalen Spielwarenmesse prangt es von allen Plakaten, dringt die frohe Botschaft in unsere voll schmachtende Seele ein: Furby ist da! Und noch dazu die original englische Version, die auch Furbisch spricht und uns zum Beispiel mit dem Satz überraschen kann: „Kah Mee Mee Noo-Loo Wahl!"

Ein nie erlebtes Glücksgefühl strömt durch unsere verkalkten Arterien und raubt uns fast die Sinne. Kah Mee Mee Noo-Loo Wahl! Ja, wer hätt' des denkt! Nur 119,99 Mark kostet es, hat einen Kuschelschwanz nach Art der amerikanischen Spielzeugpräsidenten, glotzt wie ein Kamel beim Achterbahnfahren, hat wie Verona Feldbusch einen sehr beweglichen Schnabel, und aus ihm dringt: Kaa Mee Mee Noo-Loo Wahl!

Dieses Spielzeug des Jahrtausends wird mit Recht von allen Menschen wie die Blaue Mauritius gejagt, aber pro Person kann momentan nur ein Furby für 119,99 DM abgegeben werden, weil man es sonst vor lauter Verzückung und Glücksanfällen nicht mehr aushält, wenn man mehr als ein Furby daheim hat. Es kann, wie sein Erzeuger – ein berühmtes ostmongolisches Windbeutelmännchen – stolz erzählt, außer Kah Mee Mee Noo-Loo Wahl sagen auch mit den Ohren wackeln, sich erkälten, schnurren, singen und sogar rülpsen.

Ja, wer möchte das nicht, sich endlich einmal abends von einem elektronischen Halbaff ein bißchen in die Ohren singen und rülpsen oder eine schwere Grippe naufhängen lassen! Für nur DM 119,99! Höchstwahrscheinlich kann der Kuschelarsch mit Ohren noch ganz andere Sachen, und sie haben es sich nur nicht schreiben trauen. Vielleicht frißt der Furby Sauerkraut und läßt danach einen Elektronischen ziehen, daß es daheim im Furby-Land die Fensterscheiben naushaut!

Angeblich hat ja ein gewisser Herr Gott seinerzeit aus Lebberi den Menschen geschaffen. Aber der wird jetzt auf der 50. Internationalen Nürnberger Spielwarenmesse, falls er ein Fachpublikum ist und eine Eintrittskarte hat, ganz schön, fast furbyartig glotzen. Denn der Mensch hat jetzt den Furby geschaffen und Gott bei weitem übertroffen. Vielleicht entsteht bald ein Furby-Kain und ein Furby-Abel, einer erschlägt den anderen mit den zornigen Worten „Kah Mee Mee Noo- Loo Wahl!“, die Furbies sterben bis zur nächsten Spielwarenmesse aus. Und es ist wieder Platz auf der Welt für Bflaadschy, das musizierende Hundehäufchen, Gummy, den wandernden Rohen Kloß oder für Dr. Patscher, den schwer trinkenden Spielzeugerfinder. Wer weiß?

Aus der Welt der Stille:

Fröhliche Leihnacht

Dringende Empfehlung vom Griskind seinem Bodenpersonal. Wir sollen, so hat neulich ein örtlicher Zwetschgergeistlicher in seine Tal- und Bergpredigt zum vierten Abfend einfleußen lassen, diese sich jetzt auf uns herniederkommende Weihnachtszeit mit „all ihrer Fröhlichkeit, Betriebsamkeit, Ausgelassenheit und mit ihrem Trubel“ so annehmen, wie sie ist. Der Herr Pfarrer rät auch dringend, dass wir uns nicht dauernd nach wenigstens fünf Minuten Auszeit oder nach irgendeiner sowieso illusorischen Einsamkeit sehnen sollen. Denn wer in sich gehen will, läuft Gefahr, daß er dort einen noch größeren Deppen trifft als von außen.

Wir können diesem Seelsorger nur beipflichten. Und deswegen also voll hinein in die Leih- beziehungsweise Weihnacht, daß es nur so kracht. Es ist schließlich nur einmal im Jahr Ballaluja, und wir müssen es genießen. Fröhlich Zeigefinger und Daumen im Gebet vereint mischen wir uns unter die Schafherden auf dem Felde und wollen auch fünf Pfund Beluga-Kaviar, das eine oder andere Kilo Babybutt oder jenes original mundgeschnitzte Zirbelkripplein aus dem Erzgebirge.

Auch fragen wir uns jetzt in den langen Nächten vor dem Fest: Ist der Singapore-Flight schon gebucht und confirmed,

wo bleibt das Goldgeschmeide für die Dritt-Frau, ist das Stübchen für die Oma in der Ganztagesbetreuung der Diakonie geordert? Fröhlich, betriebsam, ausgelassen und trubelhaft schwingen wir uns dann von Geschäft zu Geschäft, von Shop zu Shop in der City, fotzen dort geschwind einen Juwelier ab, weil er uns keine 30 Prozent Rabatt einräumen will, hauen da einem Christbaumverkäufer voll auf die Lichter, begeben uns für ein Stündlein zu unserem Therapeuten, der uns beim Ausnehmen unserer Innereien wieder einmal scheint's mit einer Weihnachtsgans verwechselt.
Im Walk-Man lauschen wir einem Weihnachtsoratorium, wetzen im Dreivierteltakt zum Bankautomat, schieben in ihn irrtümlich, aber fröhlich unsere Weihnachtskarten, fragen einen Briefkasten, ob er uns geschwind DM 5000 rauslassen kann und kleben unsere gerade vom Kundendienst instandgesetzte Seele mit fünfzehn Glühwein zu. Taumelnd, jedoch fröhlich in Christo, überfallen wir einen Kiosk mit frischen Salzgurken, erklimmen unser Designerbäumchen und sprayen ihm Tannenduft-Deo von Joop unter die Zweiglein.
In unserer Manteltasche zappeln zwei Karpfen, Lametta bambelt an der Nase, an den Ohren hängen brennende Sternlasspeier. Oder umgekehrt, Hauptsache fröhlich, christlich, gut. Wie wir in einen Supermarkt kriechen, steigen uns wieder andere fröhliche Mitglieder der Christenheit auf die Finger. Heiter und ausgelassen wünschen wir ihnen eine frohe Pest und ein bißchen BSE in die Gans. Aus den Lautsprechern vereinen sich Stille Nacht, Oh du Fröhliche, In dulci Jubilo, Es ist ein Ros entsprungen zu einem einzigen gewaltigen Choral, wie wenn der dritte Weltkrieg, Grafenwöhr und der Rückreiseverkehr auf der Autobahn auf einen einzigen Tag fallen.
Aber obacht, wenn am Heiligen Nachmittag wider Erwarten jäh die Geschäfte schließen, die Kassen schweigen, die Schreie wie „Schäine Feierdääch, gell!“ oder „Mensch, bin der iich haid widder bsuffn!“ verstummen. Dann nämlich passiert es manchmal, daß ungefähr fünf Minuten eine Stille über der Stadt liegt. Vor ihr sollen wir uns hüten, denn sie wütet manchmal fürchterlich.

Aus der Welt der Besinnlichkeit:

Kriechdienst-verweicherer

Von heute ab 18 Uhr schlüpft der umsatzbewußte Nürnberger wieder in seine bratwurstfettsichere Asbesthose, die blinkende Dienstzipfelmütze am Kopf, und kriecht vier Wochen lang unter den Millionen von Touristen hinunter zum Hauptmarkt, um dort seine vaterländische Kaufpflicht zu erfüllen. Doch kurz vor dem großen Tannenzapfenstreich der Eröffnung brütet das hiesige Event-and-Christchildlas-Ministerium über schlimmen Problemen: Die Zahl der Nürnberger Kriechdienstverweigerer an dem ganz früher auch einmal Christkindlesmarkt genannten Event nimmt in erschreckendem Maß zu. Die Stadt soll nach neuesten Meldungen nur noch bedingt reibachfähig sein!

Man hört von Kriechdienstgegnern, die sich schon seit einigen Tagen in Erdlöchem in der Nähe des einzigen garantiert weihnachtsmarktfreien Dorfes Gräfenberghüll eingegraben haben, wieder andere sind auf der Flucht in die östliche Oberpfalz, um sich dort dem Schafkopfspiel und drallen, vollkommen unheiligen Frauen zu widmen. Dieses langhaarige Gesindel scheut auch nicht davor zurück, die

erst kürzlich in Brüssel heilig gesprochene Nürnberger Rostbratwurst durch Verse wie „Wir wollen keine durchgedrehten Schweine!" schwer zu verunglimpfen.
So geht es nicht! Und das Nürnberger Patriziat hat gut daran getan, die Gewissensprüfung für die Kriechdienstgegner am Christkindlesmarkt wieder einzuführen. Dort entblöden sich doch diese vaterlandslosen Herrschaften nicht und behaupten dreist vor dem Prüfungsausschuss, daß ihnen die Drei im Weckla manchmal wie kleine längliche Grillkohlen vorkommen und sie ihnen schon kilometerlang zum Hals raushängen, daß sie im Elternhaus senffrei aufgezogen worden sind und seit Jahren an einer geheimnisvollen, unheilbaren Lebkuchenallergie leiden.
Fadenscheinig sind auch ihre übrigen Gründe, den Dienst am Christkindlesmarkt schroff abzulehnen. Sie würden es im tiefsten Grund ihrer großen Zehe verabscheuen, mit Glühwein auf unschuldige Passanten zu spotzen, mit Ketchup-Flaschen zu schießen oder mit unablässig geknödelten Weihnachtsliedern Menschen in Angst und Schrecken zu versetzen. Lametta an den Ohren, Sauerkraut in der Schnorn, Majonäse am Mantel lehnen sie als diskriminierende Rangabzeichen aus grundsätzlichen Erwägungen heraus vollkommen ab.
Diese Scheißer, die beim Anblick von höchstens aus 200 000 Mann bestehenden Menschenpyramiden am Christkindlesmarkt die Hose gestrichen voll haben und sich in die Hersbrucker Schweiz absetzen möchten, sollen sich endlich zusammenreißen und wie jeder verantwortungsvolle Bürger auch ihren Dienst tun. Shoppen, dass die Schwarte kracht, Falschparker abfotzen, Gäste auf Wunsch zur Kaiserburg hinauftragen, ihren Magen-Darmtrakt auf Durchzug stellen und auch nach fünfzehn Glühwein noch durch den Christkindlesmarkt kriechen, wie das Event-Gesetz es befiehlt.
Und vor allem sollen sie nicht so dumm daherreden vor dem Kriechdienstverweiger-Ausschuss, dass sie es vor Gott nicht verantworten können. Dieser Gott wird ihnen schon helfen, er ist der oberste Befehlshaber und sieht von seinem Beobachtungsposten in der Krippe am Hauptmarkt alles.
Event, Event, der Kittel brennt....

Fränkish spoken – auch in Hinterindien

Wie man vom Arbeitselefanten, vom Reit- und Springpferd oder vom alpinen Rettungsbernhardiner mit dem Schnapsfaß um den Hals her weiß, müssen Tiere häufig das ausbaden, was ihnen der Mensch eingebrockt hat. Auch der Beo Fritzi, ein sehr gelehriger Hinterinder aus der Gattung der Stare, kann ein Lied davon singen. Er hat jetzt wegen fortgesetzter Ruhestörung, Nervtötung und schwerer Beleidigung vor Gericht erscheinen sollen. Er hätte sich zu den Fragen äußern sollen, auf welchem hinterindischen Baum er das Licht der Welt erblickt hat, ob man dort gegebenenfalls fränkische Kraftausdrücke erlernen kann, oder ob er sich die drei Worte „Erwin, du Dreegsau!“ eventuell selber beigebracht hat.

Sein Gebieter, ein Herr Andreas H., im ersten Stock eines Mietshauses in der Südstadt beheimatet, hat von der Fremdsprachenausbildung des Beos Fritzi angeblich nichts gewußt. „Unser Fritzi“, äußerte sich der Andreas vor Gericht, „hodd ja rechd. Wall unser Nachber is wergli a Dreegsau. Wenn der Hausordnung hodd, nou schidder über die Drebbn an Aamer Wasser und aff die Fensder im Drebbnhaus schbodzder korzz amol draff und wischd mid der Hand nouch. Des nennd der Hausordnung!“

Ungefähr ein Vierteljahr nach dem Einzug des nicht so ganz

reinlichen Nachbarn, hat der Nachbar Erwin K. erstmals die Beschimpfungen vom Fritzi vernommen. „Iich lich“, erinnerte er sich, „annern Samsdooch nammidooch in mein Liecheschduhl am Balkon, hob grood aweng a Nadzerla gmachd und affaamol brülld jemand ‚Erwin, du Dreegsau! Erwin, du Dreegsau! Erwin, du Dreegsau. In ganzn Nammidoch is des suu ganger, Erwin, du Dreegsau. Iich hob nou aff die Klinglschildla an die Diirn gschaud, obber iich bin der aanziche Erwin im Haus gween. Also konn der ner blouß miich gmaand hom.“
Das „Erwin, du Dreegsau!“ ist von da an früh, mittag und abend erschollen, und jeder Hausbewohner hat von Herrn Erwin K. in seiner Abwesenheit nur vom Herrn Dreegsau gesprochen. Bald hatte er den Beo Fritzi in seinem Vogelkäfig am Nachbarbalkon als Quelle der Unflätigkeiten ausgemacht und Anzeige gegen den aus dem Hinterindischen stammenden Sprech-Star, beziehungsweise gegen seinen Besitzer erstattet.
„Ner fraali“, wehrte sich der der Schimpfwörter-Ausbildung von Vögeln angeklagte Andreas vor Gericht, „edzer bin iich droo schuld. Iich maan hald, mei Fritzi hodd den Herrn amol ba der Hausordnung zougschaud und hodd gseeng, wos des fiir a Dreegsau is. Und nou hodders hald zu ihn gsachd. Tiere nehmer si dou ka Blatt vuurn Mund, Herr Richter.“ Ansonsten könne der Fritzi sein „Erwin, du Dreegsau!“ nur in seiner Heimat irgendwo zwischen Indonesien und Sri Lanka gelernt haben, denn er, der Andreas, hätte es ihm auf gar keinen Fall beigebracht.
Das hohe Gericht schlug vor, daß der Andreas dem Fritzi die beleidigenden Worte im Lauf des nächsten halben Jahres abgewöhnen solle, über das Ergebnis dieser Bemühungen könne man dann noch einmal urteilen. Offenbar war man mit der Umerziehung vom Fritzi aber schon vor dem Vorschlag des Gerichts befaßt und ein schönes Stück vorwärts gekommen. Denn draußen vor dem Sitzungssaal wartete die Ehefrau des Angeklagten mit dem gefiederten Familienmitglied, und aus dem Käfig ertönte es beim Erscheinen des Klägers laut und hinterfränkisch „Erwin, du Oorschluuch!"

Die Beobachtungen-aller-Art-GmbH

Existenzgründungen sind bekanntlich das wichtigste Heilmittel für die momentan ein bißchen darbende Wirtschaft. Ein- bis Eineinhalb-Mann-Firmen schießen wie Pilse aus dem Faß. Unter ihnen auch der Kleinst-Konzern des ehemaligen festangestellten Kloschüsselvertreters Walter R., der ein Opfer der extremen Haltbarkeit seiner Produkte geworden ist.
„A Abordschüssl", erläuterte er jetzt dem sanitärvolkswirtschaftlich weniger beschlagenen Vorsitzenden am Amtsgericht, „mäißerds normool alle zwaa Wochn zerdebbern. Nou kennd mer a Gschäfd dermiid machn. Obber dou konnsd doch neignaddern, wäisd willsd – asuu eine massive Borzellanschüssl, däi schaffsd du in hunderd Joohr nedd."
Mit seiner Existenzgründung erhoffte sich der Walter eine wesentlich höhere Umlaufgeschwindigkeit und folglich auch eine höhere Gewinnspanne. Er gründete also die Firma „Walter R., Beobachtungen aller Art" ließ sich einen Firmenstempel anfertigen und beschaffte sich in einem Schreibwarengeschäft unter Umgehung der Kasse einen Stapel Rechnungsformularblöcke. Auch der Stempel harrt noch der Bezahlung.
Was er denn, wollte der Amtsgerichtsrat wissen, in seiner neuen Firma gearbeitet hätte. „Sie kenner vielleichd Froong schdelln", empörte sich der Walter schnaufend, „des schdäid doch äff mein Schdembl draff! Beobachded hobb i! Vo

fräih achder bis oomds ofd ummer sechser hobb iich beobachded." Und was er beobachtet hätte. „Alles", antwortete der Firmen-Chef umfassend und wahrheitsgemäß. Für einen Auftraggeber beobachtete er das Wetter, für einen anderen die Fußgängerfrequenz auf seinem Gehsteig und den damit verbundenen Gehsteigplatten-Abnutzungsgrad, einem dritten teilte er mit, daß er trotz schärfster, drei Tage dauernder Beobachtung, nichts beobachten habe können. In wieder einem anderen Fall beobachtete der „amtlich geprüfte Beobachter" die Luftqualität im „fraglichen Beobachtungsraum Hinterhof". In diesem Fall kam er zu dem wissenschaftlich fundierten Ergebnis, daß eine Luft „derzeit höchstwahrscheinlich" vorhanden ist.
Alle Kunden vom Walter vereinte eine für den Walter völlig unerhebliche Gemeinsamkeit: Sie wußten nichts von einem Auftrag, den sie der Firma „Walter R., Beobachtungen aller Art" angeblich erteilt hatten. „Des wassi edzer aa nimmer genau", erinnerte sich der hauptberufliche Beobachter nur sehr dunkel, „wäi des im Einzelnen gloffn is. Habbdsach, zoohld homs." Weil der grobe Unfug von den Beobachtungen immer ganz klein, kaum lesbar gedruckt war, die wie amtlich wirkende Zahlungsaufforderung aber ganz groß, hatten zumindest einige der ahnungslosen Auftraggeber die Rechnungen in moderater Höhe nicht weiter auf Sinn oder Unsinn untersucht und klaglos beglichen.
Erst wie er für den Besitzer eines großen Bürohauses für DM 78,80 inklusive „Meerwertstreuer" beobachtet hatte, daß sich auf seinem Dach insgesamt 16 456 rötliche Ziegel, am unteren Ende abgerundet und zum Teil noch sehr gut erhalten, befinden, ist der Schwindel-Konzern aufgeflogen. Wegen Betrugs ist der Existenzgründer Walter R. zu vier Monaten mit Bewährung und einer Geldbuße von 2500 Mark verurteilt worden.
„Sie haben", wetterte der Richter, „für nichts Geld verlangt und Ihre Kundschaft auch noch auf den Arm genommen."
„Wemmer dou derfiir beschdroofd wern koo", verabschiedete sich der Walter von seinem Richter, „nou werd aff Ihner demnächsd a ganz schäine Brozesslawiner zoukummer. Wos dou allaans scho Bollidigger oozeichd wern ..."

Ein Sofa kommt selten allein

Die Menschheit schreitet zügig voran, aber immer noch gibt es vereinzelt wandelnde Restposten, die am Althergebrachten hängen wie am rettenden Strohhalm. Dieses Althergebrachte erweist sich dann aber in unserer Hochgeschwindigkeits-Epoche nicht selten genau so brüchtig wie ein Strohhalm. Ein anschauliches Beispiel bot jetzt das Sofa des Rentners und Großvaters Franz K.
Nach Meinung von Jutta K., der Enkelin vom Franz, ist dieses Sofa bei der Ausgrabung eines keltischen Urnengrabes entdeckt worden. Die aus ihm an vielen Stellen herausspitzenden Sprungfedern könnten Arm- oder Halsreife eines Kriegers aus der Prä-Henfenfelder Zeit gewesen sein. Franz K. hat aber darauf bestanden, daß er es im Jahr 1948 gegen zehn frische Hühnereier und drei Pfund Schweinespeck eingetauscht hat und daß ihn keine Gewalt der Welt von seiner Feierabend-Liegestatt trennt.
An einem Samstag Mittag sind dann aber zwei Herren einer Entrümpelungsfirma in der kleinen Wohnküche vom Franz erschienen und haben ihn dringend gebeten, sich von seiner

Seegrasinsel zu erheben, weil sie es auf Befehl der Enkelin zum Recyceln abtransportieren. „Iich bin obber nedd roo", sagte der Franz jetzt vor Gericht aus, „iich hob mi ins Bolsder eigralld und hob zu denni zwaa Deppn gsachd, daß des Sofa dou bleibd, odder sie foorn mi aa glei miid zon Rezeigln, odder wäi des hassd."
„Der Moo mouß roo!", beschied einer der Entrümpler der Enkelin Jutta K. Und trotz des Flehens der Jutta beharrte der Franz: „Aff den Sofa liech iich seid fuchzg Joohr, und dou bleib i." „Und wenn der edzer scho dou seid", wandte er sich an die beiden Recycler, „nou kennder des neie Sofa draußn im Gang affn Schutt miidnehmer. Dou g'herrds aa hii." Nach längeren Beratungen wuchteten die zwei Altertümer-Spediteure das Sofa mit dem Opa die zwei Stockwerke auf die Straße hinunter. Erst dort entwickelte sich das Fortschritts-Drama zum Gerichtsfall. Die Jutta zerrte den uneinsichtigen Neuheiten-Verweigerer erst an den Füßen, wollte seine Umklammerung mit den Sprungfedermatratzen lösen und warf sich schließlich mit den Worten „Opa, gäih hald edzer roo!" auf ihn.
Zehn Minuten später erschien eine Polizeistreife. Sie war von einem Nachbarn alarmiert worden, der ins Telefon hineingestammelt hatte: „Kummer'S schnell! Dou will graad a Frau an aldn Moo am Sofa vergewaldichn! Middn aff der Schdrass fei! Und zwaa Männer schauer derbei zou. Dou heerd si doch alles aaf!"
Einen der schlichtend eingreifenden Beamten brüllte die Jutta an, daß sie ihn auch gleich mit recyceln läßt, wenn er nicht augenblicklich verschwindet, daß er ein Aff und ein Rindviech ist, den diese intimen Familienbesprechungen einen Dreck angehen. Ihre Worte hat sie mit einem kleinen Tritt gegen das Schienbein des Gesetzes unterstrichen.
Wegen Beleidigung und Widerstand gegen die Staatsgewalt wurde sie zu einer Geldstrafe von 3500 Mark verurteilt. Wie dann der Streit, wollte der Richter noch wissen, um den Verbleib des alten Sofas ausgegangen ist. „Ganz eimbfach", antwortete der Franz, „iich bin ja nedd rooganger. Und däi zwaa Gischbl vo der Endrümblung und mei Enkerla hom mi affn Sofa widder in zweidn Schduug naaf droong mäin."

Ein Schüsselerlebnis

Sogenante öffentliche Toiletten erkennt man daran, daß sie meistens geschlossen, aus Kostengründen abgerissen oder, falls in der größten Not doch einmal eine am Horizont auftaucht, besetzt sind. Immer mehr Wirtsleute klagen infolge des zunehmenden Bedürfnisanstaltsmangels über den Miss- beziehungsweise Pissbrauch ihrer Gasthäuser. Aus ihrer früheren Saufkundschaft ist eine Laufkundschaft geworden, die nichts trinkt, nichts verzehrt, sondern im Gegenteil. An einem Abend hat der Gastronom Peter N. nach eigener Zählung an die zwanzig Gäste freundlich begrüßt und ist jedesmal auf die unterwürfige Frage, ob es ein lauschiges Plätzchen am Fenster sein dürfe, mit der Gegenfrage konfrontiert worden: „Wou issn der Abordd?!“ Den einundzwanzigsten Gast hat der Wirt Peter N. mit den Worten „Wousd dei Bier gsuffn hosd, dou konnsders aa widder rausbrunsn!“ am Kragen gepackt und ihn ungerührt wieder in die Toilettenwüste hinaus ins Freie geschmissen.
Zu seinem einzigen wirklichen Gast, einem gerade mit dem sechsten oder siebten Kristallweizen beschäftigten Herrn Walter K., hat der Peter dann gesagt: „Edzer hobbi die Schnauzn obber gschdrichn vull vo däi Aborddschissl-Schnorrer! Edzer werd es Scheißhaisla zougschberrd. Iich bin doch nedd die schdäddische Kläranlooch!“ Dann hat er das Herren- und das Damenkabinett tatsächlich zugesperrt und die Schlüssel für das Schüsselhäuschen sorgfältig verwahrt. Das hätte er nicht machen sollen.
Jetzt vor dem Amstgericht rekonstruierte der Peter mühselig aus dem damals schwer eingeschläferten Gedächtnis, dass ihm dieser Walter K. mehrere Wodka Feige ausgegeben hat, er ihm im Gegenzug noch einige Kristallweizen, dass im Großen und Ganzen eine fröhliche Stimmung geherrscht hat. Bis zu jenem Augenblick, wo der Walter mitten im Schlucken innegehalten und geäußert hat: „Nu aa Dröbfla, und iich laaf aus. Gib mer gschwind in Aborddschlissl! Es

bressierd!“ Binnen kürzester Zeit hatte der Wirt ungefähr dreißig einzelne Schlüssel vor sich auf der Theke liegen. „Des dou“, sagte er, „is der Schlissl fiir die vordere Diir. Der is fiir die hindere Diir. Des sin die zwaa Kellerschlissl. Wardd ner, glei wer mern hoom, in Aborddschlissl.“ Den Walter schüttelte es inzwischen durch, wie wenn er gerade seinen Finger in die Steckdose gehalten hätte. „In Aborddschlissl!“, winselte er mit zusammengezwickten Beinen, „miich zerreißds edzer glei!“ „Des dou“, sortierte der Wirt inzwischen weiter, „des isser aa nedd, wall des is der Küchnschlissl, des sin meine Audoschlissl, wou iich momendan nedd brauch, walls mer in Schein zwiggd hom.“ Der Walter brach in eine Art Schluchzen aus: „In Aborddschlissl, bitte, bitte – iich glaab, es schäißd mer scho aus die Augn raus!“ Da ging ein Strahlen über das Gesicht vom Gastwirt Peter N. und er jubelte: „Ja dou isser ja!“ Der Walter wollte den Toilettenschlüssel schon an sich reißen, da fuhr der Peter fort: „No endli hobbin gfundn, mein Schlissl vom Garddnhaisla vo meiner Schwiechermutter. Zwaa Monad hommer scho nemmer nei kennd, walli in Schlissl nemmer gfundn hob. Mer mouß blouß Geduld hoom.“ Zwei Monate wollte Walter K. aber nicht mehr mit seiner Notdurft warten. Er ergriff seinen stabilen Theken-Hocker, schleppte sich in ganz kleinen, vorsichtigen Schritten zur Herren-Toilette und schlug mit dem Sitzmöbel die Tür ein.
„Aff aamol, middn in mein Gschäfd“, erinnerte sich der Walter, „kummd der Depp durch des Luuch in der Diir durchgrabbld und sachd zu mir, dasser edzer in Klo-Schlissl gfundn hodd. Nou hobbi mi rumdreed und hob nern ergläärd, dass mer des worschd is. Und dou derbei moußin nou ausverseeng aweng mid mein Schdrahl derwischd hoom. Wall, iich bin nunni ganz ferddi gween, Herr Richder.“
Wegen Gießens eines Gastwirts und Zertrümmerung einer Toilettentür wurde der Walter zu einer Geldstrafe von 900 Mark verurteilt. Und er solle sich, gab ihm der Richter mit auf den Weg, in Zukunft ein bisschen am Riemen reißen mit seinen Gewalttätigkeiten. „Am Riemen reißn“, murmelte der Walter beim Abgang nachdenklich, „des hädd glaab i an den Oomd aa nix mehr gnidzd.“

Der Halali-Kommissar

Über das Zusammenleben von Menschen, über die Mechanismen von großartigen Ideen wie jener einer freien Marktwirtschaft haben sich schon Millionen von Wissenschaftlern schriftlich, mündlich oder umgeben von den Spiralnebeln eines Vollprellers geäußert. Aber immer fußt die Soziologie auf einem uralten Prinzip, nämlich dem der Piraterie. Wer nur einen Hauch von Notsignal aussendet – dem wird von caritativen Menschen sofort geholfen. Indem man ihn schröpft, ausraubt oder mitfühlend auf die Waffel haut.

Das höhere, sinngebende Prinzip in uns hat jetzt auch der Bierfahrer Paul N. verspüren dürfen, der an einem Freitag Nachmittag kurz vor Wochenend und Feierabend mit vielleicht zehn Hektoliter Flaschenbier aller Art, mit gelber und weißer Limo und Mineralwasser auf der Ladefläche seines Zwölf-Tonners auf der Autobahn an die Freud- und Leid-Planke gebrettert ist. Ein Teil der Ladung hat das Grundwasser verbessert, um den anderen Teil hat sich der nahe an der Autobahn wohnende Fred W. gekümmert.

Nach dem Aufprall-Knall war er damals sofort an den Unfallort geeilt, hatte den benommen auf der Standspur sitzenden Paul gefragt „Douds weh?“ und dann zutiefst erschrocken ausgerufen „Allmächd, des ganze Bier! Wos mach mern edzer dou!?“ Er hat aber die Situation sofort überblickt, mit seinem am Schlüsselbund befestigten Kapselheber eine Flasche Premium geöffnet und sie zügig geleert. Nach der Bergung von vielleicht sieben oder acht Flaschen hat sich der Fred bereits in einem erregten Disput mit der inzwischen erschienenen Polizei befunden. Was er hier eigentlich will, hat ihn ein Beamter gefragt. Der Fred hat erneut ein Premium-Pils geöffnet und dabei verkündet:

„Kimmern Sie sich um Ihrn Unfall, Herr Kollege. Iich bin dou der Halali-Kommissar, dassd bescheid wassd!“ Mit Halali-Kommissar hat der Fred vermutlich, leicht lallend schon, andeuten wollen, dass er der Havarie-Kommissar ist. Nach dieser Erklärung ist er kurz verschwunden und nach einer Viertelstunde wieder mit einem Schubkarrn erschienen. „Sooderla“, hat er mehr zu sich selbst gesagt, „erschd a Robbern vull Bils. Nou dransbordier mer es Grisdall-Weizn wech, nou es Hefe-Weizn und am Schluss es dunkle Landbier. Dass dou aweng a Ordnung neikummd.“ Und etwas lauter hat er dann einer Gruppe Feuerwehrlern, Sanitätern und Polizisten befohlen: „Affd Seidn! Dassi dou durchkumm! Iich bin der Halali-Kommissar!“
Der Schubkarren voll Beute-Bier ist aber ungefallen, weil der Paul ihn nur mit einer Hand im Griff gehabt hat. Mit der anderen Hand hat er sich erneut ein Bier eingeflößt. Worauf ihn ein Polizist angebrüllt hat: „Edzer schauer'S, dass aff der Schdell verschwindn. Sunsd werri langsam diensdlich! Und der Bier bleibd dou, dass des gloor is, Sie Halali-Kommissar!“ Was sich nach diesem Befehl ereignete, war letztlich auch der Anlass für die jetzige Gerichtsverhandlung gegen den Fred.
„Ja dou konn doch iich nix derfiir“, rechtfertigte sich der Halali-Kommissar auf der Anklagebank, „wenn der Bolli zu mir sachd, dass des Bier dou bleim mouß. Befehl is Befehl. Und nou hobbi hald des Bier widder an die Leidblankn hiibrunsd.“
Dabei soll er, entnahm der Vorsitzende den Akten, die Leitplanke mit dem Hosenbein des Polizisten verwechselt haben. „Alles gluung“, sagte der Fred, „der Bolli is mer direggd in mein Schdrahl neigloffn.“
Wegen Plünderung eines Bierautos, unterlassener Hilfeleistung und Verunreinigung der Staatsgewalt wurde der Halali-Kommissar Fred W. zu vier Monaten auf Bewährung und 1800 Mark Geldstrafe verurteilt. Beim Verlassen des Sitzungssaales wandte er sich noch ganz kurz an den schon wieder genesenen Bierfahrer. „Des konnsder merkn“, sagte er zu ihm, „des is es erschde und es lezde mool gween, dass iich dir g'holfn hob.“

Männer-Strip beim Amok-Kauf

Rabatte, Prozente, Gelegenheitskäufe, Sommerschlussverkauf erzeugen im Menschen Panik. Einer solchen ist der Fliesenlegermeister Michael R. zum Opfer gefallen, der alles brauchen hätte können, nur keine neue Hose. Wegen Geschäftsaufgabe sind beim Räumungsverkauf in einem Laden in der Südstadt Herrenhosen aller Art aber zum Schleuderpreis angeboten worden, und der Michael hat am Samstag früh auf Befehl seiner Ehefrau zum Hosenfassen antreten müssen.
Widerwillig ist Herr Michael R. mit zehn neuen Hosen in der Umkleidekabine gestanden, hat sich ausgezogen, angezogen, wieder ausgezogen und eine neue Hose nach der andern jeweils mit der Bemerkung „Z'lang", „Z'korz" oder „Dou bring i es Huuserdiirla nedd zou" durch den Vorhang zurück gereicht. „ Und am Schluss", sagte der Michael jetzt vor Gericht, „wäi is alle browierd g'habd hob, woor ibberhabbs ka Huusn mehr dou. Nedd amol mei eichne!"
„Frau!" flötete der Michael durch den Vorhang der Umkleidekabine, „schau amol, wou mei Huusn is. Däi mouß i der ausverseeng aa nausglangd hoom." Dem Michael seine Ehefrau fand keine Hose. „Ja wos hobbin nou machn wolln!?" fragte er jetzt rein rhetorisch das hohe Gericht. „Iich konn doch nedd mid der Underhuusn hammlaafn!" Also wickelte er sich zunächst in den Vorhang der Umkleidekabine, machte zwei Schritte vorwärts und brüllte in den gut gefüllten Laden hinein „Wer hoddn mei Huusn!?" A graue Huusn!? In der rechdn Daschn sin Audoschlissl drinner, in der linkn a Daschnmesser und a Bieröffner. Bidde serfordd hier abgeben!" Niemand gab eine graue Hose mit Bieröffner ab.
Aber plötzlich sichtete der Michael einen Herrn, der – in eine graue Hose gekleidet – gerade den Laden verlassen

wollte. Es handelte sich um Herrn Peter M., der sich mit Entsetzen an den Räumungsverkauf erinnerte. „Iich will groud nausgäih“, berichtete er im Zeugenstand, „schreid miich aff amol a Moo oo, der wou ausgschaud hodd wäi ein römischer Imberador in den Film Ben Hur, schreid der miich oo, dassi serfordd mei Huusn auszäing soll. Und bissi gschaud hob, hodder mers scho rogrissn g'gabd.“ Der in den Umkleidekabinen-Vorhang gehüllte Imperator Michael R. schrie „Dou heerd si doch alles aaf! Mid meiner besdn Huusn abhauer wolln!“, warf die Vorhang-Tunika ab und schlüpfte schnell in die zurückeroberte Hose. Beziehungsweise wollte er hineinschlüpfen. Entgeistert und nur noch mit einem sehr knappen Slip bekleidet, schaute Herr Peter M. zu, wie Herr Michael R. die Hose gerade bis zum Anschlag brachte. Dann ist er mit den Worten „Des is ja goornedd mei Huusn“ wieder aus ihr ausgestiegen, hat sie dem Peter hingeschmissen und gesagt „Is in Ordnung. Widder oozäing! Hobbi mi scheind's daischd.“
Nur Sekunden später stürzte sich der Michael auf einen gewissen Günther B.: „Du bisd doch nedd ganz gnusbrich, Alder! Leffd dou in aller Ruhe mid meine Gleider rum! Maul haldn und die Huusn roo! Sunsd gnallds!“ In diese graue Hose hätte der Michael ungefähr zweimal hineingepasst, der Bund ist ihm bis zum Hals gegangen. Wie ihm der wirkliche Hoseninhaber Günther B. das Beinkleid entreißen wollte, sind beide zu Boden gegangen. Im Verlauf des interessanten Ringkampfes der zwei halbnackten Champions hat der Michael den Kopf vom Günther in dessen eigene Hose geschnürt und unter den Anfeuerungsrufen seiner Frau so lang zugezogen, bis sein Gegner schon ein bisschen blau im Gesicht war.
Wegen des Zwangsausziehens von zwei unschuldigen Herrn und Körperverletzung ist der Michael zu 2000 Mark verurteilt worden. Ob er, hatte den Richter noch interessiert, danach von der Polizei nur in seine Unterhose gekleidet oder wieder durch den Kabinenvorhang geschützt abgeführt worden ist. „Naa“, sagte der Michael, „iich hob mei Huusn widder gfundn. In der Kabiner neemdroo. Dou is scheind's niibergfluung, wäi is iiber die Kabinerwänd gleechd hob.“

Winke, winke...

Manche fahren vorwärts in sie hinein und kommen nie mehr raus. Manche lassen sie von ihrer Ehefrau bewachen und umrunden sie weiträumig eine Stunde lang. Manche okkupieren sie in ihrer Verzweiflung und erzeugen dadurch eine längere Totalsperre am Gehsteig. Insgesamt bildet die Parklücke den schlimmsten Albtraum jener Autofahrer, die hinten keine Augen haben.

Zu ihnen gehört auch der Führerschein-Jubilar Rüdiger S. Er kann auf zehn schwere Sachbeschädigungen im Rahmen einer Parklückenbefahrung zurückblicken. Am Fall Nummer 11, bei dem er mit seinem Zerstörer der S-Klasse einen Japaner um 20 Zentimeter kürzer gemacht hat, sei er, beteuerte er vor Gericht, vollkommen unschuldig.

Der Rüdiger ist damals hinterm Lenkrad fast gestanden, um sich einen Überblick zu verschaffen, ist zwei Zentimeter rückwärts in die Lücke gefahren, hat die Handbremse angezogen, dass sie beinahe zum Dach wieder rausgekommen wäre, ist ausgestiegen und hat sein bisher geleistetes Werk sinnierend betrachtet. In dem Moment ist der Berufs-Helfer in allen Lebenslagen Fritz N. vorbeigekommen. „Hock di nei in dein Kiibl", hat er den Rüdiger aufgemuntert, „des hommer glei. Suu lang, dassi wink, konnsd foohrn." Wie ein Rudel halbverhungerter Wölfe hat der Motor aufgeheult, unterbrochen nur von den verzweifelten Schreien vom Fritz „Andersch rum einschloong, Doldi!", „Dergeeng schdeuern, hobbi gsachd, Gimbl!", „Nu fimbf Meeder! Dou bassd doch a Eiserboo-Waggong nei!" Und dabei hat der selbstlose Einweiser gewunken, als wolle er sich in der Hitze des Ge-

fechts ventilatorartig Luft zuführen. „Nedd nach hindn glodzn“, hat der Fritz gebrüllt, „blouß aff mei Händ schauer! Fiir wos schdellin mi dou her?!“
Mitten im aufgeregten Signal-Winken hat der Nobel-Hobel vom Rüdiger infolge Kupplungflucht einen Hupfer gemacht, die Rest-Parklücke im Direktflug überwunden und bei der Landung auf der dahinter befindlichen Kühlerhaube hat es Sekunden später eingeschlagen, wie wenn tatsächlich ein Eisenbahn-Waggon umgefallen wäre. Trotz der plötzlichen Schräglage, trotz des bereits erfolgten Andockens schaute der Rüdiger immer noch befehlsgemäß auf den Fritz und seine Signale. Der winkte immer noch.
Auch wie der Rüdiger versuchte, auf der Stoßstange des Hintermannes noch ein paar Zentimeter zurückzustoßen, hörte der Fritz mit dem Handwedeln nicht auf.
„Ja, des is bläid gloffn, Herr Richter“, äußerte sich der hilfreiche Parklücken-Einwinker, „wall in den Momend, wou der Moo unweigerlich bremsn hädd mäin, kummd driimer aff der andern Seidn der Modschiedlers Paul vobbei. Ner ja, den wern’S edzer nedd kenner. Obber iich kennern ja scho seid ball fimbferzwanzg Joohr, gell. Und nou hobbi in Paul gwunkn. Und wall er mi nedd gseeng hodd, hobbin numol gwunkn. Und nou hodds den Schlooch dou, gell.“ „Iich hob scho gmergd“, verteidigte sich der Rüdiger, „dass hindn zimmli eng werd. Obber wenn der Moo winkd…“ „Des mecherdi amol wissn“, begehrte da der Fritz auf, „wou des schdäid, dass iich nedd winkn derf, wenn aff der andern Schdrassnseidn der Paul vobbei läffd. Wenn Sie zer bläid sin, dass die ledzdn boor Zendimeder allaans in die Bargliggn neifoohrn!“
Die letzte Bemerkung musste der Fritz zurücknehmen, ansonsten gab ihm die Rechtslage recht. Nicht der Winker, sondern der Lenker ist für den Kurs seines Autos verantwortlich. Der Einweiser Fritz N. wurde vom Vorwurf der grob fahrlässigen Fernlenkung freigesprochen. „Däi ganze Winkerei“, merkte der Fritz noch an, „is suwiesuu ummersunsd gween. Wall der Modschiedlers Paul hodd aa nedd gseeng, dassin gwunkn hob. Der hodd woorscheins gmaand, iich wink den Depp dou in seiner Bargliggn.“

Der Betrugsausflug

Immer wieder einmal hupfen Menschen vor Freude an die Rheumadecke, weil sie 3000 Mark im Lotto gewonnen haben und zusätzlich demnächst eine Angora-Unterhose, ein Mittagessen, eine Reiseschreibmaschine und ein wertvolles Orchster-Musikinstrument kostenlos erhalten. Den Wohltätern der Menschheit, den Veranstaltern von Kaffeefahrten und anderen Betrugsausflügen ist auch der Rentner Bruno R. auf den Leim gegangen. Aber nur einmal. Nach dem zweiten Mal ist der Bruno jetzt vor Gericht gestanden.
„Des is mir fei worschd", ließ der Bruno den Gerichtsvorsitzenden wissen, „wos Sie dou haid auskarddln. Kaum dass mir dou herin ferddi sin mid den Gschmarri und nausgänger – scho baggi däi Wilzau von einen Undernehmer, den Huusnbrunser, den Groß-Doldi dou widder ban Gnagg und hau nern sei Rheumadeckn der Reiher nouch vom Buckl roo. Häigsdns, iich gräich leemslänglich. Nou moußer aff seine nexdn Fodzn nu aweng warddn."
Für die Wildsau, den Hosenbrunser und Groß-Doldi musste der Bruno zunächst eine Ordnungsstrafe entrichten. Dann erst durfte er den Grund seines Rachefeldzugs schildern. Im Frühjahr hatte der Bruno die Postwurfsendung erhalten, in der ihm der Lottogewinn, die Angora-Unterhose, die Reiseschreibmaschine, ein Mittagessen und ein Orchester-Instrument fest versprochen worden war.
„Iich bin nou", schilderte er seine Reise ins Glück, „an den Fräih an der Bus-Haldeschdell gschdandn. Nou simmer mid den Omnibus a boor mool ummern Schduug rumgfoohrn, und nocherdla sin die Gewinne von den Herrn Windbaidl dou verdeild worn. Die Reiseschreibmaschiner woor a Bleischdifd und des wertvolle Orchester-Musigginschdrumend, des is a Blasdigg-Bfeiferla gween, wou mer Guggugg dermiid bfeifn hodd kenner. Und wäi mer Middoch des kosdnlose Essn gräing häddn solln, is am Werzhaus a Schildla dorddn g'hängd, dass haid Ruhedooch is." Mit zwei Rheumadecken zu 500 Mark ist der Bruno am Nachmittag wieder heimgekommen. Der Lottogewinn, hatte ihm der Kaffefahrt-

Schlehmil Helmut A. fest versprochen, werde in den nächsten Tagen überwiesen. „Kummer is nix“, sagte der Bruno vor Gericht, „und nou binni hald värzza Dooch schbeeder widder miidgfoohrn.“ Diesesmal hätte es ein kostenloses Goldrand-Service für sechs Personen gegeben. „Gräichd“, erinnerte sich der Bruno, „hommer nou, immer sechs Mann, a aanziche Kaffeedassn, wou ka Henkl droo woor.“ Bei der anschließenden Rheumadecken-Verteilung hat der Bruno gleich fünf geordert. „Däi denner'S“, hat er zum Herrn Manager gesagt, „mid mein Loddogewinn vom ledzdn mool verrechner.“ Herr Helmut A. hat aber kein Fantasie-Zahlungsmittel annehmen wollen.
„Stellen Sie sich Ihnen bfor“, entrüstete sich der Unternehmer vor Gericht in einer Art mittelfränkischem Hochdeutsch, „tann is ter unkehuubelde Mensch ta rappiadd keworten, tass ich kleich hüngebfloken pin.“ „Nedd nerblouß hingebfloken“, mischte sich der Bruno ein, „iich hob nern“, fuhr er stolz fort, „erschd a gscheide aff die Goschn naafg'haud, in däi fimbf Rheumadeckn eigwiggld, dass nern am Buudn nedd su kald werd, und nou hobbin nu a Angora-Underhuusn iibern Kubf zuung und in dem Verkaufssal die Drebbn noogrollerd.“ „Schdümmd kenau“. ergriff der Manager wieder das Wort, „aper tas war noch nüchd alles, Herr Rüchder. Wie ich mich schwörverledzd in den Omnipus hinoin keschlebbd hape, sint tort fimbf Sitze – wie soll ich jetzt saken...“ „Soogs, wäis woor“, half ihm der Bruno, „aff fimbf Sidz is draff gschissn gween. Obber des konn iich nedd gween sei, wall zon Middoochessn hodds widder nix geem g'habd.“
Auch sonst plädierte der Bruno auf vollkommen unschuldig. Das Rheumadecken-Rollern wurde teils als Affekthandlung, teils wegen Geringfügigkeit eingestellt, und im Fall der Omnibus-Verunreinigung entschloss sich der Richter zu einem Freispruch mangels Beweises. „Und wenn i in värzza Dooch“, vertraute der Bruno dem Helmut nach der Verhandlung leise an, „den Loddogewinn immer nunni hob, nou scheiß i der in dein Bus nichd fimbf, sondern zehn Sidze zou. Dou sidzd mer nou schäi weich und warm – des hilfd aa geecher Rheuma.“

Inhaltsverzeichnis